El Cronómetro en clase
Manual de preparación del DELE
Examen A2-B1 para escolares

Alejandro Bech Tormo
Francisco del Moral Manzanares
Blanca Murillo Polle

D1514512

¡Atención! Los exámenes para obtener el DELE, como cualquier examen, sufren cambios. El Instituto Cervantes los actualiza y corrige frecuentemente. Sus contenidos vienen definidos en función de dos documentos: el *Marco común europeo de referencia para las lenguas* y el *Plan curricular del Instituto Cervantes*. La descripción completa del examen aparece en el documento *Guía del examen DELE A2/B1 para escolares*, disponible en la página del Instituto Cervantes.

Este manual de preparación incluye toda la información actualizada del examen e incorpora las novedades a partir de las modificaciones que el Instituto Cervantes introduce en los exámenes para ajustarlos y corregirlos.

El Cronómetro en clase. Examen A2-B1 para escolares, a través de la  ELEteca, ofrece esas actualizaciones y correcciones, así como materiales para completar la preparación para el examen. También es recomendable visitar la página web del Instituto Cervantes.

© Editorial Edinumen, 2017
© Autores de este manual:
  Alejandro Bech Tormo, Francisco del Moral Manzanares,
  Blanca Murillo Polle.
  Coordinador: Iñaki Tarrés Chamorro

ISBN: 978-84-9179-135-5
Depósito Legal: M-22050-2019   Reimpresión 2020
Impreso en España
0220

Coordinación editorial:
  David Isa

Edición:
  David Isa

Maquetación:
  Ana María Gil, Sara Serrano y Susana Fernández

Ilustración:
  Carlos Casado

Diseño de portada:
  Carlos Yllana

Impresión:
  Gráficas Glodami. Madrid

Editorial Edinumen
José Celestino Mutis, 4. 28028 - Madrid
Teléfono: 91 308 51 42
Fax: 91 319 93 09
e-mail: edinumen@edinumen.es
www.edinumen.es

Créditos de fotografía:
Pág. 85: Juanes, Featureflash Photo Agency / Shutterstock.com; Pág. 93: musical, Igor Bulgarin / Shutterstock.com, comprando discos, Elena Dijour / Shutterstock.com; Pág. 125: parada bus, TK Kurikawa / Shutterstock.com; Pág. 152: musical Igor Bulgarin / Shutterstock.com; Pág. 216: circo, Pavel L Photo and Video / Shutterstock.com; Fotografías de las páginas 24, 53, 55, 71, 81, 88, 141, 171, 174, 180, 226, 232, 239 y 259 por cortesía de Iñaki Tarrés.

Introducción para candidatos y profesores

1. El Instituto Cervantes, en nombre del Ministerio de Educación de España, otorga el *Diploma de Español como Lengua Extranjera (A2-B1 para escolares)*, que certifica uno de esos niveles de español a candidatos de entre 11 y 17 años. Para conseguirlo hay que realizar un examen.

2. El objetivo del examen es demostrar que un candidato tiene el nivel A2 o el nivel B1 de español. Este manual prepara al candidato justamente para ese objetivo, y se centra tanto en las dificultades de las pruebas como en el desarrollo de habilidades para superarlas.

3. El candidato recibe el diploma del nivel A2 o el del B1 en relación con el resultado del examen (puede esperar el nivel A2 y conseguir el nivel B1).

4. ⓘ Para El Cronómetro la preparación del examen es una actividad individual, porque el examen lo es, y ofrece las herramientas necesarias para una preparación autónoma. En el caso de los exámenes para escolares se tiene especialmente en cuenta que la preparación del examen se realiza muchas veces en un contexto escolar y con la ayuda de un profesor. Además, la información sobre el examen puede ser a veces difícil de comprender por los estudiantes sin la ayuda de su profesor porque supone un nivel de abstracción difícil para ellos. Además, todas las instrucciones, tanto del examen como de las actividades de preparación, están en español. Por ello creemos que la ayuda del profesor es fundamental: es importante que acompañe a los chicos y actúe de mediador entre el libro y el alumno, adaptando y explicando en su lengua informaciones, comentarios y consejos.

Aviso para profesores.

5. El manual se centra en cuatro puntos básicos: información actualizada sobre el examen y dosificada a lo largo del libro; práctica con modelos; desarrollo de habilidades a través de actividades centradas en aspectos concretos (estas actividades están antes y después de cada prueba de cada modelo de examen del libro); y comentarios y consejos fundamentados en el análisis del examen y en nuestra experiencia como examinadores y como profesores.

6. Los modelos de examen se diseñan respetando escrupulosamente las características establecidas por el ✛ Instituto Cervantes: contenidos, tipología textual, tipo de tareas y ámbitos, etc. El manual ofrece, de hecho, fragmentos del examen ofrecidos por el Instituto Cervantes en su página web. El aspecto gráfico también se acerca al del examen.

7. Los autores de la colección son profesores del Instituto Cervantes e intervienen habitualmente en los exámenes como examinadores acreditados.

✓ ¡MUY IMPORTANTE!

8. La nota. El Instituto Cervantes facilita en su página web un documento llamado *Guía del examen* en el que se describe cómo se calcula la nota. En el caso de las pruebas 1 y 2 es fácil de calcular (ver página 5). Es bueno calcular la nota de esas pruebas de todos los modelos de examen para tener una referencia objetiva del proceso de preparación. En cada prueba hay un espacio para anotarla.

9. El manual se completa con una explicación de lo que pasa el día del examen, así como con unos apéndices, en especial uno con los contenidos del examen, disponible en la ELEteca, que incluyen más información sobre el nivel. Además, el banco de recursos 🖥 ELEteca de la editorial Edinumen ofrece de manera gratuita los audios descargables de las pruebas de Expresión e Interacción orales, así como recursos que complementan los del propio manual en su versión en papel. En especial, ⓘ dos modelos de examen completos, el nº 5 y el nº 6.

10. Un último consejo. El examen tiene unos límites de tiempo. Es muy importante saber el tiempo que cada candidato necesita para hacer cada parte del examen. Habituarse a controlar este factor es importantísimo. El Cronómetro ayuda a hacerlo. Antes de empezar la preparación, hay que buscar un reloj, o mejor un cronómetro; es necesario en todas las tareas que llevan este icono:

 ● ● ● ● ● 🕐 Pon el reloj.

Índice

Modelo de examen n.º 1 7

Examen	8	23	39	50
Actividades y comentarios	17	32	45	59

Modelo de examen n.º 2 63

Examen	64	79	94	103
Actividades y comentarios	72	85	99	109

Modelo de examen n.º 3 115

Examen	116	130	142	151
Actividades y comentarios	124	136	147	157

Modelo de examen n.º 4 165

Examen	166	182	195	204
Actividades y comentarios	174	188	199	210

En la 💻 **ELEteca** del alumno y del profesor:

- Compendio de instrucciones del examen
- Modelos de los exámenes 5 y 6
- Audios y transcripciones
- Hojas de respuestas para imprimir
- Fotografías del libro en color
- Resumen de la preparación

En la 💻 **ELEteca** del profesor:

Además de todo el material de la ELEteca del alumno, usted podrá encontrar:

- Consejos para el uso en clase de El Cronómetro A2/B1 para escolares
- Listado de los contenidos del nivel A2
- Listado de los contenidos del nivel B1
- Visualización del examen

Esquema general del examen

El examen empieza a las 9:00 en la mayoría de los centros de examen.

El día del examen recibes para las pruebas 1, 2 y 3 un **cuadernillo** con los textos y las preguntas, y unas **Hojas de respuestas** como las que puedes encontrar al final de este manual (pág. 257).

PRUEBA 1 **COMPRENSIÓN DE LECTURA**	**50 min.** 9:00-9:50 **25 preguntas**	**Tarea 1** Leer 9 textos y relacionar 6 de ellos con 6 declaraciones.	**Tarea 2** Leer 3 textos y responder a 6 preguntas.	**Tarea 3** Leer 1 texto y responder a 6 preguntas con 3 opciones de respuesta.	**Tarea 4** Leer 1 texto con 7 huecos y completarlo con una de las 3 opciones.
PRUEBA 2 **COMPRENSIÓN AUDITIVA**	**30 min.** 9:50-10:20 **25 preguntas**	**Tarea 1** Escuchar 7 diálogos y responder a 7 preguntas con tres opciones.	**Tarea 2** Relacionar 6 mensajes con 6 frases de una lista de 9 frases.	**Tarea 3** Escuchar 1 conversación y relacionar 6 frases con la persona que da la información.	**Tarea 4** Escuchar 3 noticias y contestar a 6 preguntas con 3 opciones.
PRUEBA 3  **EXPRESIÓN E INTERACCIÓN ESCRITAS**	**50 min.** 10:25-11:15	**Tarea 1** Escribir un texto informativo como respuesta a otro texto.		**Tarea 2** Escribir un texto descriptivo o narrativo.	

 Total: **2 horas 10 minutos**

A OTRA HORA U OTRO DÍA

PRUEBA 4  **EXPRESIÓN E INTERACCIÓN ORALES**	**12 min.***	**Tarea 1** Monólogo breve a partir de una fotografía.	**Tarea 2** Conversación en situación simulada.	**Tarea 3** Monólogo breve, presentación de un tema preparado antes.	**Tarea 4** Conversación sobre el tema presentado en la tarea 3.

* Más 12 minutos previos de preparación.

 LA NOTA. El resultado del examen no es una nota como en la escuela, solo dice que el candidato tiene el nivel A2, el nivel B1 o que no tiene ninguno de los dos (no apto).

PRUEBA	**GRUPO 1**		**GRUPO 2**	
PUNTUACIÓN MÁXIMA	25 puntos	25 puntos	25 puntos	25 puntos
PUNTUACIÓN MÍNIMA NECESARIA	A2: 20 puntos B1: 36 puntos		A2: 20 puntos B1: 36 puntos	
CÁLCULO	Comprensión de lectura y auditiva: 1 punto por respuesta correcta. 0 puntos por respuesta incorrecta o nula. Expresión e interacción escritas y orales: consultar la *Guía del examen* en la página web del  Instituto Cervantes.			

 ¡Atención! Si un candidato tiene un nivel en el Grupo 1 y otro en el Grupo 2, el diploma es el del nivel menor.

Puedes encontrar más información en la pág. 38 de:

Instituto Cervantes: https://examenes.cervantes.es/sites/default/files/dele_a2b1escolares_guia_0_0_0.pdf

ELEteca: https://eleteca.edinumen.es

Consejos para candidatos

Este manual te sirve para preparar el examen DELE, niveles A2-B1 para escolares. La ayuda de un profesor y de otros candidatos es muy importante, pero también es posible prepararse solo.

■ **La idea principal**. ¿Tienes el nivel A2 o el nivel B1 de español? Lo tienes que **demostrar**. Para hacerlo, el Instituto Cervantes propone un examen con unas tareas. Para hacer correctamente las tareas tienes que conocerlas bien. También debes conocer las habilidades que tienes para realizarlas. Este manual te ayuda a eso: a prepararte para demostrar lo que sabes hacer con el español.

Vas a encontrar **6 modelos de examen** (4 modelos en el libro y 2 en la ELEteca). Es importante leer la descripción del principio de cada modelo: te explica cuál es el punto principal que se va a trabajar en él. Algunos están especialmente diseñados para trabajar ciertas dificultades o ciertos tipos de texto. Sigue siempre todas las INSTRUCCIONES.

■ **La información**. Todas las pruebas tienen una **tarea previa** con información del Instituto Cervantes o de los autores. Haz todas esas tareas. En ellas hay preguntas como esta: «Anota aquí tu comentario». No hay que escribir en español, se puede hacer en el idioma del candidato. Lo importante es anotar las ideas, intuiciones y percepciones.

■ **El Cronómetro**. El nombre de este manual tiene que ver con un aspecto muy importante del examen: **el control del tiempo**. No dejes pasar esta indicación: ● ● ● ● ● 🕐 Para esta tarea he necesitado: _____ min.

■ **Actividades**. Al final de cada prueba tienes una serie de actividades. Se centran en habilidades de examen muy útiles.

■ Las tablas de **Control de progreso**. Al final de cada prueba de cada modelo vas a encontrar unas tablas para saber cómo progresa tu preparación. Tienes que completarla cada vez. En la ELEteca tienes un documento, **Resumen de la preparación**. Allí puedes anotar todos los resultados de todos los modelos y tener una panorámica de tu preparación.

■ **La nota**. Esa misma tabla incluye en las pruebas 1 y 2 un espacio para escribirla nota. Es bueno escribirla siempre porque es un buen indicativo para saber cómo va la preparación del examen en general. También hay un espacio para poner tu impresión subjetiva. Puede ser también muy útil.

ESTOY MUY CONTENTO/A ☺☺	
ESTOY CONTENTO/A	☺
NO ESTOY CONTENTO/A	☹

Puntos:

¿Preparado para empezar?

DELE A2-B1
para escolares

Modelo de examen n.° 1

 PRUEBA 1. COMPRENSIÓN DE LECTURA   50 min.

 PRUEBA 2. COMPRENSIÓN AUDITIVA   30 min.

 PRUEBA 3. EXPRESIÓN E INTERACCIÓN ESCRITAS   50 min.

 PRUEBA 4. EXPRESIÓN E INTERACCIÓN ORALES   12 min.

 Comentarios, consejos y actividades sobre este modelo de examen.

En este modelo de examen n.° 1 tienes un **primer contacto** con el examen. Vas a ver cada prueba, los textos, el tipo de tareas (ejercicios), el tiempo, etc. Todas las pruebas de todos los modelos del libro tienen:

-una actividad **al principio** con información sobre la prueba, una descripción de cómo se hacen las tareas y algunos consejos;

-una tabla para controlar tu preparación (**Control de progreso**) al final de cada prueba.

-una sección de actividades que trabajan cada tarea y te ayudan a desarrollar **habilidades** para mejorar los resultados del siguiente modelo de examen.

 ¡Atención! Además, los cuatro primeros modelos tienen una sección con actividades para trabajar las tareas en detalle y mejorar tus resultados en el siguiente modelo.

Prueba 1: Comprensión de lectura

● ● ● ● ● **Antes de empezar la prueba de** Comprensión de lectura.

¿Qué sabes de esta prueba? Responde a las preguntas que te hace Croni:

8. ¿Tienes que entender toda la información del texto?

....

1. ¿Cuánto tiempo dura la prueba?

....

2. ¿Cuántos ejercicios (tareas) tienes que hacer?

....

7. ¿Tienes que escribir las respuestas?

....

3. ¿Los textos tienen imágenes que te ayudan a entender?

....

6. ¿Puede ser correcta más de una opción?

....

5. ¿Tienes que entender datos concretos?

....

4. ¿Todos los textos son del mismo tipo?

....

Busca aquí la información que necesitas.

 PRUEBA DE COMPRENSIÓN DE LECTURA

La prueba tiene 4 tareas. Hay que responder a 25 preguntas. Solo hay una opción correcta. Las respuestas se marcan en la Hoja de respuestas con lápiz del n.º 2 (al final del manual hay modelos para fotocopiar).

 50 min.

	¿Qué tengo que demostrar?	¿Qué tengo que hacer?	¿Cómo son los textos de cada tarea?	
Tarea 1	Entiendo textos breves, sencillos y prácticos.	**6 preguntas.** Leer 9 textos y relacionar 6 de ellos con 6 declaraciones.	Anuncios publicitarios, carteleras de cine, mensajes personales y avisos.	40-60 palabras*
Tarea 2	Localizo las ideas principales y encuentro información concreta.	**6 preguntas.** Leer 3 textos y responder a 6 preguntas.	Textos descriptivos, narrativos o informativos: cartas, noticias, diarios, biografías, guías de viaje…	100-120 palabras
Tarea 3	Extraigo las ideas principales e identifico información concreta.	**6 preguntas.** Leer 1 texto y responder a 6 preguntas con 3 opciones de respuesta.	Texto informativo simple: una biografía, un cuento o un fragmento de una novela.	450-500 palabras
Tarea 4	Sé completar con las palabras o estructuras gramaticales correctas un texto no muy largo.	**7 preguntas.** Leer 1 texto con 7 huecos y completarlo con una de las 3 opciones de respuesta.	1 texto descriptivo, narrativo, informativo, como un correo, una entrevista.	150-200 palabras

*Declaraciones: 20-30 palabras.

Fuente: ⫟ Instituto Cervantes.

Antes de seguir, mira las respuestas en la página 15.

 ¡Atención! Puedes consultar la descripción de la prueba original en:

⫟ Instituto Cervantes: https://examenes.cervantes.es/sites/default/files/2.10.2.3_dele_a2b1escolares_modelo_0.pdf

¿Cómo se hace la prueba de Comprensión de lectura? Observa sus elementos.

INSTRUCCIÓN   PREGUNTAS   TEXTOS

Vamos a ver ahora un ejemplo. Lee despacio la instrucción. En la parte izquierda hay dos declaraciones y en la parte derecha, el texto de un anuncio (tarea 1 del modelo de examen del Instituto Cervantes).

INSTRUCCIONES

Vas a leer seis textos en los que unos jóvenes dicen lo que buscan y diez anuncios de una revista de su ciudad. Relaciona a los jóvenes (1-6) con los anuncios (A-J). HAY TRES TEXTOS QUE NO DEBES RELACIONAR.

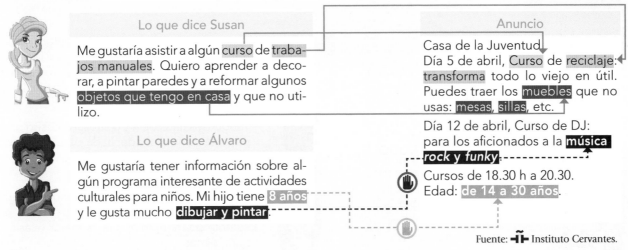

Lo que dice Susan

Me gustaría asistir a algún curso de trabajos manuales. Quiero aprender a decorar, a pintar paredes y a reformar algunos objetos que tengo en casa y que no utilizo.

Lo que dice Álvaro

Me gustaría tener información sobre algún programa interesante de actividades culturales para niños. Mi hijo tiene 8 años y le gusta mucho dibujar y pintar.

Anuncio

Casa de la Juventud
Día 5 de abril, Curso de reciclaje: transforma todo lo viejo en útil. Puedes traer los muebles que no usas: mesas, sillas, etc.

Día 12 de abril, Curso de DJ: para los aficionados a la música rock y funky.
Cursos de 18.30 h a 20.30. Edad: de 14 a 30 años.

Fuente: Instituto Cervantes.

Comentario. Susan habla de "trabajos manuales" para "reformar objetos" y en el anuncio pone "curso de reciclaje" y "transforma todo lo viejo". Los "objetos que tengo en casa" de los que habla Susan pueden ser los "muebles: mesas, sillas". Álvaro, en cambio, busca actividades para niños de "8 años" pero los cursos del anuncio son para niños desde 14 años. Música de *rock* y *funky* no es lo mismo que dibujar y pintar.

¿Qué es lo más importante para aprobar el examen: las instrucciones, las preguntas o el texto? Anota en tu cuaderno tu comentario (en español o en tu idioma).

Para hacer bien esta prueba del examen tienes que:

5. Localizar en los textos fragmentos relacionados con las declaraciones o preguntas.

4. Seleccionar la respuesta correcta y marcarla en la Hoja de respuestas.

3. Comparar las palabras de la pregunta o declaración con las del fragmento del texto.

1. Leer bien las instrucciones.

2. Leer bien cada declaración o cada pregunta.

¡Ya puedes empezar esta prueba!

La prueba de Comprensión de lectura tiene cuatro tareas. Tienes que responder a **25 preguntas**.

● ● ● ● ● 🕐 La prueba dura 50 minutos. Pon el reloj al principio de cada tarea.

Marca tus opciones únicamente en la Hoja de respuestas.

Tarea 1

INSTRUCCIONES

Vas a leer seis textos en los que unos jóvenes dicen lo que buscan y diez anuncios de una revista de su ciudad. Relaciona a los jóvenes (1-6) con los anuncios (A-J). HAY TRES TEXTOS QUE NO DEBES RELACIONAR.

Marca las opciones elegidas en la Hoja de respuestas.

¿Sabes qué significa "peli" y "cumple"? Son palabras coloquiales.

	PERSONA	TEXTO
0.	MARÍA	F
1.	RODOLFO	
2.	LAURA	
3.	RICARDO	
4.	CRISTINA	
5.	ESPERANZA	
6.	LOLA	

0. MARÍA
Mis amigas y yo queremos ver algo divertido. Nos aburren las películas de dibujos animados, pero sí nos gustan los efectos especiales y la mezcla de realidad y fantasía.

1. RODOLFO
Tengo dos hijos de 4 y 6 años. Necesito una película tranquila, adecuada para su edad, pero tiene que ser divertida.

2. LAURA
Cuando vamos toda la familia al cine es para ver a otra familia haciendo tonterías. Y el cumple de mi hermano es la mejor ocasión para reírnos.

3. RICARDO
Me gustan las *pelis* de aventura con efectos especiales, ciencia ficción, suspense. Soy muy aficionado a los cómics de robots. Si son divertidas, mucho mejor.

4. CRISTINA
Me encantan las películas de dibujos animados. Tengo 8 años. Mis aventuras favoritas están llenas de brujos, animales que hablan, tienen poderes especiales y viven en mundos fantásticos.

5. ESPERANZA
Me gustaría ver una producción europea, con personajes europeos. Ya he visto demasiadas películas americanas. ¡Y en Europa también tenemos fantasmas en los castillos!

6. LOLA
Soy fan de un grupo de animales que hablan como personas: son egoístas, caraduras, ¡unos locos! En sus películas hacen chistes para adultos y no solo para niños.

CARTELERA

A   **Cómo entrenar a tu dragón.** Han pasado cinco años desde que el joven Hipo y su dragón, Desdentao, demostraron al pueblo vikingo que humanos y dragones pueden convivir juntos. Pero la lucha por la paz continúa en nuevas y peligrosas batallas. A partir de 6 años. Género: animación. Nacionalidad y año de producción: EE.UU., 2014. Calificación: todos los públicos.

B   **Operación Cacahuete.** La famosa ardilla Surly tendrá que ayudar a los animales de Liberty Park, que no tienen suficientes alimentos para el invierno. Robar un supermercado parece ser la mejor idea. Género: animación. Nacionalidad y fecha de producción: Canadá, Corea del Sur, EE.UU., 2014. Calificación: a partir de 12 años.

C   **Las aventuras del pequeño fantasma.** Esta simpática comedia alemana dirigida a niños a partir de seis años cuenta la leyenda del castillo de Eulenstein. Todos los días, después de medianoche, el pequeño fantasma sale a dar una vuelta por sus posesiones. Género: familiar. Calificación: pendiente de calificar.

D   **La abeja Maya. La película.** Las aventuras de la popular abeja de la serie japonesa de televisión, inspirada en el libro infantil del escritor alemán Waldemar Bonsels. Esta vez en 3D pero pensada para los más pequeños. Género: animación. Nacionalidad y año de producción: Alemania, Australia, 2014. Calificación: todos los públicos. Especialmente recomendada para la infancia.

E   **6 Héroes.** Hiro, un niño especialista en robótica, tendrá que salvar su ciudad con la ayuda de Baymax, un robot gordo, y de sus amigos, un grupo de delincuentes juveniles. Una aventura de comedia y acción. Género: animación. Calificación: pendiente de calificar.

F   **Noche en el Museo 3:** *el secreto del Faraón.* Las figuras del museo han perdido la magia que les da vida cada noche. Larry (Ben Stiller), el vigilante nocturno, tendrá que hacer un largo viaje para salvarlos. Género: familiar. Nacionalidad y año de producción: EE.UU., 2014. Calificación: pendiente de calificar.

G   **Los pingüinos de Madagascar.** En esta ocasión los ya conocidos Capitán, Soldado, Kowalski y Rico serán perseguidos por un grupo llamado Viento Norte. Para niños y no tan niños que se ríen con las desgracias de esta loca pandilla. Género: animación. Nacionalidad y año de producción: EE.UU., 2014. Calificación: pendiente de calificar.

H   **Dixie y la rebelión zombi.** Continúan las aventuras de Dixie, la joven que se convertía en muerta viviente en la película de animación *Papá, soy una zombi.* Género: animación. Calificación: no recomendada para menores de 7 años.

I   **Los Boxtrolls.** Unos troles muy locos llenan los fotogramas de esta nueva producción en *stop motion 3D* de los estudios Laika (*Caroline*), basada en una obra infantil de Alan Snow. Género: animación. Nacionalidad y año de producción: EE.UU., 2014. Calificación: todos los públicos.

J   **Alexander y el día terrible, horrible, espantoso, horroroso.** Alexander, de 11 años, y su familia van a tener un día muy complicado. Comedia con risa asegurada para todas las edades. Género: comedia. Nacionalidad y año de producción: EE.UU., 2014. Calificación: pendiente de calificar.

• • • • • 🕐 **Para esta tarea he necesitado:** _____ min.

● ● ● ● ● 🕐 Pon otra vez el reloj.

INSTRUCCIONES

Vas a leer tres textos de varios blogs de jóvenes que viajan por Suramérica y por España. Relaciona las preguntas (7-12) con los textos (A / B / C).

Marca las opciones elegidas en la Hoja de respuestas.

	PREGUNTAS	A. ERNESTO	B. UNAI	C. FERNANDO
7.	¿Quién habla del carácter de la gente?			
8.	¿Quién tuvo que pasar los Andes por sus propios medios?			
9.	¿Quién ha estado en varios países de Latinoamérica?			
10.	¿Quién hizo el viaje durante las vacaciones navideñas?			
11.	¿Quién hizo el viaje con menos compañeros de lo planeado?			
12.	¿Quién no tuvo que pagar hotel?			

	TEXTOS
A. **Ernesto**	Fui a Ushuaia con mi novia en las Navidades del 2012. El vuelo de cinco horas me pareció largo, pero minutos antes del aterrizaje pudimos admirar los paisajes de la cordillera de los Andes desde el aire. ¡Es algo fabuloso! Estuvimos durmiendo en casa de mis suegros, que son resimpáticos, amables y generosos. Pasé cuatro días recorriendo la ciudad conocida como "el fin del mundo", ubicada en Tierra de Fuego, la provincia más al sur de Argentina. Es una ciudad muy linda. Les puedo recomendar varios lugares que pueden visitar en Ushuaia. El canal de Beagle, la propia ciudad, los bosques, las montañas y ¡la nieve!
B. **Unai**	Un aspecto importante de los viajes es qué se come. Como buen uruguayo que soy, el asado de vaca me parece lo mejor, pero cuando estuve en Ushuaia probé el cordero de la Patagonia, en Bolivia comí carne de llama y en España tenía que probar el cochinillo segoviano, que es una especialidad de esta pequeña ciudad del centro de España. Unos amigos de allá me llevaron a probarlo y no podía decir que no. ¿Qué tiene de especial el cochinillo? Ciertamente es un plato rico en grasas y proteínas. ¡Hay que tener cuidado de no engordar si se come muy a menudo!
C. **Fernando**	En marzo decidimos hacer el "Cruce Columbia". Al principio dudé. Pensaba que no era para mí. Pero quería hacerlo, y ¡querer es poder! Y no estaba solo. Al principio éramos cinco, aunque al final fuimos solo dos, Pablo y yo. Teníamos 11 meses para entrenarnos. ¿Qué es el "Cruce Columbia"? Es una carrera de más de 100 kilómetros en la que se atraviesan los Andes en tres días. Se celebra en el verano austral. El recorrido cambia todos los años pero siempre por lugares de una gran belleza. El entrenamiento fue muy duro. La alimentación es muy importante: hay que estar en forma.

Fuente: *www.bitacorasdeviaje.com*

● ● ● ● ● 🕐 **Para esta tarea he necesitado:** _____ **min.**

Tarea 3

● ● ● ● ● 🕐 Pon otra vez el reloj.

INSTRUCCIONES

Vas a leer un texto sobre el cantante Juanes. Después debes contestar a las preguntas (13-18). Selecciona la respuesta correcta (A / B / C).

Marca las opciones elegidas en la Hoja de respuestas.

BIOGRAFÍA DE JUANES

Juan Esteban Aristizábal Vásquez nació el 9 de agosto de 1972 en Medellín, Colombia, y tomó su nombre artístico, Juanes, como una abreviatura de su nombre, Juan Esteban. A los 7 años comenzó a dedicarse a su única pasión: la música. Aprendió a tocar la guitarra con su padre y su hermano mayor. Pronto fundó su propio grupo: *Ekhymosis*, donde él era el cantante y el guitarrista. El grupo, de orientación *heavy metal*, estuvo activo ocho años en los que grabaron cinco discos, tras los cuales llegó la disolución. En 1998, sin *Ekhymosis*, pero con su música, Juanes se fue para Los Ángeles, California, a vivir en una habitación muy pequeña en una ciudad tan grande.

Un día llegó al estudio del productor colombiano Gustavo Santaolalla y comenzaron a crear *Fíjate bien*, y después de cuarenta y cinco días salió de ahí con el CD y con ganas de enseñárselo a todo el mundo. *Fíjate bien* impresionó a la crítica, pero no tuvo la misma suerte con la radio, que lo encontraba muy diferente a lo que ellos consideraban el gusto del público.

El éxito llegó con el segundo álbum, *Un día normal*. Fue el disco en español más vendido en el mundo. Cinco de sus temas se convirtieron en éxitos de radio y durante casi cien semanas, *Un día normal* no bajó del *top 10* de la lista de la revista *Billboard* de los álbumes más vendidos en Estados Unidos. Grabó duetos con la exitosa cantante canadiense Nelly Furtado y con *Black Eyed Peas*. Las ventas globales llegaron muy cerca de los dos millones de álbumes. Su gira tuvo 138 conciertos en diecisiete países y colgó el letrero de "entradas agotadas" en Nueva York, Los Ángeles, París, Londres, Madrid, Barcelona, Ámsterdam, Bogotá, Caracas y en todos los demás lugares donde dio conciertos.

Desde entonces ha publicado siete álbumes más y ha dado conciertos en todo el mundo, pero donde más éxito tiene es en los Estados Unidos. Ha ganado un gran número de premios, entre ellos veinte premios *Grammy*.

La camisa negra, un tema del álbum *Mi sangre*, se convirtió en la canción en español más escuchada no solo en países de Europa y Latinoamérica, sino también de Asia.

Su guitarra produce una música original con extrema variedad de fuentes, estilos e influencias. Sus letras también son variadas. Mezcla sus temores, aspiraciones, su sensibilidad social y hasta el humor con el amor intenso e inmenso que siente por sus hijas, su pareja, su familia, su pueblo y su cultura. Con todos estos ingredientes musicales y emocionales, Juanes crea una fusión completamente original que no permite definiciones exactas porque es algo que se parece a todo y a nada: es la música de Juanes.

Fuente: texto adaptado de *www.wikipedia.org/wiki/juanes*

Continúa →

13. En el texto se dice que Juanes...

    A) es un apasionado de California.

    B) es hijo de un profesor de música.

    C) empezó muy pronto en su profesión.

14. Según el texto, Juanes grabó un disco...

    A) de música *heavy*.

    B) tras más de un mes de trabajo.

    C) con canciones que no gustaron al público.

15. Con respecto a los discos de Juanes, el texto dice que...

    A) todos han sido un gran éxito de crítica y público.

    B) el que más éxito ha tenido es *La camisa negra*.

    C) Juanes ha publicado más de siete.

16. En el texto se dice que Juanes...

    A) vive viajando por todo el mundo.

    B) canta siempre a dúo con una cantante canadiense.

    C) ha ganado muchos premios musicales.

17. El texto dice que para los conciertos de Juanes...

    A) las entradas se agotan con frecuencia.

    B) las críticas son siempre buenas.

    C) sus canciones se sitúan entre los *top 10* de Europa.

18. En el texto se dice que la música de Juanes...

    A) es difícil de definir.

    B) ha contribuido a la paz en Colombia.

    C) tiene un estilo muy culto pero emocional.

● ● ● ● ● 🕐 **Para esta tarea he necesitado:** _____ min.

Tarea 4

● ● ● ● ● 🕐 Pon otra vez el reloj.

INSTRUCCIONES

Lee el texto y rellena los huecos (19 a 25) con la opción correcta (A / B / C).

Marca las opciones elegidas en la Hoja de respuestas.

PRIMER DÍA EN ROMA

Sobre las 5:00 de la madrugada, quedamos en nuestro instituto para coger el autobús que nos llevó al aeropuerto de Barajas. Las caras _____19_____ pero alegres de los compañeros indicaban las ganas que tenían de coger el avión y llegar a nuestro destino. En el bus _____20_____ con nosotros dos profesores: Gabriel y Alicia.

Cuando llegamos a Roma, cogimos la maleta y fuimos al autobús que nos _____21_____ al hotel, pero no podían darnos las habitaciones hasta las doce del mediodía.

Entonces, los profesores tuvieron la idea de guardar las maletas en _____22_____ habitación y llevarnos a pasar el día fuera. Tomamos el metro y, al bajar, salimos a la Plaza de España, donde hay una escalinata llena _____23_____ gente.

Seguimos nuestro _____24_____ y llegamos a la Fontana de Trevi, un lugar realmente bonito. Allí, como todos los turistas, tiramos una moneda a la fuente, ya que la tradición dice que si quieres volver a Roma, tienes que lanzar una moneda. También visitamos una iglesia de las muchas que había por allí. Era muy grande, tenía mosaicos en el _____25_____ y una vidriera enorme.

Ya por la noche, hacia las 21:00, volvimos al hotel para cenar y descansar.

OPCIONES

19. A) cerradas   B) apagadas   C) dormidas

20. A) traían   B) venían   C) llevaban

21. A) llevó   B) ha llevado   C) llevará

22. A) ninguna   B) alguna   C) una

23. A) por   B) con   C) de

24. A) calle   B) camino   C) sitio

25. A) suelo   B) pared   C) ventana

● ● ● ● ● 🕐 **Para esta tarea he necesitado:** _____ **min.**

Control de progreso

En todas las pruebas de todos los modelos tienes esta tabla. Complétala al final de cada prueba. Puede ser muy útil para ver cómo progresa tu preparación. También te da información sobre lo realmente importante de cada prueba. Intenta completarla en todos los modelos.

Marca con un ✔.

¿Qué tal la prueba 1 de este examen?	Tarea 1	Tarea 2	Tarea 3	Tarea 4
🕐 Tiempo de cada tarea.				
Respuestas correctas.				
No estoy habituado a este tipo de textos.				
Los textos son muy parecidos.				
He tenido problemas con el vocabulario.				
No he entendido algunas frases y palabras del texto.				
He perdido mucho tiempo releyendo.				
No he entendido bien las preguntas.				
No he localizado la información en el texto.				
Tu impresión: dificultad de la tarea (de 1 a 5).				

Modelo de examen n.º 1

¿Cómo te sientes después de esta prueba?
Marca con una ✗.

ESTOY MUY CONTENTO/A ☺☺ ☐

ESTOY CONTENTO/A ☺ ☐

NO ESTOY CONTENTO/A ☹ ☐

Puntos:
_____

¿Cuál es para ti la principal dificultad de esta prueba? Anota aquí tu comentario, en español o en tu idioma.

....

....

....

....

Consejo:
Puedes hacer también las tareas del modelo de examen del ¬ᵢ¬ Instituto Cervantes.

 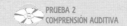 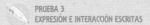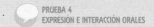

🎯 Actividades sobre el Modelo n.º 1.

❗ ¡Atención! En los cuatro primeros modelos de El Cronómetro tienes actividades para preparar el examen. No son parte de la prueba, pero te ayudan a tener mejores resultados. A veces tienes que escribir comentarios: los puedes escribir en español o en tu idioma. Además, en este primero vamos a trabajar con fragmentos de uno de los dos modelos de examen que ofrece el ╋ Instituto Cervantes. Aquí tienes las dos direcciones:

❗ ╋ Instituto Cervantes: https://examenes.cervantes.es/sites/default/files/2.10.2.3_dele_a2b1escolares_modelo_0.pdf
╋ Instituto Cervantes: https://examenes.cervantes.es/es/dele-para-escolares/preparar-prueba-escolares

> **¡Descárgate los modelos de examen del ╋ Instituto Cervantes!**

Tarea 1.

a. Vamos a trabajar con el modelo del ╋ Instituto Cervantes. Observa cómo funciona la prueba: en el texto de ÁLVARO hay grupos de palabras que se relacionan con otros grupos del anuncio de MUSICALDÍA. Observa las marcas de colores y las flechas:

⦿ ÁLVARO

Buscamos un **lugar especializado** donde poder **tocar**, tener la posibilidad de **crear nuestro propio disco** y dar algún mini-concierto.

⦿ MUSICALDÍA

Si sois un grupo de música y estáis buscando **un buen espacio** para **practicar con la banda**, el centro cultural Musicaldía está pensado para vosotros. Musicaldía os ofrece varias salas con instrumentos y un pequeño **estudio de grabación**. Información: www.musicaldia.org

Fuente: ╋ Instituto Cervantes.

❗ Comentario. "Un lugar especializado" se relaciona con "un buen espacio" porque las dos expresiones hablan de lo mismo, "lugar" y "espacio" son sinónimos.

> **Consejo:**
> **Esto te puede ayudar a ver las correspondencias entre dos textos.**

 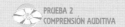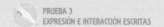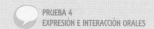
b. Une con flechas las palabras marcadas en los textos de estos jóvenes (a la izquierda) con las palabras correspondientes en los textos de los anuncios (a la derecha), como en la actividad anterior.

⊃ YOLANDA

Tengo 14 años y me encanta la historia antigua. Estoy interesada en formar parte de algún grupo para participar en concursos, cursos o programas especiales.

⊙ EL JUEGO DEL TÓTEM, UNA AVENTURA INTERACTIVA

Una oportunidad para descubrir y aprender más sobre las culturas precolombinas (incas, mayas y aztecas). El juego tiene diez niveles. Para resolver las dudas, se puede consultar internet, enciclopedias, etc. Forma de participar: equipos de 5 personas (de 12 a 15 años).

⊃ DAVID

Soy un chico de 14 años y quiero hacer un curso relacionado con las nuevas tecnologías. Tiene que ser un curso barato y de tarde, para hacer después de las clases.

⊙ CREA TU PROPIO BLOG

Os enseñamos a crear un blog digital de forma fácil y gratuita. Días: 6 y 13 de octubre. Horario: de 17 h a 18.30h. Inscripciones desde el 2 de octubre. Plazas limitadas. Para jóvenes de 12 a 18 años.

⊃ SARA

El mes que viene tengo que ir a una fiesta medieval y no sé qué ponerme. Me gustaría diseñar y hacer mi propio vestido, pero no sé cómo hacerlo ni quién me podría ayudar.

⊙ ASOCIACIÓN AMIGOS DEL CARNAVAL

Somos un grupo de jóvenes que organiza cursos gratuitos para diseñar disfraces de carnaval. Para hacer tus disfraces, puedes traer la ropa vieja que no usas. Nos reunimos los sábados a las 12 en la asociación Zigzag. Si quieres participar, entra en www.zigzags.org para informarte y para ver las fotografías de nuestros diseños.

⊃ SUSAN

Soy inglesa y este es mi primer año en el Instituto. Busco compañeros para formar un grupo de estudio y mejorar mi español. Puedo ayudar con el inglés.

⊙ CLUB TANDEM

¿Tienes problemas con los idiomas? Puedes solucionarlos en la cafetería Babel. Cada tarde, de 18.00 a 20.00 h puedes practicar el idioma que desees con estudiantes nativos (inglés, francés, alemán, italiano, ruso y español). Solo tienes que enviar un correo electrónico a babeltandem@hotmail.com y hacer la reserva para organizar los grupos.

Fuente: ◄┃► Instituto Cervantes.

 Consejo. Es una buena idea hacer lo mismo con el resto de textos del examen y con todos los exámenes que ofrece el ◄┃► Instituto Cervantes en su página web. También es buena idea hacerlo en los próximos modelos de examen de El Cronómetro.

c. Ahora haz lo mismo con la tarea de este modelo n.º 1 (página 10).

Tarea 2.

a. Observa las relaciones entre las **preguntas** a la izquierda y el **vocabulario** marcado en el texto de la derecha:

○ **PREGUNTAS**

○ **ADELA**

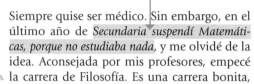

7. ¿Quién *dejó una carrera para empezar otra?*

8. ¿Quién piensa que *hay muchas personas que hacen Medicina después de terminar otra carrera?*

9. ¿Quién va a *trabajar y estudiar a la vez?*

10. ¿Quién piensa que *su carrera se decidió por no estudiar suficiente en el colegio?*

11. ¿A quién le gusta *Medicina porque se puede ayudar a otras personas?*

12. ¿Quién tiene *familiares que piensan que debe terminar lo que está haciendo?*

Siempre quise ser médico. Sin embargo, en el último año de *Secundaria suspendí Matemáticas, porque no estudiaba nada,* y me olvidé de la idea. Aconsejada por mis profesores, empecé la carrera de Filosofía. Es una carrera bonita, pero todavía tengo la ilusión de hacer Medicina. *Me parece que no puedo realizar mi sueño porque no trabajé en su momento.*

No puedo dejar Filosofía y empezar Medicina porque hay que pasar una prueba muy difícil y porque *mis padres dicen que no debo cambiar ahora de carrera.* Estoy pensando en estudiar mientras tanto, a distancia, otra carrera más relacionada con la ciencia para poder pasar la prueba de entrada en Medicina. O puedo olvidarme de esto y seguir con Filosofía. Gracias por vuestros consejos

Fuente: ━┳━ Instituto Cervantes.

(!) Comentario. En esta tarea hay tres textos y seis preguntas. Como ves, en este texto encuentras la respuesta a dos preguntas. Las respuestas correctas a las otras cuatro preguntas tienen que estar en los otros dos textos. ¿Por qué no intentas resolver la tarea del modelo de examen del Instituto Cervantes?

b. Ahora vamos a trabajar con el modelo n.º 1 de este libro. Marca en el texto de la derecha las **palabras clave** que dan respuesta a las dos preguntas de la izquierda.

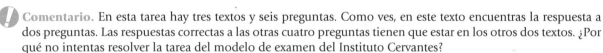

¿Sabes qué significa "palabras clave"?
Si no lo sabes, pregunta a tu profesor.

○ **PREGUNTAS**

○ **ERNESTO**

7. ¿Quién habla del *carácter* de la gente?

10. ¿Quién hizo el *viaje durante las vacaciones navideñas?*

Fui a Ushuaia con mi novia en las Navidades del 2012. El vuelo de cinco horas me pareció largo, pero minutos antes del aterrizaje pudimos admirar los paisajes de la cordillera de los Andes desde el aire. ¡Es algo fabuloso! Estuvimos durmiendo en casa de mis suegros, que son resimpáticos, amables y generosos. Pasé cuatro días recorriendo la ciudad conocida como "el fin del mundo", ubicada en Tierra de Fuego, la provincia más al sur de Argentina. Es una ciudad muy linda. Les puedo recomendar varios lugares que pueden visitar en Ushuaia. El canal de Beagle, la propia ciudad, los bosques, las montañas y ¡la nieve!

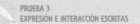
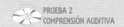
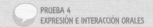
c. Aquí tienes las otras preguntas y los otros dos textos. Marca en ambos textos las palabras clave:

PREGUNTAS

UNAI

9. *¿Quién ha estado en varios* **países de Latinoamérica**?

Un aspecto importante de los viajes es qué se come. Como buen uruguayo que soy, el asado de vaca me parece lo mejor, pero cuando estuve en Ushuaia probé el cordero de la Patagonia, en Bolivia comí carne de llama y en España tenía que probar el cochinillo segoviano, que es una especialidad de esta pequeña ciudad del centro de España. Unos amigos de allá me llevaron a probarlo y no podía decir que no. ¿Qué tiene de especial el cochinillo? Ciertamente es un plato rico en grasas y proteínas. ¡Hay que tener cuidado de no engordar si se come muy a menudo!

PREGUNTAS

FERNANDO

8. *¿Quién tuvo que* **pasar los Andes por sus propios** *medios?*

11. *¿Quién hizo el viaje con* **menos compañeros de lo esperado?**

En marzo decidimos hacer el "Cruce Columbia". Al principio dudé. Pensaba que no era para mí. Pero quería hacerlo, y ¡querer es poder! Y no estaba solo. Al principio éramos cinco, aunque al final fuimos solo dos, Pablo y yo. Teníamos 11 meses para entrenarnos. ¿Qué es el "Cruce Columbia"? Es una carrera de más de 100 kilómetros en la que se atraviesan los Andes en tres días. Se celebra en el verano austral. El recorrido cambia todos los años pero siempre por lugares de una gran belleza. El entrenamiento fue muy duro. La alimentación es muy importante: hay que estar en forma.

Tarea 3.

a. Aquí tienes un fragmento del texto de la tarea n.º 3 del modelo de examen del Instituto Cervantes. Observa la relación entre el fragmento del texto y las palabras marcadas en las opciones de la pregunta.

PLÁCIDO DOMINGO

El **pequeño** Plácido asistía a las funciones en que **actuaban** sus padres, por lo que el mundo de la música pronto se le hizo familiar. Cuando todavía estaba **en la escuela primaria,** empezó a **estudiar música** e interpretó papeles de niño en algunas obras. De joven, aunque su voz todavía no estaba formada, comenzó a cantar en zarzuelas.

14. En el texto se dice que Plácido Domingo...

A) *¿actuaba en el teatro con sus padres cuando era niño.*

B) *recibió educación musical desde que era pequeño.*

C) *de joven cantaba sin la formación musical adecuada.*

Fuente: Instituto Cervantes.

Comentario. En esta tarea hay un único texto muy largo con muchas preguntas. Cada pregunta tiene tres opciones, en el texto encuentras palabras relacionadas con una de las opciones, o con las tres, como en el ejemplo del Instituto Cervantes. Debes localizar en el texto el fragmento que te interesa y luego decidir qué opción es la correcta. Esta última dificultad la trabajas más en detalle en las actividades de los siguientes modelos de examen.

b. Marca ahora en el texto de la derecha los fragmentos que se relacionan con las palabras marcadas en las opciones de la izquierda.

◯ CON RESPECTO A LOS DISCOS DE JUANES, EL TEXTO DICE QUE...

Con respecto a los discos de Juanes, el texto dice que...

A) todos han sido un gran éxito de crítica y público.

B) el que más éxito ha tenido es *La camisa negra*.

C) Juanes ha publicado más de siete.

El éxito llegó con el segundo álbum, *Un día normal*. Fue el disco en español más vendido en el mundo. Cinco de sus temas se convirtieron en éxitos de radio y durante casi cien semanas, *Un día normal* no bajó del top 10 de la lista de la revista *Billboard* de los álbumes más vendidos en Estados Unidos. Grabó duetos con la exitosa cantante canadiense Nelly Furtado y con Black Eyed Peas. Las ventas globales llegaron muy cerca de los dos millones de álbumes. Desde entonces ha publicado siete álbumes más y ha dado conciertos en todo el mundo.

c. Ahora trabajamos con la tarea 3 de este modelo n.º 1. Marca en las preguntas de la derecha los grupos de palabras que se relacionan con las palabras marcadas en el texto de la izquierda.

❗ ¡Atención! Los fragmentos del texto están relacionados con palabras de las opciones, pero eso no significa que te llevan a la opción correcta. La respuesta correcta en este caso es la C:

◯ BIOGRAFÍA DE JUANES

Juan Esteban Aristizábal Vásquez nació el 9 de agosto de 1972 en Medellín, Colombia, y tomó su nombre artístico, Juanes, como una abreviatura de su nombre, Juan Esteban. A los 7 años comenzó a dedicarse a su única pasión: la música. Aprendió a tocar la guitarra con su padre y su hermano mayor. En 1998 se fue para Los Ángeles, California, a vivir en una habitación muy pequeña en una ciudad tan grande.

◯ 13. EN EL TEXTO SE DICE QUE JUANES...

A) *es un apasionado de California.*

B) *es hijo de un profesor de música.*

C) *empezó muy pronto en su profesión.*

¿Qué es mejor? ¿Leer primero las preguntas o leer primero el texto? ¿Cómo haces más rápidamente las tareas de esta primera prueba del examen? Anota aquí tu comentario (en español o en tu idioma).

¿Por qué no intentas ahora hacer la tarea 3 completa del examen del ᴵ Instituto Cervantes?

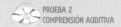 PRUEBA 1
COMPRENSIÓN DE LECTURA

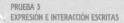 PRUEBA 2
COMPRENSIÓN AUDITIVA

PRUEBA 3
EXPRESIÓN E INTERACCIÓN ESCRITAS

PRUEBA 4
EXPRESIÓN E INTERACCIÓN ORALES

Tarea 4.

a. Observa en este fragmento del examen del ‑‑‑ Instituto Cervantes las palabras marcadas a la izquierda (el texto) que están relacionadas con la solución, marcada en el recuadro de la derecha:

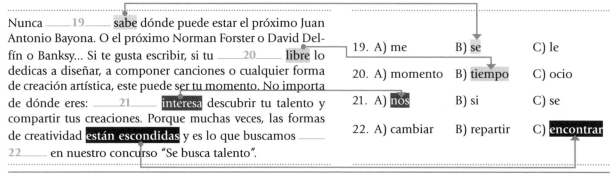

Nunca ____19____ sabe dónde puede estar el próximo Juan Antonio Bayona. O el próximo Norman Forster o David Delfín o Banksy... Si te gusta escribir, si tu ____20____ libre lo dedicas a diseñar, a componer canciones o cualquier forma de creación artística, este puede ser tu momento. No importa de dónde eres: ____21____ interesa descubrir tu talento y compartir tus creaciones. Porque muchas veces, las formas de creatividad están escondidas y es lo que buscamos ____22____ en nuestro concurso "Se busca talento".

19. A) me   B) se   C) le

20. A) momento   B) tiempo   C) ocio

21. A) nos   B) si   C) se

22. A) cambiar   B) repartir   C) encontrar

Fuente: ‑‑‑ Instituto Cervantes.

¿Qué relación hay entre las palabras marcadas en el texto y las marcadas en las preguntas? Escribe aquí tu comentario, en español o en tu idioma.

b. Ahora vamos a trabajar con la tarea 4 de este modelo de examen n.º 1. Marca en el texto de la izquierda las palabras necesarias para seleccionar la opción correcta, marcada a la derecha.

Sobre las 5:00 de la madrugada, quedamos en nuestro instituto ____19____ coger el autobús que nos llevó al aeropuerto de Barajas. Las caras dormidas pero alegres de los compañeros indicaban las ganas que tenían de coger el avión y llegar a nuestro destino. En el bus ____20____ con nosotros dos profesores: Gabriel y Alicia.

Cuando llegamos a Roma, cogimos la maleta y fuimos al autobús que nos ____21____ al hotel, pero no podían darnos las habitaciones hasta las 12 del mediodía.

19. A) por   B) de   C) para

20. A) traían   B) venían   C) llevaban

21. A) llevó   B) ha llevado C) llevará

c. Ahora debes elegir la respuesta correcta teniendo en cuenta las **palabras marcadas** en este último fragmento de la tarea 4 de este modelo de examen n.º 1.

! Comentario. Las opciones son distintas que en la tarea que has hecho.

Entonces, los profesores tuvieron la idea de guardar las maletas en ____22____ habitación y llevarnos a pasar el día fuera. Tomamos el metro y, al bajar, salimos ____23____ la Plaza de España, donde hay una escalinata llena de gente.

Seguimos nuestro camino y llegamos a la Fontana de Trevi, un lugar realmente bonito. Allí, como todos los turistas, tiramos una moneda a la fuente, ya que la tradición dice que ____24____ quieres volver a Roma, tienes que lanzar una moneda. También visitamos una de las ____25____ iglesias que había por allí. Era muy grande, tenía mosaicos en el suelo y una vidriera muy grande.

22. A) la   B) este   C) ningún

23. A) a   B) de   C) entre

24. A) si   B) como   C) cuándo

25. A) tantos   B) muchas   C) tanta

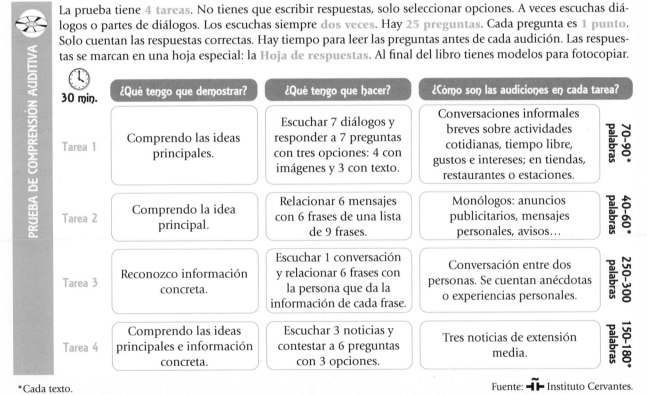

Prueba 2: Comprensión auditiva

● ● ● ● ● ● **Antes de empezar la prueba de** Comprensión auditiva.

¿Qué sabes de esta prueba? Responde a las preguntas que te hace Croni:

8. ¿Tienes que entender toda la información?
....

1. ¿Cuánto tiempo dura la prueba?
....

2. ¿Cuántos ejercicios (tareas) tienes que hacer?
....

7. ¿Tienes que escribir las respuestas?
....

3. ¿Las preguntas tienen imágenes?
....

6. ¿Puede ser correcta más de una opción?
....

5. ¿Tienes que entender datos concretos?
....

4. ¿Todas las audiciones son del mismo tipo?
....

Busca aquí la información necesaria para responder a esas preguntas.

PRUEBA DE COMPRENSIÓN AUDITIVA

La prueba tiene **4 tareas**. No tienes que escribir respuestas, solo seleccionar opciones. A veces escuchas diálogos o partes de diálogos. Los escuchas siempre **dos veces**. Hay **25 preguntas**. Cada pregunta es **1 punto**. Solo cuentan las respuestas correctas. Hay tiempo para leer las preguntas antes de cada audición. Las respuestas se marcan en una hoja especial: la Hoja de respuestas. Al final del libro tienes modelos para fotocopiar.

30 min.

	¿Qué tengo que demostrar?	¿Qué tengo que hacer?	¿Cómo son las audiciones en cada tarea?	
Tarea 1	Comprendo las ideas principales.	Escuchar 7 diálogos y responder a 7 preguntas con tres opciones: 4 con imágenes y 3 con texto.	Conversaciones informales breves sobre actividades cotidianas, tiempo libre, gustos e intereses; en tiendas, restaurantes o estaciones.	70-90* palabras
Tarea 2	Comprendo la idea principal.	Relacionar 6 mensajes con 6 frases de una lista de 9 frases.	Monólogos: anuncios publicitarios, mensajes personales, avisos…	40-60* palabras
Tarea 3	Reconozco información concreta.	Escuchar 1 conversación y relacionar 6 frases con la persona que da la información de cada frase.	Conversación entre dos personas. Se cuentan anécdotas o experiencias personales.	250-300 palabras
Tarea 4	Comprendo las ideas principales e información concreta.	Escuchar 3 noticias y contestar a 6 preguntas con 3 opciones.	Tres noticias de extensión media.	150-180* palabras

*Cada texto.

Fuente: ╫ Instituto Cervantes.

¡Atención! Puedes consultar la descripción de la prueba original en:

╫ Instituto Cervantes: https://examenes.cervantes.es/sites/default/files/2.10.2.3_dele_a2b1escolares_modelo_0.pdf

Vamos a ver ahora dos preguntas de la tarea 1 del modelo que ofrece el ╫ Instituto Cervantes. Observa los colores. Los números de las preguntas corresponden al modelo de examen original.

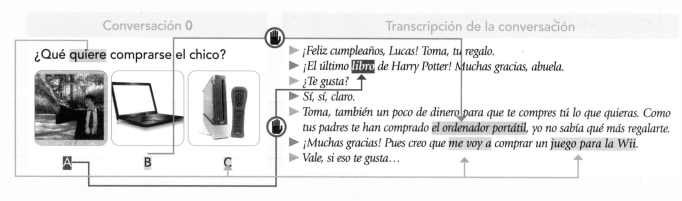

Pon dos veces la pista n.° 1.

Conversación 0

¿Qué quiere comprarse el chico?

A   B   C

Transcripción de la conversación

► ¡Feliz cumpleaños, Lucas! Toma, tu regalo.
► ¡El último libro de Harry Potter! Muchas gracias, abuela.
► ¿Te gusta?
► Sí, sí, claro.
► Toma, también un poco de dinero para que te compres tú lo que quieras. Como tus padres te han comprado el ordenador portátil, yo no sabía qué más regalarte.
► ¡Muchas gracias! Pues creo que me voy a comprar un juego para la Wii.
► Vale, si eso te gusta…

Conversación 5

¿En qué lugar tiene que estar Carlos a las nueve?

A) En el aeropuerto.
B) En el hotel de su hermana.
C) En casa de sus padres.

Transcripción de la conversación

► Hola, Carlos, qué divertida está la fiesta, ¿no te parece?
► La verdad es que sí. Me lo estoy pasando muy bien, pero ya me tengo que ir.
► ¿Por qué?
► Es que voy a llevar a mis padres al aeropuerto y he quedado con ellos a las nueve en su casa.
► ¿Adónde van?
► Van a visitar a mi hermana, que ha tenido un niño.
► Tu hermana, ¡qué bien!… ¿Todavía vive en las Islas Canarias?
► Sí. Se fue hace tres años porque le ofrecieron un trabajo en un hotel y allí sigue.
► ¿Y tú ya has ido a verla a Canarias?
► No, todavía no. Nunca encuentro el momento.

Fuente: Instituto Cervantes.

Comentario. En la conversación **0** la atención se centra en lo que el chico va a comprarse, no en lo que ha comprado la abuela (opción A) o los padres (opción B). La respuesta correcta es la **C**. En la conversación **5** hay que saber dónde va a estar Carlos a las 9, no dónde van los padres o dónde está la hermana. La respuesta correcta también es la **C**.

¿Qué es lo más importante para aprobar esta prueba del examen?, ¿qué tienes que hacer? Anota aquí tu comentario (en español o en tu idioma).

....

....

Para seleccionar la opción correcta tienes que:

5. Leer (o mirar fotos), escuchar y seleccionar la opción correcta, todo al mismo tiempo.

1. Concentrarte.

4. Intentar imaginar, con la información que te dan las preguntas, qué vas a escuchar.

2. Leer bien las instrucciones y las preguntas.

3. Observar la relación entre las preguntas y las opciones.

¡Ya puedes empezar esta prueba!

Prueba 2: Comprensión auditiva

¡Atención! En este modelo de examen vas a poder leer la **transcripción** de los diálogos junto a las preguntas. Es algo especial de este modelo de examen: puede ayudarte a aprender a hacer las tareas. En los otros modelos de examen no hay transcripciones, las tareas aparecen como en el examen.

La prueba de **Comprensión auditiva** contiene **cuatro tareas**. Debes responder a **25 preguntas**.

● ● ● ● ● 🕐 La prueba dura **30 minutos**.

Marca tus opciones únicamente en la **Hoja de respuestas**.

Pon **la pista n.° 2**. No uses el botón de ⏸ *PAUSA* en ningún momento. Sigue todas las instrucciones que escuches.

Tarea 1

INSTRUCCIONES

Vas a escuchar siete conversaciones. Escucharás cada conversación dos veces. Después debes contestar a las preguntas (1-7). Selecciona la opción correcta (A / B / C).

Marca las opciones elegidas en la Hoja de respuestas.

EJEMPLO

0. ¿Qué le regaló la abuela al chico?

A   B   C

La opción correcta es la letra A.

CONVERSACIÓN

▶ *¡Hola, Francisco! ¿Qué tal? ¿Cómo han ido las navidades?*

▶ *Pues muy bien. Ha estado con nosotros mi abuela y ¿a que no sabes qué me ha regalado?*

▶ *Supongo que un juego de ordenador, como te gustan tanto...*

▶ *Pues no, en realidad yo quería un libro.*

▶ *¡No me lo puedo creer! Pero si no te he visto nunca leyendo un libro.*

▶ *¡Muchas gracias! Pues mira, sí que leo. Bueno, pues al final me regaló un casco para la bicicleta.*

▶ *Vale, eso sí que me gusta.*

● ● ● ● ● 🕐 Ahora tienes **30 segundos** para leer las preguntas.

PREGUNTA

1. ¿Dónde va el chico en agosto?

A   B   C

CONVERSACIÓN UNO

▶ *Oye, Luisa, ¿es verdad que vas a hacer un intercambio?*

▶ *Sí, en verano voy dos semanas a Berlín a mejorar mi alemán. ¿Y tú, qué vas a hacer?*

▶ *Yo tengo en julio un campamento, y el mes siguiente iré a casa de mi abuelo al pueblo donde vive. Mis padres querían ir a la playa como siempre, pero yo no tengo ganas.*

▶ *A mí también me gusta mucho la vida en los pueblos pequeños.*

▶ *Bueno, en verano está bien, hay muchas fiestas, pero en invierno son muy aburridos.*

▶ *Sí, la verdad es que tienes razón.*

Continúa →

2. ¿Qué le ha aconsejado comer el médico a la chica?

A

B

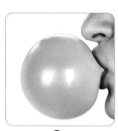
C

3. ¿Qué compra el chico en el quiosco?

A

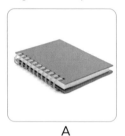
B

C

4. ¿Qué le ha pedido el chico a la chica?

A

B

C

CONVERSACIÓN DOS

▶ *Hola, Manuel. ¿Qué vas a comer hoy?*
▶ *He visto que de primero hay ensalada o sopa de pescado, pero a mí no me gusta la verdura.*
▶ *¿Y de segundo?*
▶ *Parece que lo de siempre, carne o pescado. Yo voy a probar la sopa y de segundo, pescado.*
▶ *Pues, yo voy a pedir ensalada. Y de segundo, también pescado.*
▶ *¿Es que te has vuelto vegetariana?*
▶ *No, no. Es que el médico me ha recomendado que coma más verdura y menos carne.*
▶ *Vale, ahora lo entiendo.*

CONVERSACIÓN TRES

▶ *Buenas tardes, ¿tienen el periódico deportivo de ayer?*
▶ *¿El de ayer? Pues lo siento, devolvemos todos los que sobran por la mañana temprano.*
▶ *Pues qué raro, porque mi hermano llamó para reservarlo, y como ayer no pudo venir, vengo yo ahora.*
▶ *Bueno, ya te digo, los devolvemos todos cuando traen los nuevos.*
▶ *Bueno, pues entonces me llevo otra cosa. Necesito un cuaderno de esos de...*
▶ *Lo siento, ya no vendemos cuadernos, antes sí, pero...*
▶ *¡Qué mala pata! Pues deme un paquete de chicles, por favor.*
▶ *¿Esta marca está bien?*
▶ *Sí, esa es perfecta.*

CONVERSACIÓN CUATRO

▶ *Lucas, ¿me has traído el libro de Literatura que te pedí?*
▶ *Es que aún no he terminado de leerlo. Mañana te lo traigo, ¿vale?*
▶ *Bueno, pero mañana mismo, que el examen es el lunes.*
▶ *Pues muchas gracias. Por cierto, ¿te puedo pedir otra cosa?*
▶ *Sí, claro.*
▶ *Es que el domingo vamos de excursión y necesito una mochila. La mía está rota.*
▶ *Oye, pues qué pena, porque la mía se la llevó mi hermana a Londres.*
▶ *¿Tu hermana está en Londres? ¡Qué suerte!*
▶ *Sí, va a estar una semana haciendo fotos para su trabajo.*

PREGUNTA

5. ¿Dónde puede tener lugar la fiesta?

A) En el apartamento de Paula.

B) En el restaurante.

C) En un lugar cerca de la playa.

CONVERSACIÓN CINCO

▶ *Oye, Andrés, que mañana es el cumpleaños de Paula y aún no sabemos dónde celebrar la fiesta.*

▶ *Bueno, yo he propuesto hacerla en mi casa.*

▶ *Pero Andrés, después de lo que pasó con Ana, nadie va a querer.*

▶ *Sí, tienes razón, ¿y qué tal el restaurante donde hicimos la cena de Navidad?*

▶ *Ya lo hemos intentado, pero está reservado.*

▶ *Vaya, sí que está complicado.*

▶ *¿Y qué tal en el camping de la playa?*

▶ *Sí, buena idea, voy a llamar para preguntar.*

PREGUNTA

6. ¿Qué le falta a la chica para completar la inscripción?

A) Una foto.

B) El formulario.

C) Las notas.

CONVERSACIÓN SEIS

▶ *Buenos días, ¿en qué puedo ayudarla?*

▶ *Vengo a apuntarme a las clases gratuitas de italiano. Aquí está mi carné de estudiante y la autorización de mis padres.*

▶ *A ver… falta la hoja de inscripción. ¿Tienes una foto?*

▶ *Es que yo soy alumna del profesor que da las clases y me ha dicho que no tengo que entregar foto.*

▶ *Ah, bueno. Las notas las puedo buscar yo en el ordenador. Tienes que rellenar el formulario, eso sí.*

▶ *De acuerdo.*

PREGUNTA

7. ¿Qué tipo de película van a ver?

A) Una de acción.

B) Una de ciencia ficción.

C) Ninguna.

CONVERSACIÓN SIETE

▶ *¡Luis! ¿Qué haces aquí? ¿Tú también vas al cine?*

▶ *Sí, ya ves, casualidad. ¿Qué vas a ver?*

▶ *Mira, a mí me gustan las películas de acción, así que voy a ver "Acción remota".*

▶ *¿Esa? Pero si creo que es muy mala. ¿Por qué no vienes conmigo y vemos juntos "Futuro imperfecto".*

▶ *¿Y de qué va?*

▶ *Bueno, es sobre el futuro, transcurre en 2045. Tiene un poco de psicológica y un poco de suspense.*

▶ *Bueno, no sé… ¿Y qué tal si luego vamos a tomar algo y a escuchar música?*

▶ *Ah, pues perfecto.*

Tarea 2

INSTRUCCIONES

Vas a escuchar siete mensajes, incluido el ejemplo. Cada mensaje se repite dos veces. Selecciona el enunciado (A-J) que corresponde a cada mensaje. Hay diez enunciados, incluido el ejemplo. Selecciona seis.

Marca las opciones elegidas en la Hoja de respuestas.

Escucha ahora el ejemplo: Mensaje 0.

La opción correcta es la letra D.

A B C D E F G H I J

0. ☐ ☐ ☐ ■ ☐ ☐ ☐ ☐ ☐ ☐

Continúa →

	ENUNCIADOS
A.	Quieren que los profesores cambien algunos hábitos.
B.	Lo preparan todo de una manera muy tradicional.
C.	Anuncian algo para moverse por la ciudad.
D.	Han cambiado el día que empieza el concurso.
E.	Los profesores fuman en el instituto.
F.	Es ideal para los que tengan un poco de hambre.
G.	No tiene que participar si no tiene ganas.
H.	Este transporte no es útil para llevar bolsas.
I.	Para participar necesito tres cuadros.
J.	Los premios del concurso se entregan en el restaurante La Olla.

	MENSAJES	ENUNCIADOS
	Mensaje 0	D
8.	Mensaje 1	
9.	Mensaje 2	
10.	Mensaje 3	
11.	Mensaje 4	
12.	Mensaje 5	
13.	Mensaje 6	

MENSAJES

0.	*Atención. El próximo concurso de esquí acuático del puerto de Barcelona comienza el martes de la próxima semana y no el lunes. El monitor ha sufrido un ligero accidente y le sustituye la monitora Carmen. Los participantes deben llegar media hora antes para cambiarse.*
1.	*Campaña de concienciación por el medioambiente. Los alumnos de este instituto pedimos a todos los profesores que usen papel reciclado en los exámenes. Pedimos también que no se fume en los pasillos que dan al patio. Gracias por la colaboración de todos los profesores.*
2.	*El centro comercial El Cortijo invita a todos los clientes que ahora mismo estén en los pasillos a sumarse a la fiesta de apertura de la panadería La Tahona, en la planta tercera, local 37. Se ofrece café y pastelitos gratis, y productos de bollería a mitad de precio.*
3.	*Si está de visita en la ciudad y necesita un medio de transporte limpio y práctico, la empresa de alquiler Las Ruedas le ofrece la solución: bicicletas de tres ruedas para dos viajeros. Tiene el ancho justo del carril bici y puede transportar sus compras. El alquiler incluye seguro y candado. Llámenos ya mismo.*
4.	*El restaurante La Olla ofrece a sus clientes los mejores platos tradicionales con ingredientes de nuestros campos: carne, patatas, cebollas, en general, verdura de primera calidad. Disfrute con nosotros de la comida de toda la vida, la de nuestros padres y nuestros abuelos. El sabor de la tradición.*
5.	*Raquel, Raquel, como no lo coges, te dejo este mensaje. Quería invitarte a la cena que hacemos mañana los de clase. Es a las 20:00 en el restaurante La Olla. Hemos reservado una mesa contando contigo. Si no puedes, no pasa nada, pero si al final vienes, no olvides traer la cámara de fotos, ¿vale? Bueno, nos vemos mañana, espero. Un beso.*
6.	*La Caja de Ahorros de Algeciras convoca el quinto premio de pintura libre marinera para artistas jóvenes. Está dirigido a menores de dieciocho años y el tema es el mar. Cada participante debe presentar un mínimo de tres obras que correspondan a distintos momentos del día. Se deben presentar en la sede de la Caja en la calle Alpes, n.º 37 antes del próximo viernes.*

Tarea 3

INSTRUCCIONES

Vas a escuchar una conversación entre dos amigos, Laura y Jorge. Indica si los enunciados (14-19) se refieren a Laura (A), a Jorge (B) o a ninguno de los dos (C). Escucharás la conversación dos veces.

Marca las opciones elegidas en la *Hoja de respuestas*.

● ● ● ● ● 🕐 Ahora tienes 25 segundos para leer los enunciados.

	ENUNCIADOS	A. Laura	B. Jorge	C. Ninguno de los dos
0.	Ha pasado unos 20 días fuera.	✔		
14.	Su deseo es poder viajar cuando tenga vacaciones.			
15.	No tuvo que organizar el viaje.			
16.	Tuvo problemas con el agua en un viaje.			
17.	Ofrece ayuda para el hermano del otro.			
18.	No puede seguir hablando con la otra persona.			
19.	Le propone quedar otro día.			

▶ *¡Hombre, Laura! ¿Qué tal? ¿Dónde estabas? Hace mucho que no te veo.*

▶ *Es que he estado tres semanas de viaje con mi novio.*

▶ *¡Tres semanas! Qué suerte. Yo no tengo vacaciones desde hace no sé cuánto. Ya me gustaría tener tanto tiempo para viajar. ¿Y dónde has estado?*

▶ *Pues mira, hicimos primero un crucero por el Báltico de una semana, y luego pasamos dos semanas por los países escandinavos: Suecia, Finlandia, y llegamos hasta San Petersburgo en junio para ver las noches blancas.*

▶ *¡Qué bonito! ¿Y no tuvisteis problemas con los visados?*

▶ *Bueno, un poco, pero Manuel sabe ruso y él organizó todo el viaje. Ya sabes que es muy organizado. Con lo que sí tuvimos problemas fue con la comida.*

▶ *Claro, uno está más acostumbrado a otro tipo de comida, ¿no? Mi hermano tuvo ese tipo de problemas en la India con la comida de la calle y, sobre todo, con el agua.*

▶ *Sí, hay que ir siempre con cuidado. Y hablando de otra cosa, ¿cómo está tu hermano?*

▶ *Pues mira, ya salió del hospital y dentro de una semana vuelve a la vida normal.*

▶ *Me alegro, supongo que ha perdido muchas clases.*

▶ *Sí, ha estado casi un mes sin poder ir al instituto, y justo cuando vuelve empiezan los exámenes.*

▶ *Pues dile que, si quiere, le ayudo con las matemáticas.*

▶ *Ah, pues fenomenal, se lo digo hoy mismo. Y perdona, que me tengo que ir ya, ahí viene mi autobús.*

▶ *Vale, pues ya nos vemos. Hasta otro día.*

TRANSCRIPCIÓN

Tarea 4

INSTRUCCIONES

Vas a escuchar tres noticias de radio. Después debes contestar a las preguntas (20-25). Debes seleccionar la opción correcta (A/B/C) para cada noticia. La audición se repite dos veces.

Marca las opciones elegidas en la *Hoja de respuestas*.

● ● ● ● ● 🕐 Ahora tienes 30 segundos para leer las preguntas.

Continúa →

PRIMERA NOTICIA

20. Según la audición, el concurso de fotografía es solo para…

A) estudiantes de la facultad.

B) habitantes de la ciudad.

C) cualquier persona.

21. En la audición se dice que los participantes…

A) no pueden participar sin autorización.

B) deben enviar sus fotos por correo electrónico.

C) tienen que exponer sus fotos en la Facultad de Periodismo.

SEGUNDA NOTICIA

22. Según la audición, el Festival de Cine tiene lugar en…

A) Chile.

B) España.

C) Argentina.

23. En la audición se dice que dos directores…

A) presentarán el festival en el cine "Nicanor Parra".

B) hablarán de dos películas chilenas.

C) comentarán sus películas antes de un debate.

TERCERA NOTICIA

24. Según la audición, el grupo musical…

A) procede de España.

B) ha tardado mucho en escribir las canciones.

C) va a cantar veinte canciones.

25. En la audición se dice que las redes sociales…

A) critican una parte de la organización del concierto.

B) piden que otros jóvenes músicos suban al escenario.

C) esperan que el último concierto sea en el D. F.

La Facultad de Periodismo de la Universidad de Murcia convoca el primer concurso de fotografía juvenil. Pueden participar jóvenes de entre 12 y 18 años. Todos deben vivir y estudiar en Murcia capital. El tema del concurso son las asociaciones de vecinos y ciudadanos: sus locales, sus acciones públicas, sus participantes. Hay que presentar un grupo de 15 fotografías con textos explicativos. El objetivo del concurso es que los estudiantes conozcan la realidad social de la capital y sus alrededores.

Los participantes deben completar una inscripción con sus datos personales y añadir una autorización de los padres. Los trabajos se tienen que enviar por correo postal en un sobre cerrado al departamento de prensa de la Facultad de Periodismo o por correo electrónico a: concurso_foto_joven@fperiodismo.org

Los nombres de los ganadores se publicarán en el periódico digital La Mancomunidad *y las fotografías se expondrán en la sala de exposiciones del Ayuntamiento a partir de marzo. Más datos en la página web de la Facultad de Periodismo y del Ayuntamiento de Murcia.*

La Embajada de España en Santiago de Chile va a organizar este mes el Festival de Cine Joven con películas de tema juvenil procedentes de España y varios países de Latinoamérica, entre ellos Chile, Argentina y Perú.

Diferentes colegios han confirmado ya su asistencia, con lo que está asegurado el completo en las sesiones del cine "Nicanor Parra", donde se va a celebrar el festival, que será presentado por el Ministro de Cultura y por el Embajador de España en el país.

Entre las películas que se proyectarán, hay dos películas antiguas ya, pero de tema muy actual: El Bola, *película española, y* Machuca, *filme chileno. Las dos serán comentadas por sus respectivos directores con el objetivo de que los jóvenes asistentes al festival aprendan más sobre el mundo del cine. Además, se organizará un debate sobre los temas de cada una de ellas y se podrán hacer comparaciones.*

Las entradas y todas las actividades que se van a organizar son gratuitas. Para inscribirse, es necesario rellenar un formulario en la web: www.festivalcinejovensantiago.org

Este viernes comenzó en la ciudad de Guadalajara la gira del conocido grupo musical mexicano Mara. El primer concierto incluyó canciones de su disco Aquí y ahora, *que tuvieron mucho éxito entre el público que asistió. Las canciones del disco son resultado de un largo trabajo de componer, adaptar y grabar más de treinta y cinco canciones. De esas canciones, solo quince forman parte del CD. El cantante de la banda dijo que los veinte conciertos que van a dar en todo el país pueden ser los mejores de toda su carrera por la respuesta que tuvieron el viernes sus canciones entre el público mexicano.*

En las redes sociales se comenta negativamente que esta vez no se permita, como pasó en España, que jóvenes músicos suban al escenario para tocar la guitarra con ellos. La organización de la gira dice que eso ahora no es técnicamente posible porque no hay tiempo para seleccionar a los músicos que podrían subir al escenario. La respuesta no ha gustado, en especial, a la comunidad musical de la capital, México D. F., donde el grupo dará sus últimos cinco conciertos.

Control de progreso

Marca con un ✔.

¿Qué tal la prueba 2 de este examen?	Tarea 1	Tarea 2	Tarea 3	Tarea 4
Respuestas correctas.				
Entiendo lo que tengo que hacer.				
Me parece fácil entender las audiciones.				
No tengo problemas para encontrar la opción correcta.				
Reconozco en las audiciones quién habla cada vez.				
Hablan un poco rápido.				
No conozco el acento pero entiendo lo que dicen.				
Tu impresión: dificultad de la tarea (de 1 a 5).				

¿Cómo te sientes después de esta prueba?
Marca con una ✗.

ESTOY CONTENTO/A ☺ ☐

NO ESTOY CONTENTO/A ☹ ☐

Puntos:
_____

¿Cuál es para ti la principal dificultad de esta prueba? Anota aquí tu comentario, en español o en tu idioma.

....

....

¡Muy importante!

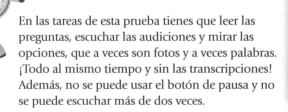

En las tareas de esta prueba tienes que leer las preguntas, escuchar las audiciones y mirar las opciones, que a veces son fotos y a veces palabras. ¡Todo al mismo tiempo y sin las transcripciones! Además, no se puede usar el botón de pausa y no se puede escuchar más de dos veces.

Conclusión: debes estar muy concentrado. Es importante también conocer las tareas de la prueba, el tipo de textos que se oyen y el tipo de preguntas. En los próximos modelos de examen del libro vas a hacer ejercicios para desarrollar habilidades para todo esto.

PRUEBA 1
COMPRENSIÓN DE LECTURA

PRUEBA 2
COMPRENSIÓN AUDITIVA

PRUEBA 3
EXPRESIÓN E INTERACCIÓN ESCRITAS

PRUEBA 4
EXPRESIÓN E INTERACCIÓN ORALES

Actividades sobre el Modelo n.º 1.

! **¡Atención!** Como sabes, en los cuatro primeros modelos de El Cronómetro tienes actividades para mejorar tus resultados. No son parte del examen. A veces tienes que escribir comentarios: los puedes escribir en español o en tu idioma. Además, vamos a trabajar con fragmentos del modelo de examen del ▪ī▪ Instituto Cervantes: https://examenes.cervantes.es/es/dele-para-escolares/preparar-prueba-escolares

¡Descárgate el modelo de examen del ▪ī▪ **Instituto Cervantes**!

Tarea 1.

a. Observa la relación entre la respuesta correcta de la pregunta en dos ejemplos de este examen.

EJEMPLO	CONVERSACIÓN

¿Qué le regaló la abuela al chico?

A   B   C

▶ *¡Hola, Francisco! ¿Qué tal? ¿Cómo han ido las navidades?*
▶ *Pues muy bien. Ha estado con nosotros mi abuela y a que no sabes qué me ha regalado.*
▶ *Supongo que un* juego de ordenador, *como te gustan tanto.*
▶ *Pues no, en realidad yo quería un libro.*
▶ *¡No me lo puedo creer! Pero si no te he visto nunca leyendo un libro.*
▶ *¡Muchas gracias! Pues mira, sí que leo. Bueno, pues al final me regaló un casco para la bicicleta.*
▶ *Vale, eso sí que me gusta.*

EJEMPLO	CONVERSACIÓN CINCO

¿Dónde puede tener lugar la fiesta?

A) En el apartamento de Paula.
B) En el restaurante.
C) En un lugar cerca de la playa.

▶ *Oye, Andrés, que mañana es el cumpleaños de Paula y aún no sabemos dónde celebrar la fiesta.*
▶ *Bueno, yo he propuesto hacerla en mi casa.*
▶ *Pero Andrés, después de lo que pasó con Ana, nadie va a querer.*
▶ *Sí, tienes razón, ¿y qué tal el restaurante donde hicimos la cena de Navidad?*
▶ *Ya lo hemos intentado, pero está reservado.*
▶ *Vaya, sí que está complicado.*
▶ *¿Y qué tal en el camping de la playa?*
▶ *Sí, buena idea, voy a llamar para preguntar.*

! **Comentario.** El verbo "regaló" aparece en la pregunta y en la frase con la información necesaria para seleccionar A), *la bicicleta*. En el segundo caso, el diálogo nombra los tres sitios, pero el que Paula acepta finalmente con "buena idea" es el tercero, el camping de la playa, que lógicamente está cerca de la playa. Durante el examen tienes que relacionar la pregunta, la frase con la información necesaria y la fotografía.

Marca ahora en las transcripciones (páginas 27 a 29) la parte del diálogo relacionada con la respuesta correcta de cada conversación.

b. Aquí tienes una nueva serie de preguntas. Tienes que escuchar de nuevo los diálogos **sin las transcripciones** y seleccionar la respuesta correcta.

 Pon la pista n.º 2 dos veces. Puedes usar el botón de ❚❚ *PAUSA* si lo necesitas.

PREGUNTAS

0. ¿Qué regalo quería Francisco?

    A   B   C

1. ¿Dónde quería pasar las vacaciones el padre del chico?

    A   B   C

2. ¿Qué va a comer el chico de primero?

    A   B   C

3. ¿Qué ha ido a buscar el chico al quiosco?

    A   B   C

4. ¿Qué le ha pedido la chica al chico?

    A   B   C

PREGUNTAS

5. ¿Qué lugar está ocupado a la hora de la fiesta?

A) El piso de Andrés.
B) El restaurante.
C) El camping de la playa.

6. ¿A quién conoce la chica?

A) A la persona de la secretaría.
B) Al profesor de italiano.
C) A una alumna del curso de italiano.

7. ¿Qué tipo de película quería ver Luis?

A) Una de acción.
B) Una de ciencia ficción.
C) Ninguna en concreto.

 PRUEBA 1
COMPRENSIÓN DE LECTURA

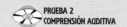 PRUEBA 2
COMPRENSIÓN AUDITIVA

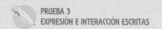 PRUEBA 3
EXPRESIÓN E INTERACCIÓN ESCRITAS

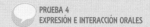 PRUEBA 4
EXPRESIÓN E INTERACCIÓN ORALES

c. En el examen no hay transcripciones. ¿Qué es lo más importante para hacer bien esta prueba sin las transcripciones? Anota aquí tu opinión.

Tarea 2.

a. Observa la relación entre la respuesta correcta de la pregunta en un ejemplo del modelo de examen del ◀▮▶ Instituto Cervantes.

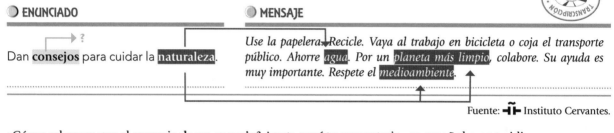

● **ENUNCIADO**

Dan **consejos** para cuidar la **naturaleza**.

● **MENSAJE**

Use la papelera. Recicle. Vaya al trabajo en bicicleta o coja el transporte público. Ahorre agua. Por un planeta más limpio, colabore. Su ayuda es muy importante. Respete el medioambiente.

Fuente: ◀▮▶ Instituto Cervantes.

¿Cómo sabemos que el mensaje **da un consejo**? Anota aquí tu comentario, en español o en tu idioma.

b. A continuación tienes los enunciados del examen del ◀▮▶ Instituto Cervantes y las transcripciones. Marca en las transcripciones los fragmentos relacionados con las palabras marcadas. Sigue el ejemplo.

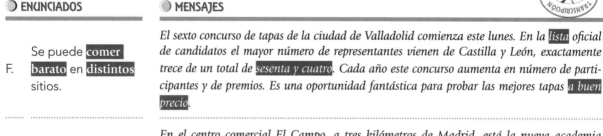

● **ENUNCIADOS**

● **MENSAJES**

F. Se puede **comer barato** en **distintos** sitios.

El sexto concurso de tapas de la ciudad de Valladolid comienza este lunes. En la lista oficial de candidatos el mayor número de representantes vienen de Castilla y León, exactamente trece de un total de sesenta y cuatro. Cada año este concurso aumenta en número de participantes y de premios. Es una oportunidad fantástica para probar las mejores tapas a buen precio.

A. Se puede **tocar** con **profesionales**.

En el centro comercial El Campo, a tres kilómetros de Madrid, está la nueva academia de música Falla. Si quieres aprender a tocar un instrumento, visítanos y te informaremos. No necesitas tener conocimientos mínimos de música. Te ofrecemos hacer prácticas con la orquesta de la ciudad. Entra en nuestra página web www.mimusica.com y elige tu curso.

I. Tienen **ofertas** para **reuniones** especiales.

Restaurante La Villa ofrece a sus clientes la mejor calidad. Celebre con nosotros sus fiestas familiares, comidas de empresa, cenas con amigos. Cada jueves encontrará los mejores precios para las celebraciones en grupo. Los miércoles disfrute de los platos típicos de nuestro país. Recuerde, los lunes cerramos. Estamos en la calle Bolivia, número tres.

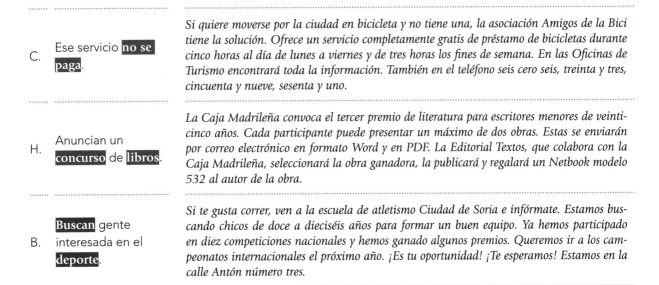

C. Ese servicio **no se paga**.

Si quiere moverse por la ciudad en bicicleta y no tiene una, la asociación Amigos de la Bici tiene la solución. Ofrece un servicio completamente gratis de préstamo de bicicletas durante cinco horas al día de lunes a viernes y de tres horas los fines de semana. En las Oficinas de Turismo encontrará toda la información. También en el teléfono seis cero seis, treinta y tres, cincuenta y nueve, sesenta y uno.

H. Anuncian un **concurso** de **libros**.

La Caja Madrileña convoca el tercer premio de literatura para escritores menores de veinticinco años. Cada participante puede presentar un máximo de dos obras. Estas se enviarán por correo electrónico en formato Word y en PDF. La Editorial Textos, que colabora con la Caja Madrileña, seleccionará la obra ganadora, la publicará y regalará un Netbook modelo 532 al autor de la obra.

B. **Buscan** gente interesada en el **deporte**.

Si te gusta correr, ven a la escuela de atletismo Ciudad de Soria e infórmate. Estamos buscando chicos de doce a dieciséis años para formar un buen equipo. Ya hemos participado en diez competiciones nacionales y hemos ganado algunos premios. Queremos ir a los campeonatos internacionales el próximo año. ¡Es tu oportunidad! ¡Te esperamos! Estamos en la calle Antón número tres.

Fuente: ▪▪ Instituto Cervantes.

c. Marca ahora en las transcripciones de este examen n.º 1 (página 30) las palabras que permiten seleccionar la opción correcta.

Tarea 3.

a. Observa la relación entre un enunciado y un fragmento de diálogo del examen del ▪▪ Instituto Cervantes.

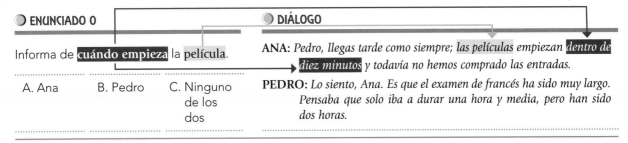

● ENUNCIADO 0

Informa de **cuándo empieza** la **película**.

A. Ana   B. Pedro   C. Ninguno de los dos

● DIÁLOGO

ANA: *Pedro, llegas tarde como siempre;* las películas *empiezan* dentro de diez minutos *y todavía no hemos comprado las entradas.*

PEDRO: *Lo siento, Ana. Es que el examen de francés ha sido muy largo. Pensaba que solo iba a durar una hora y media, pero han sido dos horas.*

¿Qué hay que entender en esta pregunta para seleccionar la respuesta correcta? Anota aquí tu comentario, en español o en tu idioma.

 PRUEBA 1
COMPRENSIÓN DE LECTURA

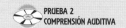 PRUEBA 2
COMPRENSIÓN AUDITIVA

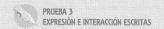 PRUEBA 3
EXPRESIÓN E INTERACCIÓN ESCRITAS

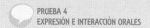 PRUEBA 4
EXPRESIÓN E INTERACCIÓN ORALES

b. A continuación tienes el resto de preguntas con sus respuestas correctas. Marca en el diálogo las palabras relacionadas con las preguntas.

Escucha el diálogo completo en la página web del ╶╂╴ Instituto Cervantes.

TRANSCRIPCIÓN

PREGUNTAS	¿QUIÉN?	DIÁLOGO
14. Ha explicado por qué no ha sido puntual.	Pedro	**ANA:** *Pedro, llegas tarde como siempre; las películas empiezan dentro de diez minutos y todavía no hemos comprado las entradas.*
		PEDRO: *Lo siento, Ana. Es que el examen de Francés ha sido muy largo. Pensaba que solo iba a durar una hora y media, pero han sido dos horas.*
15. Propone ver una película de miedo.	Pedro	**ANA:** *No te preocupes. Mientras te esperaba he mirado qué películas ponen. ¿Te apetece ver una comedia?*
16. Hizo fotos en la fiesta de un amigo.	Ninguno de los dos	**PEDRO:** *Mmmmh, me gustan más las películas de acción, o de terror, ¿no hay ninguna?*
		ANA: *No sé, pero a mí me apetece más ver una de risa, si no te importa.*
17. Cuenta por qué no entró en el blog de Juan.	Ana	**PEDRO:** *Vale, como prefieras. Oye, ¿has visto las fotos que hizo Juan en mi fiesta? Las ha colgado en su blog. Salimos todos juntos. Me encantan.*
		ANA: *La verdad es que todavía no las he podido ver porque estoy sin ordenador. No funcionaba y he tenido que llevarlo al servicio técnico.*
18. Le gustaría tener un ordenador nuevo.	Ana	**PEDRO:** *Es que tienes un ordenador muy antiguo, necesitas comprarte uno nuevo. Ahora que va a ser tu cumpleaños, puedes pedir uno a tus padres.*
19. Trabaja en una tienda de ordenadores.	Ninguno de los dos	**ANA:** *Me encantaría, pero no sé, es un regalo un poco caro.* **PEDRO:** *Bueno, no te creas. En la tienda de informática del centro comercial tienen muy buenas ofertas.*

Fuente: ╶╂╴ Instituto Cervantes.

c. ¿Cuál puede ser la principal dificultad de esta tarea? ¿Es suficiente con entender el vocabulario? Anota aquí tu comentario, en español o en tu idioma.

Tarea 4.

a. Observa la relación entre un fragmento de una noticia y su pregunta en el examen del ᚾ Instituto Cervantes.

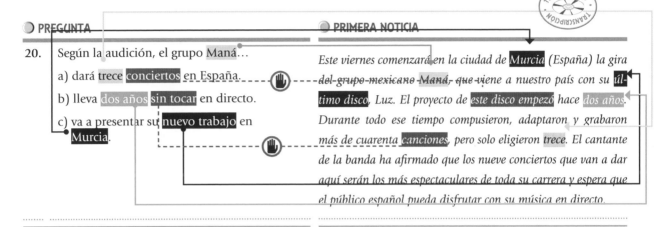

○ PREGUNTA   ○ PRIMERA NOTICIA

20.   Según la audición, el grupo Maná…

    a) dará trece conciertos en España.

    b) lleva dos años sin tocar en directo.

    c) va a presentar su nuevo trabajo en Murcia.

Este viernes comenzará en la ciudad de Murcia (España) la gira del grupo mexicano Maná, que viene a nuestro país con su último disco, Luz. El proyecto de este disco empezó hace dos años. Durante todo ese tiempo compusieron, adaptaron y grabaron más de cuarenta canciones, pero solo eligieron trece. El cantante de la banda ha afirmado que los nueve conciertos que van a dar aquí serán los más espectaculares de toda su carrera y espera que el público español pueda disfrutar con su música en directo.

¿Es importante leer las preguntas antes de escuchar las noticias? Anota aquí tu comentario, en español o en tu idioma.

b. A continuación tienes el resto de preguntas con sus respuestas correctas. Marca en las noticias las palabras relacionadas con las preguntas.

○ PREGUNTAS   ○ PRIMERA NOTICIA

21.   En la audición se dice que Maná…

    b) ha descubierto a jóvenes músicos en un concierto.

Uno de los atractivos de esta gira, que será grabada en un DVD, es que la banda permitirá a ocho jóvenes españoles subir al escenario y tocar la guitarra con ellos durante una de las canciones. El grupo ha explicado que de esta forma se puede descubrir a nuevos artistas. Además, han contado que esa idea nació en un concierto que dieron en México D.F. Allí vieron que la calidad musical de los jóvenes que participaron era tan buena como la de la banda y esperan que en España pase lo mismo.

○ PREGUNTAS   ○ SEGUNDA NOTICIA

22.   Según la audición, el objetivo del concurso es…

    a) conocer cómo es la vida cotidiana en el campo.

El Departamento de Medioambiente del Ayuntamiento ha convocado un concurso de pintura para niños de nueve a trece años y otro de fotografía para jóvenes de catorce a dieciséis. Todos los participantes deben vivir y estudiar en zonas rurales. Los organizadores del concurso quieren que los estudiantes muestren cómo se vive en su pueblo, lo valoren y participen en su futuro.

Estos futuros artistas deberán completar una inscripción con sus datos personales, presentar una autorización de los padres y entregarla en su centro escolar.

PRUEBA 1
COMPRENSIÓN DE LECTURA

PRUEBA 2
COMPRENSIÓN AUDITIVA

PRUEBA 3
EXPRESIÓN E INTERACCIÓN ESCRITAS

PRUEBA 4
EXPRESIÓN E INTERACCIÓN ORALES

23. En la audición se dice que…

c) el periódico La Región dará un regalo a los participantes.

Los trabajos de pintura se deben enviar en un sobre a la dirección postal del Departamento de Medioambiente, y las fotografías por correo electrónico a www.concursomedioambiente.es.

Los nombres de los ganadores se publicarán en el periódico digital La Región, y la pintura y la fotografía premiadas se podrán ver en su web. Además, este periódico entregará a los estudiantes que participen entradas de cine para toda su familia.

◗ PREGUNTAS

◗ TERCERA NOTICIA

24. Según la audición, el Festival de cine…

b) va a invitar a un famoso director español.

El ayuntamiento de Santiago de Chile organiza, un año más, el Festival Internacional de cine para la Infancia y la Juventud. Se celebrará durante la primera semana del mes de noviembre en el cine Víctor Jara. En el festival hay un total de veinte películas hispanoamericanas y diez europeas. El acto oficial de inauguración será presentado por Fernando Trueba, ganador de varios premios Goya, que ha dirigido algunas de las películas más importantes del cine español de los últimos veinticinco años.

25. En la audición se dice que…

a) unos jóvenes elegirán una de las películas ganadoras.

Con el objetivo de que los jóvenes asistentes al festival aprendan más sobre el mundo del cine, además de las proyecciones, habrá actividades didácticas en diferentes colegios de la ciudad y visitas con un guía a algunos lugares que han sido escenario de películas.

Lo más interesante de este festival es que un grupo de jóvenes decidirá cuál es la película de habla hispana que se llevará el primer premio.

Las entradas al festival y todas las actividades que se van a organizar son gratuitas. Para inscribirse, es necesario completar un formulario en la web: www.festivalsantiago.info

c. Marca ahora en la transcripción de este modelo de examen (página 32) los fragmentos que corresponden a las respuestas correctas.

Escucha el diálogo completo en la página web del ⵜⵉ Instituto Cervantes.

Prueba 3: Expresión e Interacción escritas

● ● ● ● ● **Antes de empezar la prueba de** Expresión e Interacción escritas.

¿Qué sabes de esta prueba? Responde a las preguntas que te hace Croni:

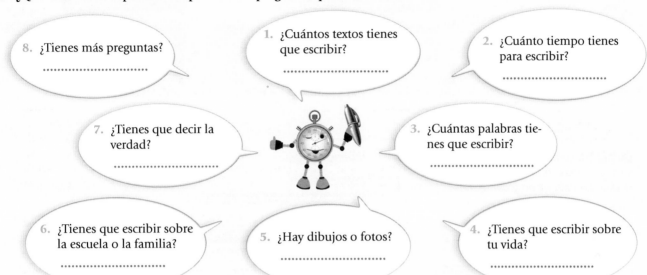

8. ¿Tienes más preguntas?
....

1. ¿Cuántos textos tienes que escribir?
....

2. ¿Cuánto tiempo tienes para escribir?
....

7. ¿Tienes que decir la verdad?
....

3. ¿Cuántas palabras tienes que escribir?
....

6. ¿Tienes que escribir sobre la escuela o la familia?
....

5. ¿Hay dibujos o fotos?
....

4. ¿Tienes que escribir sobre tu vida?
....

Aquí tienes la información que necesitas. Busca las respuestas.

PRUEBA DE EXPRESIÓN E INTERACCIÓN ESCRITAS

La prueba tiene 2 tareas. La segunda tarea tiene dos opciones. Tienes un tiempo máximo para hacer la tarea. Hay un número recomendado de palabras, no un número máximo de palabras. En el examen tienes que escribir en una hoja especial, la Hoja de respuestas. En esa hoja están las instrucciones. El libro no ofrece hojas para fotocopiar, el espacio para escribir está en el mismo modelo de examen.

🕐 **50 min.**

	¿Qué tengo que demostrar?	¿Qué tengo que hacer?	¿Cómo son las instrucciones?	
Tarea 1	Sé escribir un texto informativo sencillo y ordenado que es respuesta a otro texto.	Leer un texto y responder con una carta, un mensaje de un foro, un correo electrónico o una entrada en un blog.	Texto de entrada: nota, anuncio, artículo, carta o mensaje.	60-70 palabras
Tarea 2	Sé escribir un texto descriptivo o narrativo en el que expreso una opinión y doy información personal.	Escribir un texto relacionado con una situación: una composición, una redacción o una entrada de diario.	Situación y pautas para redactar el texto de salida (verbos en infinitivo).	110-130 palabras

Fuente: ╌╂╌ Instituto Cervantes.

Antes de seguir, mira las respuestas correctas en la página 47.

🚫 **¡Atención!** Puedes consultar la descripción de la prueba original en:

╌╂╌ Instituto Cervantes: https://examenes.cervantes.es/sites/default/files/2.10.2.3_dele_a2b1escolares_modelo_0.pdf

¿Cómo se hace la prueba de Expresión e Interacción escritas**?** Observa sus elementos.

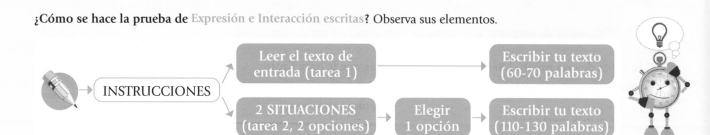

Vamos a ver ahora un ejemplo, **la tarea 1** del modelo de examen del **⊣î⊢ Instituto Cervantes**. Observa las flechas.

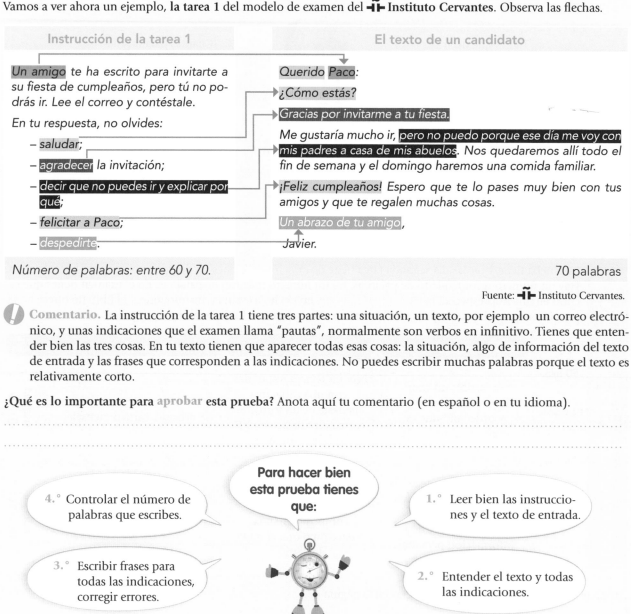

Instrucción de la tarea 1	El texto de un candidato

Un amigo te ha escrito para invitarte a su fiesta de cumpleaños, pero tú no podrás ir. Lee el correo y contéstale.

En tu respuesta, no olvides:

– saludar;

– agradecer la invitación;

– decir que no puedes ir y explicar por qué;

– felicitar a Paco;

– despedirte.

Número de palabras: entre 60 y 70.

Querido Paco:

¿Cómo estás?

Gracias por invitarme a tu fiesta.

Me gustaría mucho ir, pero no puedo porque ese día me voy con mis padres a casa de mis abuelos. Nos quedaremos allí todo el fin de semana y el domingo haremos una comida familiar.

¡Feliz cumpleaños! Espero que te lo pases muy bien con tus amigos y que te regalen muchas cosas.

Un abrazo de tu amigo,

Javier.

70 palabras

Fuente: ⊣î⊢ Instituto Cervantes.

Comentario. La instrucción de la tarea 1 tiene tres partes: una situación, un texto, por ejemplo un correo electrónico, y unas indicaciones que el examen llama "pautas", normalmente son verbos en infinitivo. Tienes que entender bien las tres cosas. En tu texto tienen que aparecer todas esas cosas: la situación, algo de información del texto de entrada y las frases que corresponden a las indicaciones. No puedes escribir muchas palabras porque el texto es relativamente corto.

¿Qué es lo importante para aprobar **esta prueba?** Anota aquí tu comentario (en español o en tu idioma).

....

....

Para hacer bien esta prueba tienes que:

4.° Controlar el número de palabras que escribes.

3.° Escribir frases para todas las indicaciones, corregir errores.

1.° Leer bien las instrucciones y el texto de entrada.

2.° Entender el texto y todas las indicaciones.

¡Ya puedes empezar esta prueba!

Prueba 3: Expresión e Interacción escritas

La prueba de **Expresión e Interacción escritas** tiene **2 tareas**.

• • • • • 🕐 La prueba dura **50 minutos**. Pon el reloj al principio de cada tarea.

Haz tus tareas únicamente en la **Hoja de respuestas**.

Consejo:
¡Lee bien el correo antes de contestar!

Tarea 1

INSTRUCCIONES

Un amigo te ha escrito para invitarte a su casa de vacaciones, pero tú no podrás ir. Lee el correo y contéstale.

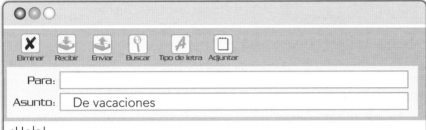

Para:

Asunto: De vacaciones

¡Hola!

¿Cómo van tus vacaciones? Yo me estoy divirtiendo mucho en nuestra casa de la playa. ¿Te gustaría venir unos días? Mis padres dicen que lo pasaremos muy bien. Por las mañanas podemos ir a darnos un baño y por la tarde dar una vuelta en bicicleta.

Por favor, habla con tus padres y dime si te dejan venir. Espero que te den permiso.

Un abrazo,

Carlos.

En tu respuesta, no olvides:

– saludar;

– agradecer la invitación;

– decir que no puedes ir y explicar por qué;

– invitar a Carlos a tu casa;

– despedirte.

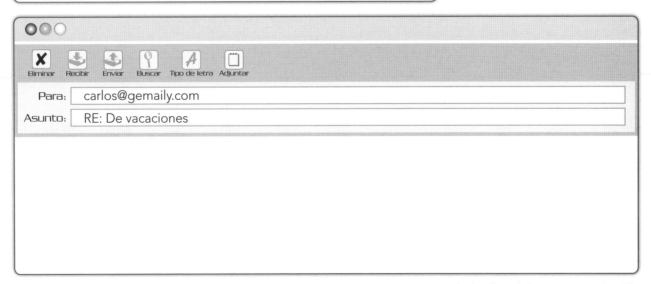

Para: carlos@gemaily.com

Asunto: RE: De vacaciones

Número recomendado de palabras: **entre 60 y 70**.

• • • • • 🕐 **Para esta tarea he necesitado:** ———— **min.**

Tarea 2

INSTRUCCIONES

Elige solo una de las dos opciones que se te ofrecen a continuación.

OPCIÓN 1

Lee el siguiente mensaje publicado en un blog de tu escuela.

> En la sección de gastronomía de nuestro blog nos gustaría recibir vuestra opinión sobre la comida rápida.

Escribe un comentario en el que cuentes:

– cuál es tu idea de comida rápida;

– si te gusta la comida rápida, si te parece sana;

– cuál es tu comida favorita y cuál no te gusta nada;

– por qué es importante para ti comer sano.

OPCIÓN 2

En la revista de tu barrio quieren publicar un número especial sobre los buenos vecinos. Para ello, han pedido a los lectores que envíen un escrito.

Redacta un texto en el que cuentes:

– quién ha sido un buen vecino para ti y tu familia;

– dónde vive o vivía;

– cómo es y si se parece a otra persona conocida;

– alguna anécdota con él o con ella que recuerdes.

Consejo:
Si hablas de tu propia experiencia, será más fácil.

ENVIAR

Número recomendado de palabras: **entre 110 y 130.**

• • • • • **Para esta tarea he necesitado:** _____ **min.**

Modelo de examen n.º 1

Control de progreso

Lee otra vez despacio tus textos. Marca con un ✔. Anota la opción seleccionada en la tarea 2.

¿Qué tal la prueba 3 de este examen?	Tarea 1	Tarea 2 Opción
🕐 Tiempo que has necesitado para cada tarea.		
Número de palabras de tu texto.		
Entiendo bien las instrucciones.		
Conozco el tipo de texto que tengo que escribir.		
El tema me resulta familiar.		
Respondo a todas las instrucciones.		
Escribo la cantidad de palabras recomendada.		
Conozco el vocabulario que necesito.		
Tengo problemas con la gramática.		
He escrito una primera versión.		
He revisado la ortografía.		
He revisado el orden de las palabras.		
Tu impresión: dificultad de la tarea (de 1 a 5).		

¿Cómo te sientes después de esta prueba? Marca con una ✗.

ESTOY MUY CONTENTO/A ☺☺
ESTOY CONTENTO/A ☺
NO ESTOY CONTENTO/A ☹

¿Por qué has elegido esa opción en la tarea 2? Anota aquí tu comentario, en español o en tu idioma.

....

....

....

....

> Consejo:
> Puedes hacer también las tareas del modelo de examen del ⌓ Instituto Cervantes.

¡Muy importante!

- Recuerda que escribir cualquier texto, desde un correo electrónico a una redacción, es un proceso que debe tener siempre tres pasos: planificación, redacción y revisión.

- Planificar el texto significa pensar bien qué es lo que quieres contar y cómo lo vas a hacer. Para ello, debes apuntar todas las ideas que quieres expresar y el orden en que la vas a presentar; de este modo, construyes la estructura básica del texto, su esqueleto.

- El segundo paso, la redacción, consiste en dar forma a lo que has planificado anteriormente de un modo coherente y claro.

- La revisión es el último paso y, quizá, el más importante porque te permite corregir, reescribir, mejorar aspectos que en la primera redacción no están del todo bien.

- Piensa ahora si en las tareas de la prueba de expresión e interacción escritas que has realizado hasta ahora has seguido los tres pasos: ¿de qué modo lo has hecho?, ¿has dedicado más tiempo a la planificación o a la revisión?, ¿cuál de estos dos pasos te parece más importante y por qué?

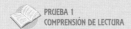 PRUEBA 1
COMPRENSIÓN DE LECTURA

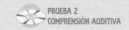 PRUEBA 2
COMPRENSIÓN AUDITIVA

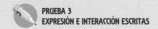 **PRUEBA 3
EXPRESIÓN E INTERACCIÓN ESCRITAS**

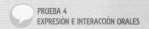 PRUEBA 4
EXPRESIÓN E INTERACCIÓN ORALES

Modelo de examen n.º 1

 **Actividades sobre el Modelo n.º 1.**

¡Atención! Como sabes, en los cuatro primeros modelos de El Cronómetro tienes actividades para mejorar tus resultados. No son parte del examen. A veces tienes que escribir comentarios: los puedes escribir en español o en tu idioma. Además, vamos a trabajar con fragmentos del modelo de examen del **-î-** Instituto Cervantes:

-î- Instituto Cervantes: https://examenes.cervantes.es/es/dele-para-escolares/preparar-prueba-escolares

¡Descárgate las tareas de esta prueba del modelo de examen del **-î-** Instituto Cervantes!

Tarea 1.

a. Aquí tienes la tarea 1 de la prueba de Expresión e Interacción escritas del DELE A2/B1 para escolares de 2015. Observa la relación entre una posible respuesta correcta y las partes de la pregunta.

¡Hola!

¿Cómo estás? Te escribo porque mañana es mi cumpleaños y voy a organizar una fiesta. La fiesta es el sábado a las 5 de la tarde en mi casa y he invitado a casi toda la clase. Espero que puedas venir. Creo que lo vamos a pasar muy bien.

Por favor, dime si podrás venir. Espero tu respuesta.

Un fuerte abrazo,

Paco.

En tu respuesta, no olvides:
- *saludar;*
- *agradecer la invitación;*
- *decir que no puedes ir y explicar por qué;*
- *felicitar a Paco;*
- *despedirte.*

Número de palabras: entre 60 y 70.

Fuente: **-î-** Instituto Cervantes.

PRUEBA 1
COMPRENSIÓN DE LECTURA

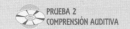
PRUEBA 2
COMPRENSIÓN AUDITIVA

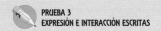
PRUEBA 3
EXPRESIÓN E INTERACCIÓN ESCRITAS

PRUEBA 4
EXPRESIÓN E INTERACCIÓN ORALES

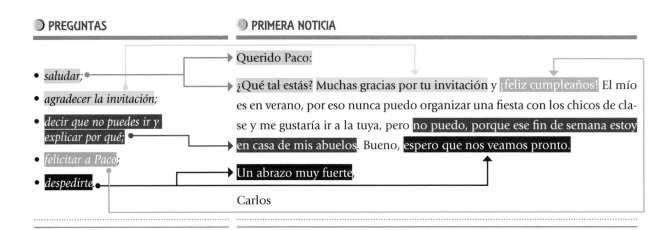

PREGUNTAS

- *saludar;*
- *agradecer la invitación;*
- *decir que no puedes ir y explicar por qué;*
- *felicitar a Paco;*
- *despedirte.*

PRIMERA NOTICIA

Querido Paco:

¿Qué tal estás? Muchas gracias por tu invitación y ¡feliz cumpleaños! El mío es en verano, por eso nunca puedo organizar una fiesta con los chicos de clase y me gustaría ir a la tuya, pero no puedo, porque ese fin de semana estoy en casa de mis abuelos. Bueno, espero que nos veamos pronto.

Un abrazo muy fuerte,

Carlos

Comentario. Como ves, en esta respuesta hay también frases que no se corresponden con una pauta concreta. Puedes añadirlas para darle sentido al texto y para completar el número de palabras.

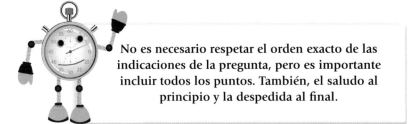

No es necesario respetar el orden exacto de las indicaciones de la pregunta, pero es importante incluir todos los puntos. También, el saludo al principio y la despedida al final.

b. Observa las pautas de la tarea del examen del ┱┲ Instituto Cervantes e indica en la tabla siguiente cuál es la opción correcta (A o B).

INDICACIONES	A	B	TU RESPUESTA
1. • saludar;	Un cordial saludo	Hola, Paco, ¿Qué tal todo?	
2. • agradecer la invitación;	Muchas gracias por tu invitación.	Me gustaría invitarte a la fiesta de cumpleaños.	
3. • decir que no puedes ir y explicar por qué;	Me encantaría ir a tu fiesta, pero tengo un examen de inglés al día siguiente.	Lo siento, pero no puedo ir a tu fiesta para darte mi regalo.	
4. • felicitar a Paco;	¡Muchas felicidades!	Supongo que estarás muy feliz.	
5. • despedirte.	Me gustaría pedirte un favor.	¡Hasta pronto!	

c. Completa la tabla con tres expresiones que sirven para realizar las indicaciones.

• Saludar a un amigo	1. 2. 3.
• Agradecer un regalo	1. 2. 3.
• Invitar a una fiesta	1. 2. 3.
• Felicitar por un cumpleaños	1. 2. 3.
• Despedirte informalmente	1. 2. 3.

¿Cuál es la principal dificultad de esta tarea? Anota aquí tu comentario, en español o en tu idioma.

Tarea 2.

a. Aquí tienes la tarea 2 (opción 1) de un modelo del examen del ╅╆ Instituto Cervantes. Observa la relación entre las cuatro indicaciones y un texto de un candidato.

● FRAGMENTOS

• comentar si tienes o has tenido una mascota en tu casa: cuál y cómo es;	Cuando era pequeño teníamos en casa una gata negra que estaba siempre fuera de casa. También teníamos un perro grande y otro pequeño. El grande vivía en una casa de madera en el jardín, pero el pequeño estaba en casa. Era blanco y se llamaba Taco.

 PRUEBA 1
COMPRENSIÓN DE LECTURA

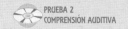 PRUEBA 2
COMPRENSIÓN AUDITIVA

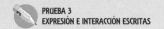 PRUEBA 3
EXPRESIÓN E INTERACCIÓN ESCRITAS

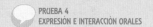 PRUEBA 4
EXPRESIÓN E INTERACCIÓN ORALES

• hablar sobre qué animal prefieres como mascota, cuál no y por qué;	A mí me gustan más los perros que los gatos porque son más simpáticos y caminan con las personas por la calle. Sin embargo, no me gusta tener pájaros en casa porque no pueden volar.
• decir si te gustan las mascotas y por qué, y cómo te sientes con ellas	Pienso que tener mascotas es bonito porque los animales son amigos de las personas y a veces son buenos amigos. Te sientes bien y nunca estás solo.
• explicar también las responsabilidades que se tienen con una mascota	Pero tener mascotas se parece también a un trabajo. Tienes que darles comida y bebida, llevarlos al veterinario y tratarlos muy bien.

Número de palabras: 130.

Selecciona los verbos que se utilizan para decirle al candidato qué tiene que hacer. ¿Comprendes qué significan? ¿Son muy diferentes o similares? Anota aquí tu comentario en español o en tu idioma.

b. Selecciona el fragmento de texto que corresponde a cada indicación.

⬤ INDICACIONES

1. • comentar si tienes o has tenido una mascota en tu casa: cuál y cómo es

2. • decir si te gustan las mascotas y por qué, y cómo te sientes con ellas;

3. • hablar sobre qué animal prefieres como mascota, cuál no y por qué;

4. • explicar también las responsabilidades que se tienen con una mascota.

⬤ FRAGMENTOS DE TEXTO

a. La mejor mascota es un gato, porque no necesitas salir con él. Sin embargo, los perros tienen que salir todos los días y tú tienes que tener tiempo para ellos.

b. Creo que a los niños les gustan las mascotas porque pueden jugar con ellas como con los amigos.

c. La verdad es que hace muchos años tuvimos un perro, pero yo era muy pequeña y no me acuerdo muy bien de él. Mis padres dicen que era un pastor alemán bastante grande.

d. En mi país las familias suelen tener perro. Otras tienen gato, pero son menos.

e. Me gustan mucho los gatos y los perros porque son divertidos y también buenos amigos de las personas. Cuando estoy con ellos me siento acompañada.

f. No sólo tienes que llevarlos de paseo, también tienes que llevarlos al veterinario, comprarles la comida, lavarlos y tratarlos bien.

c. Aquí tienes la **tarea 2 (opción 2)**, del modelo de examen del 🔧 Instituto Cervantes. Observa las palabras marcadas en las indicaciones de la pregunta, te dan mucha información importante (quién, por qué, cómo, datos, anécdota) para escribir tu texto. Busca y marca en el texto del candidato los fragmentos relacionados con las palabras clave.

◗ PREGUNTAS

- **quién** es esa persona importante en tu vida;
- **por qué es tan importante** para ti;
- **cómo es** esa persona;
- **datos** de la vida de esa persona;
- alguna **anécdota** con él o ella que recuerdes.

◗ TEXTO DE UN CANDIDATO

Me gustaría hablar de mi tío Javier, con quien tengo una relación muy buena. Mi tío sabe mucho y siempre me ayuda con los deberes. Además, he ido de viaje con él varias veces y he aprendido muchas cosas.

Es una persona muy tranquila y simpática, y le gusta mucho hablar, pero solo si le preguntas algo. También le gusta viajar, estudiar y hablar lenguas extranjeras.

Javier es soltero y vive solo en otra ciudad, por eso no nos vemos mucho, pero hablamos a veces por teléfono. Trabaja como profesor en un instituto y por las tardes enseña a personas mayores.

Una vez vino a casa para darme una sorpresa pero no pude verle porque me había ido de excursión con el colegio.

¿Te ha parecido fácil encontrar las expresiones que responden a las palabras clave? Anota aquí tu comentario en español o en tu idioma.

Prueba 4: Expresión e Interacción orales

● ● ● ● ● ● **Antes de empezar la prueba de** Expresión e Interacción orales.

¿Sabes algo de esta prueba? Responde a las preguntas que te hace Croni:

9. ¿Puedo saber la nota el mismo día del examen?

....

1. ¿Cuántas tareas tiene la prueba?

....

2. ¿Cuánto tiempo dura la prueba?

....

8. ¿Tengo que hablar solamente de un tema?

....

3. ¿Todas las tareas son iguales?

....

4. ¿Tengo tiempo para preparar la prueba?

....

7. ¿Tengo que hablar de usted?

....

6. ¿Es importante mi pronunciación?

....

5. ¿Voy a hablar con otros candidatos?

....

¿Tus respuestas son correctas? Las respuestas están al final de esta prueba (página 64).

Antes de hablar, tienes 12 minutos para **preparar** las tareas 1 y 3. Puedes tomar notas, hacer esquemas y mirarlos en la entrevista, pero no puedes leer directamente. A veces tienes que hablar solo y a veces tienes que conversar con el entrevistador. Tu acento no es importante pero la pronunciación sí: tiene que ser fácil de entender. Los examinadores no pueden decirte nada sobre tu nota.

PRUEBA DE EXPRESIÓN E INTERACCIÓN ORALES

🕐 **12 min.***

	¿Qué tengo que demostrar?	¿Qué tengo que hacer?	¿Cómo son los materiales de cada tarea?	
Tarea 1	Describo una escena de la vida cotidiana: compras, medios de transporte, etc.	Monólogo breve a partir de una fotografía. Elijo entre dos opciones y preparo la tarea.	Fotografía de una situación de la vida cotidiana. Indicaciones sobre el contenido de la descripción.	1-2 minutos
Tarea 2	Converso de forma informal: doy información, explico mi opinión, llego a un acuerdo.	Conversación en situación simulada, relacionada con el tema de la tarea previa.	Lámina que presenta una situación: el candidato tiene un papel y el entrevistador otro.	2-3 minutos
Tarea 3	Hago una presentación breve en la que hablo de un tema relacionado con la vida cotidiana.	Monólogo breve. Elijo entre dos opciones y preparo la tarea.	Lámina con un tema e indicaciones sobre el contenido de la presentación.	2-3 minutos
Tarea 4	Respondo a preguntas del entrevistador sobre el tema de la presentación.	Entrevista a partir de la presentación previa. Ámbitos personal, público y educativo.	No hay.	2-3 minutos

*Más 12 minutos de preparación de las tareas 1 y 3 en una sala diferente de la sala de la entrevista.　　Fuente: ⬥ Instituto Cervantes.

Observa la situación:

En el examen tú eres un candidato o candidata. **El entrevistador es la persona que pregunta y el calificador quien pone las notas.**

(1) el entrevistador
(2) el candidato
(3) el calificador

Según la información del ⊣¦⊢ Instituto Cervantes, las instrucciones de las tareas de la prueba son estas:

La prueba de *Expresión e Interacción orales* tiene una duración aproximada de 12 minutos y consta de 4 tareas:

- TAREA 1. Describir una foto **(1-2 minutos)**.

  Debes describir una fotografía, elegida entre dos opciones, siguiendo las pautas que se te dan.

- TAREA 2. Dialogar en situación simulada **(2-3 minutos)**.

  Debes establecer un diálogo con el examinador siguiendo las instrucciones que te va a dar.

- TAREA 3: Presentar un tema **(2-3 minutos)**.

  Debes hablar sobre un tema que has elegido entre dos opciones.

- TAREA 4: Entrevista a partir de la presentación **(2-3 minutos)**.

  Debes contestar a las preguntas del entrevistador sobre el tema de la presentación.

Tienes 12 minutos para preparar las tareas 1 y 3. Puedes tomar notas y escribir un esquema de tu exposición, que podrás consultar durante el examen pero no puedes limitarte a leer el esquema.

Fuente: ⊣¦⊢ Instituto Cervantes.

¡Atención! Puedes consultar la descripción de la prueba original en:
https://examenes.cervantes.es/sites/default/files/2.10.2.3_dele_a2b1escolares_modelo_0.pdf

Con esa información, ¿puedes marcar de qué tarea son los siguientes diálogos? Corresponden a las tareas de ese modelo de examen del ⊣¦⊢ Instituto Cervantes. Los diálogos están corregidos y no contienen errores.

DIÁLOGOS

SALUDO

▶ **Entrevistador:** *Buenos días.*

▶ **Candidato:** *Buenos días.*

▶ **E:** *¿Nos podemos tutear?*

▶ **C:** *Claro, no hay problema.*

▶ **E:** *¿Cómo te llamas?*

▶ **C:** *Charles Smith.*

▶ **E:** *Encantado, Charles. Yo me llamo Antonio. ¿Qué tal? ¿Cómo estás?*

▶ **C:** *Bien. Un poco nervioso, pero bien.*

▶ **E:** *No te preocupes, es normal ponerse un poco nervioso. Si te parece bien, podemos empezar el examen.*

▶ **C:** *De acuerdo.*

Continúa →

▶ **Entrevistador:** *Bueno, pues ahora pasamos a la tarea ____. Vamos a conversar un poco sobre el tema de la escuela.*

▶ **Candidato:** *Muy bien.*

▶ **E:** *¿Desde cuándo estudias en tu escuela?*

▶ **C:** *Desde que tenía doce años. Este es el tercer año.*

▶ **E:** *¿Y qué es lo que más te gusta de ella?*

▶ **C:** *Los compañeros que tengo. He hecho muchos amigos allí y hacemos muchas cosas juntos.*

▶ **E:** *¿Os veis también fuera del horario de clase?*

▶ **C:** *Sí, a veces salimos juntos. Vamos al cine y a tomar una hamburguesa algunas veces.*

▶ **E:** *¿Y estudiáis también juntos?*

▶ **C:** *No mucho. A veces hemos hecho trabajos de grupo y entonces tenemos que preparar cosas juntos, pero normalmente estudia cada uno en su casa.*

▶ **E:** *¿Y qué prefieres: estudiar solo o con otros compañeros?*

▶ **C:** *La verdad es que estudiar con otros es más divertido, pero creo que aprendes más cuando estudias solo. Y más rápido también.*

▶ **E:** *¿Y te gustan tus profesores?*

▶ **C:** *Algunos sí y otros no mucho.*

▶ **E:** *¿Y cuál es tu profesor favorito?*

▶ **C:** *Mi profesor favorito es Jaime, el de Español. Es muy simpático y siempre habla en español con nosotros. Me gusta mucho porque sus clases son interesantes y divertidas.*

▶ **Entrevistador:** *Pues entonces vamos con la tarea ____. Tienes que hacer una descripción de esta fotografía. Hablas tú solo. Si quieres, puedes empezar.*

▶ **Candidato:** *Está bien. En la fotografía hay siete personas. Una de ellas es la profesora y las otras son sus alumnos. Están en una habitación pequeña que tiene una puerta grande y unas escaleras. Hay dos mesas y varias sillas, donde están sentadas las personas. La profesora está hablando y los alumnos la están escuchando. A la derecha están los chicos y las chicas están a la izquierda, pero ellas no se ven muy bien. Ellos llevan camiseta y pantalones cortos. Uno de ellos lleva zapatillas de deporte, otro sandalias y otro chanclas. Encima de las dos mesas están los papeles y las carpetas de los alumnos.*

Creo que la profesora está explicando una lección y que luego va a preguntarles a los alumnos algo para saber si han entendido bien…

▶ **Entrevistador:** *Ahora pasamos a la siguiente tarea. Tienes que hablar sobre uno de los temas que se proponen.*

▶ **Candidato:** *Voy a hablar sobre la escuela ideal.*

▶ **E:** *De acuerdo, puedes empezar cuando quieras.*

▶ **C:** *Mi escuela ideal se parece a una que vi una vez en una película. Estaría cerca de la playa, en un lugar donde hace buen tiempo. En la clase de Gimnasia iríamos a hacer deporte a la playa y aprenderíamos a hacer surf. El edificio sería muy grande y moderno. Estaría pintado de color blanco y tendría unas ventanas muy grandes. Las clases tendrían mucha luz y dentro habría muchos colores diferentes. Habría unos diez alumnos por clase, la mitad chicos y la mitad chicas. Solo tendríamos clase por la mañana, de nueve y media a una y media y nos enseñarían lenguas extranjeras, cocina, pintura y astronomía…*

▶ **Entrevistador:** *De acuerdo, es suficiente. Ahora vamos a pasar a la tarea ___. Lee las instrucciones.*

▶ **Candidato:** *Ya las he leído.*

▶ **E:** *Yo soy tu nuevo compañero y tú me das la información que necesito. Puedes empezar.*

▶ **C:** *Te voy a explicar cómo es el colegio. Me parece bastante grande. Tiene dos edificios principales. En el más grande están el gimnasio y el comedor y en el otro están las aulas y los despachos de los profesores.*

▶ **E:** *¿Y hay campo de fútbol?*

▶ **C:** *Sí, hay uno pequeño donde jugamos durante el recreo.*

▶ **E:** *¿Y cuánto dura el recreo?*

▶ **C:** *De diez y media a once y cuarto. Antes del recreo tene-*

mos dos horas de clase, de ocho y media a diez y media, y después del recreo otras dos, de once y cuarto a una y cuarto. Luego vamos a comer y por la tarde tenemos otras dos clases.

▶ **E:** *¿Y a qué hora se terminan?*

▶ **C:** *A las cuatro y media. De las clases te puedo decir que las más difíciles son las de Matemáticas, y las más fáciles las de Ciencias Naturales, porque el profesor no manda muchos deberes. Si quieres, podemos hacerlos juntos.*

▶ **E:** *¿De verdad? Muchas gracias.*

▶ **C:** *Y mañana podríamos quedar en la parada del autobús para ir juntos a clase. Y cuando lleguemos te presento a mis amigos.*

▶ **E:** *¡Estupendo!*

DESPEDIDA

▶ **Entrevistador:** *Bien, Charles, pues eso es todo. Gracias por participar en el DELE y que tengas un buen día.*

▶ **Candidato:** *Gracias, adiós.*

▶ **Entrevistador:** *Adiós, adiós.*

¡En resumen!

1.º La prueba tiene **4 tareas** y 🕐 dura **12 minutos**.

🕐 2.º Tienes 12 minutos para **preparar** las **tareas 1** y **3**.

3.º Puedes tomar notas o hacer esquemas. Puedes mirarlos durante la entrevista pero no leerlos directamente.

4.º Las **tareas 2** y **4** no las preparas y vas a responder a unas preguntas que no conoces.

❗ **¡Atención!** En las **tareas 1** y **3** de la prueba te van a ofrecer 2 opciones para elegir. En los modelos de El Cronómetro. *Examen A2-B1 para escolares* solo hay una opción.

En la 🖥 ELEteca tienes los **modelos 5** y **6**. El n.º 6 sí tiene 2 opciones, exactamente como en el examen.

🎤 Graba tus tareas para 🔊 escuchar luego y comprobar qué está bien y qué tienes que mejorar. Usa siempre un 🕐 reloj para controlar el tiempo, o mejor: **¡un cronómetro!**

¡Ya puedes empezar esta prueba!

Prueba 4: Expresión e Interacción orales

Observa las siguientes viñetas para entender bien cómo funciona la preparación de la prueba:

Este es el material para la tarea 1.

SALA DE PREPARACIÓN

Tienes que elegir una fotografía de estas dos para la tarea 1 y uno de estos dos temas para preparar la tarea 3.

12 minutos

● ● ● ● ● Tienes **12 minutos** para preparar las tareas 1 y 3. Sigue todas las instrucciones.

¡Atención! Recuerda que durante el examen **no puedes usar diccionarios** ni ningún dispositivo electrónico.

Tarea 1

Consejo. En esta tarea intenta describir todo lo que puedas. En tu descripción incluye objetos, personas y el lugar donde se encuentran.

● ● ● ● ● Tienes que hablar de **1 a 2 minutos**. El entrevistador **no habla** en esta parte de la prueba.

INSTRUCCIONES

Describe con detalle, durante uno o dos minutos, lo que ves en la foto. Estos son algunos aspectos que puedes comentar:

- *¿Cómo son las personas que aparecen en la fotografía? Describe a alguna de ellas: el físico, el carácter que crees que tiene, la ropa que lleva…*

- *¿Dónde están esas personas? ¿Cómo es ese lugar? ¿Qué objetos hay?*

- *¿Qué crees que están haciendo en este momento? ¿Por qué?*

- *¿De qué crees que están hablando? ¿Qué están pensando? ¿Por qué?*

- *¿Qué crees que va a pasar luego? ¿Qué van a hacer después?*

Tarea 3

Consejo. Durante la preparación, puedes pensar en experiencias personales relacionadas con ese tema. Recuerda que luego no podrás leer en voz alta, palabra a palabra, las notas que prepares.

● ● ● ● ● 🕐 Tienes que hablar de **2 a 3 minutos**. El entrevistador no habla en esta parte de la prueba.

LA EXCURSIÓN ESCOLAR IDEAL

– *A continuación tienes un tema y unas instrucciones para realizar una exposición oral.*

– *Tendrás que hablar durante dos o tres minutos. Al final, el profesor te hará unas preguntas sobre el tema.*

INSTRUCCIONES

Cuenta cómo sería para ti la excursión ideal.

● *Incluye información sobre:*

– *dónde iríais (pueblo, ciudad, país, institución) y por qué;*

– *qué medio de transporte utilizaríais y cómo sería;*

– *cómo sería el lugar visitado (descripción exterior e interior);*

– *cuál sería el horario de la excursión y cuánto tiempo duraría;*

– *qué compañeros y profesores te acompañarían (y cuáles no) y por qué.*

● *No olvides:*

– *diferenciar las partes de tu exposición: comienzo, desarrollo y final;*

– *ordenar y relacionar bien las ideas;*

– *justificar tus opiniones y sentimientos.*

● ● ● ● ● 🕐 **¿Cuánto tiempo has necesitado para la preparación? Anótalo aquí:** _____ **min.**

LA ENTREVISTA

Consejo. Para hacer esta tarea es bueno tener la ayuda de tu profesor, un hispanohablante o un compañero de clase. No olvides que la tarea 2 **no la preparas**, es decir, tienes que leer las instrucciones e improvisar.

Observa estas viñetas para entender bien cómo funciona la prueba:

¡Atención! En el examen vas a escuchar las preguntas del entrevistador, no las vas a leer. En este primer modelo de examen puedes escuchar y leer las preguntas al mismo tiempo. Después, solo las vas a escuchar. El objetivo es aprender a entender preguntas que no conoces.

• • • • • Recuerda que la tarea dura de **1 a 2 minutos**.

 Pon la pista n.º 3. Escucha las instrucciones y las preguntas, y comienza luego la descripción de la fotografía.

 Graba tus respuestas.

▶ **Entrevistadora:** *Hola, me llamo María, ¿y tú?*

▶ **Candidato:** ...

▶ **E:** *¿De dónde eres?*

▶ **C:** ...

▶ **E:** *Vale, de acuerdo. Vamos a empezar con la tarea 1. Tienes 2 o 3 minutos para tu descripción. Puedes comenzar la descripción de la foto.*

▶ **C:** ...

Tarea 2

INSTRUCCIONES

Acabas de llegar a un colegio nuevo de otra ciudad y tienes que explicarle a un profesor algunas cosas. El examinador es el nuevo profesor. Habla con él siguiendo estas indicaciones.

CANDIDATO

Durante la conversación con tu nuevo profesor debes:

– explicarle cómo era tu colegio anterior;

– hablarle de las asignaturas y de los compañeros que tenías;

– decirle qué tipo de clases y actividades te gustan más;

– explicarle cuándo irás a clase en tu nuevo colegio.

• • • • • 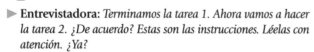 Recuerda que la tarea dura de **2 a 3 minutos**.

 Pon la pista n.º 4. Escucha y lee las instrucciones y reacciona.

 Graba tus respuestas.

▶ **Entrevistadora:** *Terminamos la tarea 1. Ahora vamos a hacer la tarea 2. ¿De acuerdo? Estas son las instrucciones. Léelas con atención. ¿Ya?*

▶ **Candidato:** ...

▶ **E:** *Bueno, pues si estás preparado podemos empezar. Hola, ¿qué tal? Bienvenido a nuestro instituto. Dime, ¿cómo era tu colegio anterior?*

▶ **C:** ...

▶ **E:** *¿Estaba cerca de tu casa o lejos?*

▶ **C:** ...

▶ **E:** *¿Qué asignaturas tenías?*

▶ **C:** ...

▶ **E:** *¿Había alguna asignatura más difícil que el resto?*

▶ **C:** ...

▶ **E:** *Háblame de tus compañeros preferidos.*

▶ **C:** ...

▶ **E:** *¿Cuántos años tenían?*

▶ **C:** ...

▶ **E:** *¿Qué actividades aparte de las clases te gustan?*

▶ **C:** ...

▶ **E:** *¿Cuándo empiezan tus clases en tu nuevo instituto?*

▶ **C:** ...

▶ **E:** *Vale, pues eso es todo. Gracias por tus respuestas.*

Tarea 3

 • • • • • Recuerda que la tarea dura de **2 a 3 minutos**.

 Pon la pista n.º 5. Escucha las instrucciones y haz tu presentación.
5

 Graba tu presentación.

▶ **Entrevistadora:** *Terminamos la tarea 2. Ahora pasamos a la tarea 3. Dime, ¿qué tema tienes?*

▶ **Candidato:** ...

▶ **E:** *Entiendo. Pues cuando quieras, puedes empezar con tu presentación.*

▶ **C:** ...

Tarea 4

 • • • • • Recuerda que la tarea dura de **2 a 3 minutos**.

 Pon la pista n.º 6. Escucha y lee las instrucciones y las preguntas, y responde.
6

 Graba tus respuestas.

▶ **Entrevistadora:** *Terminamos la tarea 3. Gracias por tu presentación. Ahora, en la tarea 4, te voy a hacer algunas preguntas sobre ese tema, ¿de acuerdo?*

▶ **Candidato:** ...

▶ **E:** *¿Has hecho alguna vez una excursión con tu colegio? ¿Qué es lo que más te gusta de las excursiones?*

▶ **C:** ...

▶ **E:** *Si nunca has ido de excursión, ¿te gustaría? ¿Adónde irías?*

▶ **C:** ...

▶ **E:** *Para ti, ¿qué es lo mejor y lo peor de ir a la escuela?*

▶ **C:** ...

▶ **E:** *¿Cuáles son tus actividades favoritas?*

▶ **C:** ...

▶ **E:** *¿Después de clase haces alguna actividad extraescolar? ¿Cuál? Si no la haces, ¿sabes de algún compañero que haga actividades extraescolares? ¿Cuál? ¿Te gustaría hacerla a ti también?*

▶ **C:** ...

▶ **E:** *¿Conoces a personas que van a otros colegios (hermanos, amigos, etc.)? ¿Sabes si sus colegios realizan las mismas actividades que el tuyo? ¿En qué se diferencian?*

▶ **C:** ...

▶ **E:** *¿Has participado alguna vez en competiciones deportivas con un equipo del colegio? ¿En cuál?*

▶ **C:** ...

▶ **E:** *¿Has hecho alguna vez teatro con un grupo del colegio? ¿Te gustó la experiencia?*

▶ **C:** ...

▶ **E:** *¿Has aprendido a tocar algún instrumento en tu escuela? ¿Formas parte de alguna orquesta o grupo musical creado en tu colegio? ¿Te gustaría?*

▶ **C:** ...

▶ **E:** *Pues... esto es todo. La prueba termina aquí. Muchas gracias por participar en el examen y mucha suerte.*

Control de progreso

🔊 Escucha tus respuestas en cada prueba. Marca con un ✔.

¿Qué tal la prueba 4 de este examen?	Tarea 1	Tarea 2	Tarea 3	Tarea 4
🕐 Tiempo de preparación.				
Tengo notas y esquemas que me ayudan.				
Entiendo sin problemas la tarea.				
Describo con facilidad la fotografía.				
Hablo sobre el tema y no sobre otras cosas.				
Uso el tiempo para hacer las tareas.				
Entiendo bien las preguntas del entrevistador.				
Tengo una pronunciación clara.				
No tengo errores graves de gramática.				
No cometo errores graves de vocabulario.				
Tu impresión: dificultad de la tarea (de 1 a 5).				

¿Cómo te sientes después de esta prueba? Marca con una ✗.

ESTOY MUY CONTENTO/A ☺☺ ⬭
ESTOY CONTENTO/A ☺ ⬭
NO ESTOY CONTENTO/A ☹ ⬭

¿Para qué tareas crees que estás mejor preparado? Anota aquí tu comentario, en español o en tu idioma.

....

....

....

....

¡Muy importante!

- Al igual que en la expresión escrita, es muy importante que planifiques bien tu presentación. Debes pensar qué quieres contar y cómo lo vas a hacer. Toma nota de todas las ideas que quieres expresar y del orden en que vas a presentarlas. Igual que sucede cuando realizas una expresión escrita, al hacer una presentación oral, contar con una estructura clara, un esqueleto, te va a resultar de gran ayuda para darle a tu discurso coherencia y claridad.

- Además de las ideas, anota las palabras clave que quieres usar, relaciónalas con las ideas y el "esqueleto", así seguro que las recuerdas fácilmente en el momento de la presentación.

PRUEBA 1
COMPRENSIÓN DE LECTURA

PRUEBA 2
COMPRENSIÓN AUDITIVA

PRUEBA 3
EXPRESIÓN E INTERACCIÓN ESCRITAS

PRUEBA 4
EXPRESIÓN E INTERACCIÓN ORALES

Modelo de examen n.º 1

🎯 Actividades sobre el Modelo n.º 1.

¡Atención! Como ya sabes, en los cuatro primeros modelos de El Cronómetro tienes actividades relacionadas con el examen. No son parte de la prueba, pero te van a servir para mejorar tus resultados. A veces tienes que escribir comentarios: los puedes escribir en español o en tu idioma.

Instituto Cervantes: https://examenes.cervantes.es/sites/default/files/2.10.2.3_dele_a2b1escolares_modelo_0.pdf

¡Descárgate las tareas de esta prueba del
modelo de examen del ℹ️Instituto Cervantes!

Tarea 1.

a. La primera parte de la entrevista sirve para tomar contacto con el entrevistador y no se evalúa. Puedes hablar tranquilamente sobre ti mismo. Lee el siguiente diálogo y completa la información que falta con **tus datos personales**:

Esta parte de la prueba sirve para tomar contacto con el entrevistador y no se evalúa. Puedes hablar tranquilamente sobre ti mismo y no pensar en la gramática o el vocabulario.

► **Entrevistador:** *Hola, buenos días.*

► **Candidato:** *Buenos días.*

► **E:** *¿Nos llamamos de tú o de usted?*

► **C:** *Prefiero de tú.*

► **E:** *De acuerdo. Me llamo Juan Carlos, ¿y tú?*

► **C:** ....

► **E:** *¿De dónde eres?*

► **C:** ....

► **E:** *Bueno, pues si te parece empezamos con la tarea 1. Tienes de 2 a 3 minutos para hacer tu descripción de la fotografía. ¿De acuerdo?*

► **C:** ....

► **E:** *Pues, cuando quieras puedes empezar.*

b. Observa ahora cómo ha realizado el candidato la tarea y subraya en la transcripción dónde responde el candidato a cada pregunta.

¡Atención! Recuerda que en la prueba real esta parte es hablada.

TEXTO CON ERRORES · TEXTO CON ERRORES

Describe con detalle, durante uno o dos minutos, lo que ves en la foto. Estos son algunos aspectos que puedes comentar.

- ¿Cómo son las personas que aparecen en la fotografía? Describe alguna de ellas.

- ¿Dónde están esas personas? ¿Cómo es ese lugar?

- ¿Qué crees que están haciendo en este momento? ¿Por qué?

- ¿De qué crees que están hablando?

- ¿Qué crees que va a pasar luego?

Continúa →

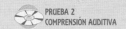
PRUEBA 1
COMPRENSIÓN DE LECTURA

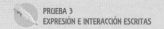
PRUEBA 2
COMPRENSIÓN AUDITIVA

PRUEBA 3
EXPRESIÓN E INTERACCIÓN ESCRITAS

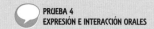
PRUEBA 4
EXPRESIÓN E INTERACCIÓN ORALES

ENTREVISTADOR: *Cuando quieras, puedes empezar con tu descripción.*

CANDIDATO: *En esta fotografía son tres personas: dos adultos y un chico de 15 o 16 años. El chico está moreno y alto. Lleva un camiseto blanca y los pantalones vaqueros negras. Es contento porque está sonreír.*

Son en una tienda donde venden productos de deporte. Está muy grande y probable son muchas gentes que comprar. Veo muchas bicicletas. Me creo que los adultos son padres del chico y han idos allí por comprar a él un regalo, porque el señor está enseñando el chico una bicicleta. Eso puede ser el regalo. Probablemente el padre pregunta el hijo si gusta la bicicleta que está monstrando. Luego van a comprar esta bicicleta y van a salir la tienda mucho contentos.

ENTREVISTADOR: *¿Ya está? Entonces pasamos ahora a la siguiente tarea.*

¿Crees que el candidato da información suficiente?

c. Vuelve a leer la parte del candidato y marca al menos cinco errores.

¿Crees que el candidato transmite bien sus ideas o sus errores no dejan entender lo que quiere decir? Escribe aquí tu comentario, en español o en tu idioma.

....

....

Tarea 2.

a. Aquí tienes una posible tarea 2. Elige las frases del candidato necesarias y completa la conversación.

Estás en un país hispanohablante y tienes que comprar tres billetes de tren porque vas a ir con dos amigos a pasar un fin de semana a otra ciudad. Vuestra intención es ver muchas cosas nuevas y divertiros. La examinadora es la taquillera de la estación. Habla con ella siguiendo estas indicaciones:

Durante la conversación con la taquillera debes:

- pedirle los billetes que necesitáis;
- preguntarle por la duración del viaje;
- informarte sobre alguna oferta especial;
- agradecerle sus servicios.

🔵 ENTREVISTA

▶ **1.** ....

▶ *Buenos días, ¿para cuándo serían?*

▶ **2.** ....

▶ *¿En clase turista?*

▶ **3.** ....

▶ *¿Son las tres personas estudiantes y menores de 26 años?*

▶ **4.** ....

▶ *Pues entonces tienen un descuento del 20% pero tendrían que volver el domingo a última hora. Después de las 21:00 horas.*

▶ **5.** ....

▶ *La hora de llegada es a las doce de noche. El viaje dura tres horas.*

▶ **6.** ....

▶ *Muy bien, pues aquí tiene sus tres billetes. Son 50 euros por persona. 150 en total. ¿Cómo lo va a pagar?*

▶ **7.** ....

▶ *Estupendo, muchas gracias.*

▶ **8.** ....

🔵 INTERVENCIONES DEL CANDIDATO

a. *Sí, tenemos los tres menos de veinte.*

b. *Es un poco tarde, pero está bien.*

c. *Hola, buenos días. Necesitaba tres billetes de tren para Granada.*

d. *Entonces, ¿a que hora llegaríamos aquí otra vez?*

e. *Para el viernes por la mañana y la vuelta para el domingo porl a tarde.*

f. *Gracias a usted.*

g. *Sí, en la más barata. Quería saber también si hay alguna oferta interesante para nosotros.*

h. *En efectivo. Aquí tiene.*

b. Ahora observa las expresiones utilizadas en las indicaciones y encuentra en las frases del candidato las palabras clave que se relacionan con ellas.

Durante la conversación con la taquillera debes:

• pedirle los billetes que necesitáis; ....

• preguntarle por la duración del viaje; ....

• informarte sobre alguna oferta especial; ....

• agradecerle sus servicios. ....

c. ¿Qué relación hay entre las palabras de las preguntas y las que has encontrado en el diálogo? ¿Son las mismas o son otras? Escribe aquí tu comentario, en español o en tu idioma.

....

....

Tarea 3.

a. Este es un diálogo posible previo a la tarea 3, pero está desordenado. Léelo atentamente y ordénalo.

◉ INTERVENCIONES DEL ENTREVISTADOR

▢ ▶ **E:** ¿Qué tema tienes?

▢ ▶ **E:** Entonces vamos a pasar a la tarea 3, si te parece bien.

▢ ▶ **E:** Está bien, pues cuando quieras puedes empezar con tu presentación. Sabes que tienes de dos a tres minutos.

▢ ▶ **E:** Bueno, pues ya hemos terminado la tarea 2.

◉ INTERVENCIONES DEL CANDIDATO

▢ ▶ **C:** Tu profesor ideal.

▢ ▶ **C:** Sí.

▢ ▶ **C:** Sí, claro. Está bien.

b. Imagina que para la tarea 3 has elegido el tema TU PROFESOR IDEAL. Observa las instrucciones y marca cuáles de las frases que aparecen en la tabla son apropiadas para una exposición sobre ese tema.

TU PROFESOR IDEAL

– A continuación tienes un tema y unas instrucciones para realizar una exposición oral.

– Tendrás que hablar durante dos o tres minutos. Al final el profesor te hará unas preguntas sobre el tema.

INSTRUCCIONES

Cuenta cómo sería tu profesor ideal.

• Incluye información sobre:

   – qué enseñaría y cómo sería su manera de enseñar;

   – cómo serían los deberes y los exámenes;

   – que notas pondría.

• No olvides:

   – diferenciar las partes de tu exposición: comienzo, desarrollo y final;

   – ordenar y relacionar bien las ideas;

   – justificar tus opiniones y sentimientos.

○○○ PRUEBA 1
COMPRENSIÓN DE LECTURA
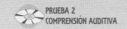 PRUEBA 2
COMPRENSIÓN AUDITIVA
PRUEBA 3
EXPRESIÓN E INTERACCIÓN ESCRITAS
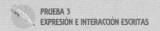 PRUEBA 4
EXPRESIÓN E INTERACCIÓN ORALES

	Sí ☺	No ☹

○ FRASES DEL CANDIDATO

1. *Voy a hablar de cómo sería mi profesor ideal.*

2. *El verano pasado me fui de vacaciones con mi familia a Francia.*

3. *Tengo 17 años y siempre he vivido en Burdeos.*

4. *Tiene que ser una persona tranquila y debería tener paciencia con nosotros.*

5. *Por otro lado, un buen profesor debería explicar bien.*

6. *¿Le puedo preguntar una cosa que no he entendido, por favor?*

7. *Si puedo elegir, mi profesor ideal enseñaría Historia.*

8. *Como me gusta mucho aprender con el ordenador y las imágenes, este profesor utilizaría muchas películas, vídeos y páginas de internet y no solo el libro de clase.*

9. *Además, nos daría también consejos para nuestra vida, no solo para la escuela.*

10. *Lo mejor es que ponga buenas notas.*

c. Prepara una exposición sobre el tema TU PROFESOR IDEAL y grábala. Usa las frases que has seleccionado en la actividad anterior. ¿Puedes contestar a todos los puntos hablando entre 2 y 3 minutos?

Tarea 4.

a. La tarea 4 es un diálogo sobre el tema de la exposición de la tarea 3. El entrevistador te hace preguntas que tú tienes que contestar. Elige entre estos temas sobre qué puede tratar la conversación.

☐ Los profesores que tienes actualmente en el colegio.

☐ Las asignaturas que más te gustan.

☐ Qué te gusta hacer en el tiempo libre.

☐ Dónde conociste a tu mejor amigo.

☐ Tu comida favorita.

☐ Qué actividades te gusta hacer en clase.

b. Ahora te presentamos un posible diálogo de la tarea 4. En algunos momentos no tiene sentido. Léelo con atención y corrígelo.

▶ **Entrevistador:** *¿Terminamos la tarea 3, muchas gracias por tu presentación. Ahora en la tarea 4 me vas a hacer algunas preguntas sobre ese tema, ¿de acuerdo?*

▶ **Candidato:** *Buenos días.*

▶ **E:** *¿Tienes ahora muchos profesores?*

▶ **C:** *Tengo dos profesores y dos profesoras. Las profesoras me dan Matemáticas, Historia y Ciencias, y los profesores, Lengua, Inglés y Educación Física.*

▶ **E:** *¿Cuál de ellos prefieres?*

▶ **C:** *Mi favorita es la profesora de Ciencias porque es muy antipática también cuando da clase. Aprender con ella es*

muy fácil y muy divertido.

▶ **E:** *¿Y tu asignatura preferida también es Ciencias?*

▶ **C:** *Bueno, la verdad es que me gusta más la historia, pero la clase de Historia es más aburrida.*

▶ **E:** *¿Y recuerdas algún profesor del pasado muy importante para ti?*

▶ **C:** *Sí. Cuando era pequeña no quería mucho a mi maestra Aurora. Recuerdo que me enseñó a leer y escribir y que cantábamos muchas canciones en clase.*

(TEXTO CON ERRORES)

c. ¿Cuáles son para ti las tareas más fáciles? ¿Y las más difíciles? ¿Por qué? Anota tu comentario personal, en español o en tu idioma.

DELE A2-B1
para escolares

Modelo de examen n.° 2

 PRUEBA 1. COMPRENSIÓN DE LECTURA   50 min.

 PRUEBA 2. COMPRENSIÓN AUDITIVA   30 min.

 PRUEBA 3. EXPRESIÓN E INTERACCIÓN ESCRITAS   50 min.

 PRUEBA 4. EXPRESIÓN E INTERACCIÓN ORALES   12 min.

 Comentarios, consejos y actividades sobre este modelo de examen.

En las actividades de este modelo de examen n.° 2 trabajamos en especial con los **textos de las tareas**. Es importante saber qué tipos de textos aparecen en el examen.

Prueba 1: Comprensión de lectura

● ● ● ● ● **Antes de empezar la prueba de** Comprensión de lectura.

Vamos a trabajar con un modelo del ╬ Instituto Cervantes. ¿De qué tareas son estos fragmentos de textos? Usa la información de la introducción del modelo 1 (página 8). Marca con ✔.

FRAGMENTOS DE TEXTOS	TAREA 1	TAREA 2	TAREA 3	TAREA 4
1. **Centro cultural Geoda**. Ciclo de conferencias sobre las grandes montañas del mundo por la montañista Edurne Pasaban...				
2. Yo siempre he tenido mucha suerte en los viajes. Quizá el peor viaje fue un circuito organizado. Primero, en el vuelo...				
3. Elvira Lindo es una escritora y periodista española que alcanzó popularidad como autora de una serie de novelas con un mismo protagonista, *Manolito Gafotas*...				
4. El dibujante argentino Joaquín Salvador Lavado, _____19_____ conocido como Quino...				
5. Este premio llega el _____20_____ año en que se celebran los 50 años del personaje de la historieta.				
6. Tras estudiar Periodismo, Elvira Lindo inició su carrera profesional en la radio como guionista.				
7. Yo recuerdo como especialmente malo un viaje que hice con un amigo. Menos mal que solo fueron tres días. El primer día...				
8. www.juventud.jcm.es				
9. Soy estudiante de Economía y estoy buscando un curso intensivo de inglés de los negocios.				
10. ...mientras comentaba que _____23_____ tiene mucho cariño a Mafalda por todo lo que ha significado en su vida.				
11. Mi peor experiencia fue el año pasado. Llegamos a nuestro destino de noche y cogimos un taxi para ir a un hotel que vimos en la guía. Cuando llegamos...				
12. El personaje de Manolito Gafotas nació a partir de uno de los personajes creados por Elvira Lindo para la radio.				

Fuente: ╬ Instituto Cervantes.

¿Tienes que entender toda la información de los textos para seleccionar la opción correcta? Escribe tu comentario (en español o en tu idioma).

....

....

🛈 **¡Atención!** En la página 80 tienes la solución y algunos comentarios útiles.

¡Ya puedes empezar esta prueba!

Prueba 1: Comprensión de lectura

La prueba de **Comprensión de lectura** tiene cuatro tareas. Tienes que responder a **25 preguntas**.

● ● ● ● ● 🕐 La prueba dura **50 minutos**. Pon el reloj al principio de cada tarea.

Marca tus opciones únicamente en la **Hoja de respuestas**.

Tarea 1

INSTRUCCIONES

Vas a leer seis textos en los que unos jóvenes dicen lo que buscan y diez anuncios de campamentos de verano. Relaciona a los jóvenes (1-6) con los anuncios (A-J). HAY TRES TEXTOS QUE NO DEBES RELACIONAR.

Marca las opciones elegidas en la Hoja de respuestas.

Marca las palabras importantes en el texto.

0.
LORENA

¡Hola! A mí me gustan mucho los animales, desde los perros hasta las vacas. Me encanta cuidarlos, darles de comer, acariciarlos. Tengo 9 años.

1.
CRISTINA

Tengo 15 años. Quiero un verano lleno de aventuras y diversión, pero mis padres dicen que tengo que aprender francés.

2.
CARLOS

A mí me encanta la montaña, escalar, hacer senderismo, nadar, ir en canoa… Tengo 14 años y tengo que mejorar mi inglés.

3.
SARA

Tengo 17 años y mi inglés es bastante bueno. Pero me gustaría perfeccionarlo con una estancia en un país de habla inglesa.

4.
JULIÁN

Estas Navidades nos mandan a mi hermano y a mí a un campamento. Tenemos 12 y 15 años. Lo único que quiero es poder practicar mi afición favorita: la esgrima.

5.
PABLO

Tengo 10 años y necesito mejorar mis notas en inglés. Pero ¡yo odio el cole y estar sentado en clase!

6.
LAURA

Tengo 12 años, me encantan los animales y la naturaleza. De mayor quiero ser bióloga. Mis hermanos vienen conmigo. Son gemelos y les encantan las manualidades.

	PERSONA	TEXTO
0.	LORENA	H
1.	CRISTINA	
2.	CARLOS	
3.	SARA	
4.	JULIÁN	
5.	PABLO	
6.	LAURA	

Continúa ➜

	ANUNCIOS
A	Campamento urbano de esgrima y "multideporte" durante las fiestas navideñas. De 5 a 16 años. De 9:00 a 14:30. La esgrima es nuestro deporte estrella (10 horas), pero también podrás practicar yoga y participar en juegos deportivos. El segundo hijo tiene un descuento del 5%. www.clubdeesgrimademadrid.com
B	**Sol verde** es un campamento de turismo rural situado a 1,5 km de Villanueva (Ciudad Real), rodeado de instalaciones deportivas y zonas verdes. Piscina de 18 x 8 m Ideal para familias y grupos que buscan descanso en plena naturaleza con actividades recreativas. Habitaciones compartidas de hasta 8 personas, o *bungalows* con dos habitaciones dobles. Comidas caseras. www.sol-verde.com
C	Campamentos "multiaventura" e inglés: tres horas diarias de actividades en inglés. Puedes elegir entre natación, juegos acuáticos, deporte, tiro con arco, senderismo, rutas en bici o canoas por el río Pisuerga. Habitaciones de cuatro a ocho plazas con literas. Los campistas se dividen en dos grupos de edades similares. Un monitor para cada diez niños. Ocho días por 360 euros. www.campamentosmultiaventura.es
D	*Irish summer camp* es un campamento de verano "multiaventura" y de inmersión en inglés para niños de 6 a 13 años. Los participantes aprenderán inglés casi sin darse cuenta a través de diversas actividades, juegos y canciones en contacto continuo con nuestros monitores nativos. Los niños no se sentarán en el aula durante sus vacaciones de verano. www.irishsummercamp.com
E	Vente a un campamento en el extranjero. Nos tomamos muy en serio la seguridad de los niños. Viajarán con un grupo guiado con supervisión las 24 horas del día. El aprendizaje del idioma y la diversión también están garantizados. El precio incluye el vuelo de ida y vuelta y todas las actividades culturales, además de las clases de gramática y conversación diarias. Proyectos con temas enfocados a niños de 8 a 17 años, trabajos en grupo. www.ef.com.es/pg/campamentos-verano/
F	Campamento de verano en Riera de Agres, del 1 al 31 de agosto. Para niños de 6 a 16 años. Actividades en la naturaleza, excursiones didácticas al bosque. Comida casera. Talleres de manualidades y cerámica. Tenemos huerto ecológico, telescopio para observar las estrellas y un gran jardín. Descuento del 10% para hermanos. www.rieradeagres.com
G	Nuestro campamento está en plena Costa del Sol, a cinco minutos de la playa. Mezclamos deporte, aventura y contacto con la naturaleza. Además, en nuestro Dinopark los chicos podrán observar réplicas de dinosaurios, buscar huellas, excavar huesos, ver espectáculos. Cursos de orientación en la naturaleza. De 6 a 16 años. www.geoparkaventura.com
H	En el **Campamento Granjero** los chicos y las chicas vivirán como auténticos granjeros, cuidando con cariño de nuestros animales y aprendiendo de ellos. También realizaremos muchos talleres, juegos y actividades "multiaventura" que completarán seis días de emociones y diversión en compañía de nuevos amigos. De 6 a 9 años. www.ceieljarama.com
I	Campamento de aventura en plena Sierra de Gredos. Nuestro programa cuenta con actividades al aire libre, marchas de montaña, noches en tienda de campaña, excursiones, un montón de juegos y mucha diversión. De 7 a 12 años. Doce días por 398 euros. Menús adaptados para niños con alergias. www.natuaventura.com/servicios
J	Campamento de aventura con idiomas. Puedes elegir entre inglés o francés. Te ofrecemos actividades dinámicas y al aire libre, deportes y talleres. Para niños de entre 5 y 15 años. Habitaciones de ocho o diez plazas o en cabañas de cuatro plazas. Piscina exterior. Tirolina. Pistas de fútbol y baloncesto. Huerto ecológico. www.campamentostatanka.es/actividades

● ● ● ● ● 🕐 **Para esta tarea he necesitado:** _____ min.

Tarea 2

● ● ● ● ● 🕐 Pon otra vez el reloj.

INSTRUCCIONES

Vas a leer tres textos sobre tres personas que trabajan en el voluntariado social. Relaciona las preguntas (7-12) con los textos (A/B/C).

Marca las opciones elegidas en la Hoja de respuestas.

	PREGUNTAS	A. GINA	B. GISELA	C. MANUEL
7.	¿Quién dirige un equipo de jóvenes?			
8.	¿A quién no le gustaba lo que pasaba?			
9.	¿A quién le molesta ver la suciedad?			
10.	¿Quién trabaja protegiendo animales?			
11.	¿Para quién no fue importante la ayuda de su familia?			
12.	¿Quién recolectó pares de zapatos?			

	TEXTOS
A. **Gina**	Gina tiene doce años. Cuando era pequeña sus padres adoptaron una perrita llamada Franca. Esta perrita había pertenecido primero a una mujer que vivía cerca. Un día tuvo un accidente y ya no pudo ocuparse más de la perra; por eso estaba pensando en llevarla a la perrera. Cuando los padres de Gina oyeron esto, se ofrecieron a adoptar a la perra, porque en las perreras no tienen espacio para todos los animales abandonados y, después de unos meses, si nadie los adopta, son sacrificados. Gina, de tres años, y la perrita vivieron y jugaron como hermanas. Hoy Gina trabaja como voluntaria en una asociación dedicada a la protección de perros abandonados.
B. **Gisela**	A María Gisela, Gisela para sus amigos, siempre le ha molestado mucho ver basura por la calle. Le parecen feos los monumentos ensuciados con grafitis o las paredes de los edificios cubiertas con carteles rotos y viejos. "La gente tiene que tener respeto por el espacio público", sostiene. Su objetivo es cambiar las "malas costumbres de los habitantes". En su ciudad natal, Buenos Aires, Gisela ha creado un equipo de más de cuarenta estudiantes universitarios y de enseñanza secundaria que todos los días llevan adelante esta misión: recogen basura, limpian grafitis e informan a los ciudadanos de sus derechos y obligaciones en el tema de la limpieza.
C. **Manuel**	Una mañana de invierno, en el patio de la escuela, Manuel vio que un chico de otro grado estaba casi descalzo, con la ropa sucia y vieja. Manuel Lozano tenía apenas ocho años, pero se dio cuenta de que algo andaba mal. Esa misma tarde le pidió a su mamá ayuda para organizar una colecta y entre los compañeros de su grado juntaron varios pares de zapatos. "Esa fue la primera imagen de la realidad que me dolió, estaba pasando algo que no estaba bien", dice el actual director de *Red Solidaria*, una organización que desde 1995 intenta ayudar, relacionando a quienes necesitan ayuda y a aquellos que pueden ayudar.

Fuente: adaptado de *www.ar.selecciones.com/contenido*

● ● ● ● ● **Para esta tarea he necesitado:** _____ **min.**

● ● ● ● ● 🕐 Pon otra vez el reloj.

INSTRUCCIONES

Vas a leer un texto sobre una escritora de literatura juvenil. Después, debes contestar a las preguntas (13-18). Selecciona la respuesta correcta (A/B/C).

Marca las opciones elegidas en la Hoja de respuestas.

LAURA GALLEGO, ESCRITORA JOVEN PARA JÓVENES

Laura Gallego es una autora española de literatura juvenil especializada en temática fantástica. Estudió Filología Hispánica en la Universidad de Valencia y en 1999 ganó el premio El Barco de Vapor con *Finis Mundi*, una novela ambientada en la Edad Media que se publicó ese mismo año. Tres años después, volvió a conseguir el mismo galardón con *La leyenda del Rey Errante*. Desde que se publicaron estas dos novelas ha escrito veintisiete novelas juveniles y algunos cuentos infantiles, y solo en España ha vendido más de un millón de ejemplares. Sus obras han sido traducidas a dieciséis idiomas, entre los que se encuentran el inglés, el francés, el alemán y el japonés. Las más populares entre los jóvenes lectores son *Crónicas de la Torre, Dos velas para el diablo, Donde los árboles cantan, Alas de fuego, El libro de los Portales* y, especialmente, la trilogía *Memorias de Idhún*. En 2011 recibió el Premio Cervantes Chico por el conjunto de toda su obra, y en 2012 fue premiada con el Premio Nacional de Literatura Infantil y Juvenil por su novela *Donde los árboles cantan*.

Empezó a escribir a los 11 años junto con su amiga Miriam. Querían escribir un libro de fantasía, *Zodiaccía, un mundo diferente*. Trataba de una niña que viajaba a una isla mágica donde todo tenía que ver con los horóscopos. Tardaron tres años en acabar el libro, que tenía más de trescientas páginas. Ese libro nunca se publicó, pero a partir de ese momento, Laura supo que quería ser escritora. Y desde entonces no ha dejado de escribir novelas e historias.

Empezó a publicar a los veintiún años, cuando ya estaba estudiando Filología Hispánica en la Universidad de Valencia. En aquella época quería ser profesora de Literatura, pero también, mientras estudiaba, seguía escribiendo y enviando textos a editoriales y concursos. Escribió catorce libros antes de ganar su primer premio, en 1999.

Desde entonces ha seguido escribiendo y publicando, y cuenta con un gran número de lectores que disfrutan con sus narraciones. También ha terminado la carrera de Filología y ha realizado un doctorado, especializándose en literatura medieval y novelas de caballerías. Al final no se ha hecho profesora de Literatura, ya que su trabajo como escritora le ocupa casi todo su tiempo. Este trabajo también incluye presentaciones, firmas, etc. Además, le gusta responder personalmente a las cartas de sus lectores y participar en el foro de su página web.

Entre sus libros favoritos están *La historia interminable*, de Michael Ende, y *Cien años de soledad*, de Gabriel García Márquez. Pero también admira las obras clásicas de aventuras como las de Dumas, Julio Verne o Arthur Conan Doyle –es fan de Sherlock Holmes–. Asimismo, es muy aficionada a los cómics manga y a la serie de películas de *Piratas del Caribe*.

Fuente: texto adaptado de *www.lauragallego.com/biografia*

PREGUNTAS

13. Según el texto, Laura Gallego…

A) vive en Valencia, donde estudió.

B) ha ganado tres veces el mismo premio.

C) ha escrito tanto cuentos como novelas.

14. En el texto se dice que sus novelas…

A) han sido traducidas a diecisiete idiomas.

B) han recibido distintos premios.

C) tratan sobre la influencia de los horóscopos.

15. Laura Gallego empezó a escribir…

A) cuando era una niña.

B) cuando vivía en una isla.

C) cuando supo que quería hacerlo.

16. El texto dice que a los 21 años…

A) supo que quería ser escritora.

B) empezó a estudiar Filología.

C) había escrito ya 14 libros.

17. Laura Gallego es…

A) profesora de Secundaria en una ciudad española.

B) especialista en páginas web de literatura.

C) doctora en literatura medieval.

18. En el texto se dice que…

A) además de las novelas le gustan los cómics.

B) sus libros favoritos son los de caballerías.

C) no le gustan las películas basadas en novelas.

● ● ● ● ● 🕐 **Para esta tarea he necesitado:** _____ **min.**

Tarea 4

● ● ● ● ● 🕐 Pon otra vez el reloj.

INSTRUCCIONES

Lee el texto y rellena los huecos (19 a 25) con la opción correcta (A / B / C).

Marca las opciones elegidas en la Hoja de respuestas.

ENTREVISTA A KAROL SEVILLA, ACTRIZ DE TELEVISIÓN MEXICANA

▶ El capítulo de la serie actual se llama "No vale la pena llorar sobre la leche derramada". ¿Qué significa este dicho para ti?

▶ Pues que no debes llorar sobre los problemas que ya _____19_____ y que no tienen remedio. La verdad es que el capítulo está precioso. Es sobre una niña que _____20_____ el *bullying* pero tiene miedo de decirle a sus papás. Yo me identifico mucho con Renata.

▶ ¿Qué consejo le das a los niños que en la vida _____21_____ tienen el mismo problema?

▶ Lo más importante es que no _____22_____ miedo a hablar con la familia. Los niños tienen miedo de decir: "mamá, me están pegando", porque piensan que los van a pegar más. Pero no deben quedarse _____23_____. Entonces si no tienen confianza con sus papás, díganselo a un maestro o a _____24_____ con el que de verdad tengan esa confianza.

▶ Eso como consejo a los niños. A los papás, ¿qué les dirías?

▶ Que estén más pegados a los niños, de verdad. Yo sé que trabajan, pero que les den un tiempo a los niños porque a veces están muy separados de sus padres y los niños también tienen ———25——— problemas.

Fuente: texto adaptado de *http://www.voicesofyouth.org/es*

19. A) pasaban   B) pasarán   C) pasaron

20. A) sufre   B) llora   C) enferma

21. A) real   B) televisiva   C) infantil

22. A) tienen   B) tengan   C) tendrían

23. A) cobardes   B) silenciosos   C) callados

24. A) algún   B) alguien   C) alguna

25. A) suyas   B) sus   C) suyos

● ● ● ● ● ● **Para esta tarea he necesitado:** ———— min.

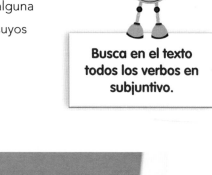

Busca en el texto todos los verbos en subjuntivo.

Control de progreso

Marca con un ✔.

¿Qué tal la prueba 1 de este examen?	Tarea 1	Tarea 2	Tarea 3	Tarea 4
🕐 Tiempo de cada tarea.				
Respuestas correctas.				
No estoy habituado a este tipo de textos.				
He tenido problemas para diferenciar los tipos de texto.				
He tenido problemas con el vocabulario.				
No he entendido algunas frases importantes de los textos.				
He perdido mucho tiempo releyendo.				
No he entendido bien las preguntas.				
No he localizado la información en el texto.				
Tu impresión: dificultad de la tarea (de 1 a 5).				

¿Cómo te sientes después de esta prueba?
Marca con una ✗.

ESTOY MUY CONTENTO/A ☺☺

ESTOY CONTENTO/A ☺

NO ESTOY CONTENTO/A ☹

Puntos:
_____

¡Muy importante!

- Dedica un momento a fijarte bien en el formato de cada texto. Ten en cuenta que el formato de los textos te ayudan a hacerte una primera idea con solo mirarlos.

- Fíjate también en su extensión.

- Observa cómo está dividido el texto; si tiene título, partes resaltadas en negrita, con colores o subrayadas, y, por supuesto, presta atención a las imágenes que lo acompañan.

- Lee despacio todas las partes resaltadas para hacerte una idea general del contenido de los textos.

- Formada esta primera idea, debes leer muy despacio cada línea para identificar la información importante, las ideas y palabras clave.

- Subraya siempre la información que te parezca relevante y elimina la que no es necesaria para realizar la tarea, pero hazlo solo si estás seguro/a de tener toda la información importante.

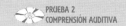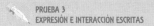
⊙ Actividades sobre el Modelo n.º 2.

¡Atención! En las actividades de este modelo de examen nos vamos a centrar en las dificultades de los textos que aparecen en esta prueba del examen.

> ¿Recuerdas qué significa
> "palabras clave"?
> Pregunta a tu profesor.

Tarea 1.

a. Observa el siguiente anuncio de este modelo de examen n.º 2:

⊙ ANUNCIO

H.	En el Campamento Granjero los chicos y las chicas vivirán como auténticos granjeros, cuidando con cariño de nuestros animales y aprendiendo de ellos. También realizaremos muchos talleres, juegos y actividades "multiaventura" que completarán seis días de emociones y diversión en compañía de nuevos amigos. De 6 a 9 años.

⊙ CONCEPTOS

a) tema central del anuncio

b) edad

c) oferta especial

d) duración

Fuente: ⬛ Instituto Cervantes.

El tema central de este anuncio es un campamento con animales, lo que se relaciona con lo que Lorena quiere, "A mí me gustan mucho los animales". Otra información importante es la edad: Lorena tiene 9 años. ¿Son importantes las informaciones de c) y d)? Anota aquí tu comentario (en español o en tu idioma).

....

....

b. Busca y marca en el texto de este anuncio las palabras que ofrecen información sobre los temas que aparecen a la derecha.

⊙ ANUNCIOS

A.	Campamento urbano de esgrima y "multideporte" durante las fiestas navideñas. De 5 a 16 años. De 9:00 a 14:30. La esgrima es nuestro deporte estrella (10 horas), pero también podrás practicar yoga y participar en juegos deportivos. El segundo hijo tiene un descuento del 5%.
F.	Campamentos "multiaventura" e inglés: tres horas diarias de actividades en inglés. Puedes elegir entre natación, juegos acuáticos, deporte, tiro con arco, senderismo, rutas en bici o canoas por el río Pisuerga. Habitaciones de cuatro a ocho plazas con literas. Los campistas se dividen en dos grupos de edades similares. Un monitor por cada diez niños. Ocho días por 360 euros.

⊙ TEMAS

a) tema central del anuncio

b) edad

c) oferta especial

d) duración

e) lugar del campamento

a) tema central del anuncio

b) edad

c) oferta especial

d) duración

e) lugar del campamento

Después de hacer la tarea 1 del modelo 2 sabrás a quién le corresponde estos anuncios. ¿Cuál o cuáles de las informaciones especificadas son **claves** para identificar a la persona con la que se relacionan?

A. ....

F. ....

c. Aquí tienes dos anuncios más. ¿A qué tipo de información se refieren los fragmentos marcados?

¡Atención! Vas a necesitar algunos temas distintos de los de la actividad anterior.

ANUNCIO	TEMAS
C. Campamentos "multiaventura" e inglés: tres horas diarias de actividades en inglés. Puedes elegir entre natación, juegos acuáticos, deporte, tiro con arco, senderismos, rutas en bici o canoas por el río Pisuerga. Habitaciones de cuatro a ocho plazas con literas. Los campistas se dividen en dos grupos de edades similares. Un monitor para cada diez niños. Ocho días por 360 euros.	a) .... b) .... c) .... d) .... e) ....
J. Campamento de aventura con idiomas. Puedes elegir entre inglés o francés. Te ofrecemos actividades dinámicas y al aire libre, deportes y talleres. Para niños de entre 5 y 15 años. Habitaciones de ocho o diez plazas o en cabañas de cuatro plazas. Piscina exterior. Tirolina. Pistas de fútbol y baloncesto. Huerto ecológico.	a) .... b) .... c) .... d) ....

¿Cuáles de esas categorías son clave para relacionar los anuncios con la persona correcta?

C. ....

J. ....

Tarea 2.

a. En la tarea 2, según el ⬥ Instituto Cervantes (ver pág. 8), aparecen textos descriptivos, narrativos o informativos como cartas, diarios, noticias, biografías, guías de viaje, etc. Vamos a ver algunas características de esos textos. Marca si las siguientes frases describen las características de los textos de esta tarea (V) o no (F).

	V	F
1. Los textos pueden hablar de experiencias personales.		
2. Los textos se escriben siempre en primera persona.		
3. Los textos pueden estar redactados en pasado.		
4. En los textos aparecen marcadores temporales como después, más tarde,...		
5. La estructura de los textos es fija.		
6. Es habitual encontrar construcciones impersonales.		

Continúa ➜

 PRUEBA 1
COMPRENSIÓN DE LECTURA

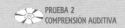 PRUEBA 2
COMPRENSIÓN AUDITIVA

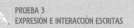 PRUEBA 3
EXPRESIÓN E INTERACCIÓN ESCRITAS

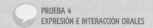 PRUEBA 4
EXPRESIÓN E INTERACCIÓN ORALES

7. Es posible encontrar algunas frases impersonales.

8. Los textos son anuncios publicitarios o mensajes del tipo "Se busca".

9. Los textos pueden ser una narración de literatura fantástica.

10. Los recursos literarios (metáforas, símiles, preguntas retóricas...) son muy abundantes.

b. Aquí tienes tres textos de la tarea 2 de este modelo de examen. En cada texto hay 2 frases que no corresponden a este tipo de textos. Busca y marca esas frases.

¡Atención! Esto no es una actividad típica del examen, pero te puede ayudar a saber leer los textos.

A. Gina tiene doce años. Cuando era pequeña sus padres adoptaron una perrita llamada Franca. Esta perrita había pertenecido a una bruja que vivía cerca. Un día tuvo un accidente y ya no pudo ocuparse más de la perra; por eso estaba pensando en llevarla a la perrera. Cuando los padres de Gino oyeron esto, se ofrecieron a adoptar a la perra, porque ¿qué sería de la perrita en la perrera? ¿sobreviviría? pues los animales abandonados después de unos meses, si nadie los adopta, son sacrificados. Gina, de tres años, y la perrita vivieron y jugaron como hermanas. Hoy Gina trabaja como voluntaria en una asociación dedicada a la protección de perros abandonados.

B. A María Gisela, Gisela para sus amigos, siempre le ha molestado mucho ver basura por la calle. Le parecen feos los monumentos ensuciados con grafitis o las paredes de los edificios cubiertas con carteles rotos y viejos. "La gente tiene que tener respeto por el espacio público", sostiene. Su objetivo es cambiar las "malas costumbres de los habitantes". En su ciudad natal, Buenos Aires, Gisela ha creado un equipo. Se busca estudiantes universitarios y de enseñanza secundaria que todos los días recojan basura, limpien grafitis e informen a los ciudadanos de sus derechos y obligaciones en el tema de la limpieza. Llamar al número 054-11-4291-5548.

C. Una mañana de invierno, en el patio de la escuela, se ve que un chico de otro grado está casi descalzo, con la ropa sucia y vieja. Manuel Lozano tiene apenas ocho años pero se da cuenta de que algo anda mal. Esa misma tarde le pidió a su mamá ayuda para organizar una colecta y entre los compañeros de su grado juntaron varios pares de zapatos. "Esa fue la primera imagen de la realidad que me dolió, estaba pasando algo que no estaba bien", dice el actual director de *Red Solidaria*, una organización que desde 1995 intenta ayudar, relacionando a quienes necesitan ayuda y a aquellos que pueden ayudar.

¿Por qué es útil conocer el tipo de texto que hay en cada tarea? Escribe aquí tu comentario, en español o en tu propia lengua.

Tarea 3.

a. Observa las palabras y fragmentos marcados en este texto.

Plácido Domingo es uno de los más destacados cantantes de ópera del siglo XX. **Nació** en Madrid en 1941, pero **a los pocos años se trasladó** con su familia a Latinoamérica, donde sus padres, cantantes de un género musical español llamado "zarzuela", tenían que actuar con la compañía de Moreno Torroba. **Finalizada la gira en 1950** decidieron **quedarse en** México, donde se formaría el futuro tenor. El pequeño Plácido asistía a las funciones en las que actuaban sus padres, por lo que el mundo de la música pronto se le hizo familiar. **Cuando todavía estaba en la escuela primaria**, **empezó a estudiar** música e **interpretó** algunos papeles de niño en algunas obras. De joven, aunque su voz todavía no estaba formada, **empezó a cantar** zarzuelas. Su carácter inquieto le llevó, **en los años siguientes**, de una actividad a otra: **fue jugador de fútbol**, quiso ser torero, **participó en** comedias musicales, acompañó a cantantes en salas de fiesta y **recibió alguna oferta** para hacer cine. Su amigo Manuel Aguilar le sugirió que podía probar en la ópera, y, aunque pensaba que no tenía voz para ello, Plácido **aprendió** varios temas y **se presentó** a una prueba de la Academia de la Ópera de México.

Fuente: ⫟ Instituto Cervantes.

¿Qué tipo de texto es? ¿Cómo lo identificas? Elige una de estas opciones.

☐	Una biografía.	☐	Un currículo para un trabajo.
☐	Una noticia de un periódico.	☐	Un artículo de una enciclopedia.
☐	Una carta personal.	☐	Un resumen de una película.

¿Qué relación hay entre el tipo de texto y los fragmentos marcados? Escribe aquí tu comentario, en español o en tu propia lengua.

_____

_____

b. Aquí tienes varios fragmentos de biografías de las distintas tareas 3 de este libro. Marca en ellos el vocabulario que te parece típico de una **biografía**.

Juanes

Juan Esteban Aristizábal Vásquez nació el 9 de agosto de 1972 en Medellín, Colombia. (...) A los siete años comenzó a dedicarse a su única pasión: la música. Aprendió a tocar la guitarra con su padre y su hermano mayor. Pronto fundó su propio grupo, "Ekhymosis", donde él era el cantante y el guitarrista. (...) En 1998, sin Ekhymosis, pero con su música, Juanes se fue para Los Ángeles, California, a vivir en una habitación muy pequeña en una ciudad tan grande. (...)

El éxito llegó con el segundo álbum, Un Día Normal. Fue el disco en español más vendido en el mundo. Cinco de sus temas se convirtieron en éxitos de radio y durante casi cien semanas, Un Día Normal no bajó del Top 10. Grabó duetos con la exitosa cantante canadiense Nelly Furtado y con Black Eyed Peas. Las ventas globales llegaron muy cerca de los dos millones de álbumes. Su gira tuvo 138 conciertos en 17 países y colgó el letrero de "entradas agotadas" en todos los lugares donde dio conciertos.

Ordena las palabras que has marcado en la siguiente tabla, como en el ejemplo.

Continúa →

● ○ ○ **PRUEBA 1**
COMPRENSIÓN DE LECTURA

PRUEBA 2
COMPRENSIÓN AUDITIVA

PRUEBA 3
EXPRESIÓN E INTERACCIÓN ESCRITAS

PRUEBA 4
EXPRESIÓN E INTERACCIÓN ORALES

◗ Verbos en indefinido	◗ Verbos en imperfecto	◗ Verbos en pretérito perfecto	◗ Verbos en presente	◗ Expresiones temporales
				el 9 de agosto de 1972

Haz lo mismo con la siguiente biografía.

Laura Gallego	Laura Gallego es una autora española de literatura juvenil, especializada en temática fantástica. Estudió Filología Hispánica en la Universidad de Valencia y en 1999 ganó el premio El Barco de Vapor con *Finis Mundi*, una novela ambientada en la Edad Media que se publicó ese mismo año. Tres años después, volvió a obtener el mismo galardón con *La leyenda del Rey Errante*. (…) Empezó a escribir a los once años, junto con su amiga Miriam. (…) Empezó a publicar a los veintiún años, cuando ya estaba estudiando Filología Hispánica en la Universidad de Valencia. En aquella época quería ser profesora de Literatura, pero también, mientras estudiaba, seguía escribiendo y enviando textos a editoriales y concursos. Escribió catorce libros antes de ganar su primer premio, en 1999. (…) Desde entonces ha seguido escribiendo y publicando, y cuenta con un gran número de lectores que disfrutan con sus narraciones. También ha terminado la carrera de Filología y ha realizado un doctorado, especializándose en literatura medieval y novelas de caballerías. Al final, no se ha hecho profesora de literatura, ya que su trabajo como escritora le ocupa casi todo su tiempo.

◗ Verbos en indefinido	◗ Verbos en imperfecto	◗ Verbos en pretérito perfecto	◗ Verbos en presente	◗ Expresiones temporales

C. Compara las expresiones de la izquierda con las de la derecha. Marca con *sí* las frases que dicen lo mismo.

◗ FRASES DE BIOGRAFÍAS		sí	no
1. Nació en 1989.	Vio la luz en 1989.		
2. Se mudaron a Madrid.	Se trasladaron a Madrid.		
3. Se fue a Miami.	Llegó a Miami.		
4. Grabó un disco.	Perdió un disco.		
5. Se hizo futbolista.	Fue futbolista.		
6. Trabajó durante varios meses en el disco.	Invirtió tres meses de trabajo en el disco.		
7. Mientras trabajaba en su libro, estudió Filología.	Mientras estudiaba Filología, escribió un libro.		

8. Volvió a ganar el mismo premio.	Ha ganado dos veces el mismo premio.
9. Empezó cuando era una niña.	Empezó cuando tenía dieciséis años.
10. Desde entonces no ha dejado de escribir historias.	Todavía hoy escribe historias.

Tarea 4.

🛈 **¡Atención!** Estas dos tareas no son exactamente como las del examen porque no tienen preguntas de vocabulario y se concentran en los siguientes contenidos gramaticales:

> Las formas verbales del pasado: pretérito perfecto, indefinido, imperfecto y pluscuamperfecto.

En la 🖳 ELEteca puedes descargar un apéndice con los contenidos del examen. Tienes una lista de libros de **Edi numen** Edinumen con actividades para trabajar estos contenidos gramaticales.

a. Lee el siguiente texto y rellena los huecos (19 a 25) con la opción correcta (A/B/C).

UN EPISODIO CURIOSO EN LA HISTORIA DEL MUSEO DEL PRADO

En 1891 el diario *El Liberal*, en su número del 25 de noviembre, ____19____ un artículo de Mariano de Cavia –uno de los más importantes periodistas de entonces– con un título que ____20____ la atención de todos los lectores: "La catástrofe de anoche. España está de luto. Incendio del Museo de Pinturas".

Afortunadamente, era una falsa noticia con la que aquel periodista, Mariano de Cavia, quiso llamar la atención del público en general y, en especial, de los gobernantes sobre la gran falta de seguridad que padecía entonces el Museo. Por eso, al día siguiente, publicó otro artículo titulado "¿Por qué ____21____ el Museo de Pinturas?", donde ____22____ la catástrofe: la ____23____ para poder evitarla en el futuro. Las consecuencias, desde luego, ____24____ inmediatas. Se tomaron diversas medidas para evitar el posible incendio y así se prohibió que los directores del Museo –que entonces eran nombrados entre pintores famosos– instalasen allí sus talleres y se ____25____ viviendas para el personal encargado del edificio en dos pabellones gemelos en la parte trasera del edificio.

(Adaptado de *Pequeña Historia del Museo del Prado*,
Jaime García Padrino y Lucía Solana Pérez, Editorial Mediterrània, 2001)

19.	a) publiqué	b) publique	c) publicó
20.	a) llamaba	b) llamó	c) llamaron
21.	a) incendiaba	b) he incendiado	c) incendiaste
22.	a) explicaba	b) expliqué	c) explicaron
23.	a) inventaba	b) inventabas	c) había inventado
24.	a) eran	b) estuvieron	c) fueron
25.	a) construyan	b) construyeron	c) construían

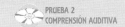
PRUEBA 1
COMPRENSIÓN DE LECTURA

PRUEBA 2
COMPRENSIÓN AUDITIVA

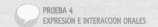
PRUEBA 3
EXPRESIÓN E INTERACCIÓN ESCRITAS

PRUEBA 4
EXPRESIÓN E INTERACCIÓN ORALES

b. Lee el siguiente texto y rellena los huecos (19 a 25) con la opción correcta (A/B/C).

LOS ZORROS DEL NORTE

Cerca de la casa de Carolina había árboles de muchas clases, pero sobre todo abetos, pinos y abedules. Muchas veces Carolina _____19_____ en un claro del bosque a escucharlos. Los árboles no _____20_____, claro, pero el viento atravesaba entre sus ramas y hojas y era como si el árbol pronunciase palabras.

Un día Carolina _____21_____ a pasear. Todavía _____22_____ nieve en los árboles, aunque estaba a punto de llegar la primavera. En el bosque _____23_____ los sonidos del goteo de la nieve derretida. Carolina oyó un ruido distinto del "glop, glop" del agua. Se volvió hacia el lugar de donde venía ese sonido, vio pasar la cola de un animal y se dijo:

- Parece un zorro.

Buscó un lugar donde el viento no llevara su olor hasta el animal y se escondió tras un gran abeto.

_____24_____ pacientemente a verle de nuevo. Pasado un rato, el animal volvió a aparecer. _____25_____ los pies y las orejas negras y un color gris en el resto del cuerpo. Carolina sonrió.

(Adaptado de *Los zorros del norte*, Ricardo Gómez, AlaDelta, Edelvives, 2005)

19.	a) se sentaba	b) se sentaban	c) se sentaron
20.	a) habló	b) hablaron	c) hablaban
21.	a) salía	b) salió	c) habías salido
22.	a) se quedó	b) quedó	c) quedaba
23.	a) escuchabas	b) se escuchaban	c) se escucharon
24.	a) esperó	b) esperaron	c) se esperaron
25.	a) tuvo	b) tenía	c) tenías

Prueba 2: Comprensión auditiva

● ● ● ● ● **Antes de empezar la prueba** Comprensión auditiva.

Aquí tienes cuatro descripciones de las cuatro tareas de esta prueba. Anota a la izquierda el número de cada tarea.

TAREA	DESCRIPCIÓN	FRAGMENTO
	En esta tarea escuchas a siete personas que hablan solas, no son diálogos sino monólogos: anuncios publicitarios, avisos de concursos, mensajes de buzón de voz, etc. En los mensajes se da información, instrucciones, consejos, etc. Los temas son variados, no hay un solo tema para todos los mensajes. Son más cortos que las conversaciones de la tarea 1.	
	En esta tarea escuchas siete conversaciones cortas o partes de conversaciones. Pueden ser formales (lugares públicos, adultos...) o informales (familia, amigos, en la escuela...). En las conversaciones se da información, se piden cosas, se disculpan, se dan consejos, etc.	
	En esta tarea vas a escuchar noticias. Proceden de la radio o de la televisión, y tratan temas como la música, el deporte o las actividades de tiempo libre (cine, teatro, etc.). También aquí hay mucha información. Las noticias pueden ser de España o de Latinoamérica (Chile, México, Perú, Argentina, etc.).	
	En esta tarea escuchas una sola conversación entre dos personas que pueden conocerse (estilo informal) porque son amigos o familia, o pueden no conocerse (formal), como lo que pasa en una tienda o en la calle. A veces piden y dan información, otras veces cuentan cosas que han pasado o expresan sus opiniones. Cambian de tema de conversación.	

No tienes que entender todo lo que dicen, solo identificar de qué tarea son los fragmentos.

Ahora vas a escuchar 8 fragmentos de audiciones de las tareas. Proceden del examen del ▄▀▄ Instituto Cervantes. Tienes que marcar de qué tarea son. Escribe cada número de fragmento en la columna derecha.

7 Pon la pista n.º 7. Escucha los fragmentos dos veces si lo necesitas. Intenta no usar el botón de ⏸ *PAUSA*.

Fuente: ▄▀▄ Instituto Cervantes.

Una de las grandes dificultades de esta prueba es que no puedes usar el botón de ⏸ *PAUSA* cuando lo necesitas. **¿Qué se puede hacer durante el examen?** Anota aquí tu comentario (en español o en tu idioma).

. . . .

. . . .

¡Ya puedes empezar esta prueba!

La prueba de **Comprensión auditiva** tiene cuatro tareas. Debes responder a **25 preguntas**.

La prueba dura **30 minutos**.

Marca tus opciones únicamente en la **Hoja de respuestas**.

Pon la pista n.° 8. No uses el botón de ❚❚ *PAUSA* en ningún momento. Sigue todas las instrucciones que escuches.

Tarea 1

INSTRUCCIONES

Vas a escuchar siete conversaciones. Escucharás cada conversación dos veces. Después debes contestar a las preguntas (1-7). Selecciona la opción correcta (A/B/C).

Marca las opciones elegidas en la Hoja de respuestas.

Ejemplo: *Conversación 0.*

0. ¿Qué va a hacer Carlos mañana por la tarde?

A

B

C

La opción correcta es la letra B.

Ahora tienes **30 segundos** para leer las preguntas.

> **Escribe junto a cada imagen una palabra que responde a la pregunta.**

CONVERSACIÓN UNO

1. ¿Qué necesita llevar el chico a la excursión?

A

B

C

CONVERSACIÓN DOS

2. ¿Qué propone la chica para el domingo?

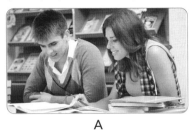

A

B

C

CONVERSACIÓN TRES

3. ¿Qué película elige el chico?

A B C

CONVERSACIÓN CUATRO

4. ¿Qué hizo el chico el fin de semana?

A B C

CONVERSACIÓN CINCO

5. ¿De qué se ha ocupado la mujer en la fiesta?

A) De la música.

B) De las invitaciones.

C) De nada.

CONVERSACIÓN SEIS

6. ¿Dónde va a ir la chica el fin de semana?

A) A ver una exposición.

B) A otra ciudad.

C) A la montaña.

CONVERSACIÓN SIETE

7. ¿Dónde van a ir mañana?

A) Al cine.

B) A escuchar música.

C) No lo han decidido aún.

Tarea 2

INSTRUCCIONES

Vas a escuchar siete mensajes, incluido el ejemplo. Cada mensaje se repite dos veces. Selecciona el enunciado (A-J) que corresponde a cada mensaje. Hay diez enunciados, incluido el ejemplo. Selecciona seis.

Marca las opciones elegidas en la Hoja de respuestas.

Escucha ahora el ejemplo: Mensaje 0.
La opción correcta es la letra D.

```
     A   B   C   D   E   F   G   H   I   J
0.  □   □   □   ■   □   □   □   □   □   □
```

● ● ● ● ● 🕐 Ahora tienes **25 segundos** para leer los enunciados.

	ENUNCIADOS
A.	Hay un sorteo porque es el aniversario de unos locales.
B.	Es el primer día de una tienda de coches.
C.	Los interesados eligen a qué hora prefieren las clases.
D.	Ofrecen un producto con ingredientes del país.
E.	Su oferta es mejor que en otros sitios.
F.	Venden muebles que otras tiendas no tienen.
G.	Con esta aplicación no puedes aburrirte los fines de semana.
H.	Si tienes habilidades técnicas, te interesa el mensaje.
I.	Te ofrece comprar entradas de cine o de conciertos más baratas.
J.	Si tu creatividad tiene que ver con el idioma, este es tu mensaje.

	MENSAJES	ENUNCIADOS
	Mensaje 0	D
8.	Mensaje 1	
9.	Mensaje 2	
10.	Mensaje 3	
11.	Mensaje 4	
12.	Mensaje 5	
13.	Mensaje 6	

Tarea 3

INSTRUCCIONES

Vas a escuchar una conversación entre una chica y un hombre. Indica si los enunciados (14-19) se refieren a la chica (A), al hombre (B) o a ninguno de los dos (C). Escucharás la conversación dos veces.

Marca las opciones elegidas en la Hoja de respuestas.

● ● ● ● ● 🕐 Ahora tienes 25 segundos para leer los enunciados.

	ENUNCIADOS	**A.** Chica	**B.** Hombre	**C.** Ninguno de los dos
0.	Quiere hacer un curso con alguien de su familia.	✔		
14.	Le dice que hay dos posibilidades.			
15.	No tiene suficiente tiempo para todos los cursos.			
16.	Tiene que llevar su propio ordenador al curso.			
17.	Quiere inscribirse lo antes posible.			
18.	Está haciendo una lista de reservas.			
19.	Aunque no ha ido aún al banco, ya puede apuntarse.			

Tarea 4

INSTRUCCIONES

Vas a escuchar tres noticias de radio. Después debes contestar a las preguntas (20-25). Debes seleccionar la opción correcta (A/B/C) para cada noticia. La audición se repite dos veces.

Marca las opciones elegidas en la Hoja de respuestas.

● ● ● ● ● 🕐 Ahora tienes **30 segundos** para leer las preguntas.

Lo que sabes del fútbol español, te puede ayudar.

PRIMERA NOTICIA

20. Según la audición, el Real Madrid…

    A) va a contratar a un nuevo jugador.

    B) va a jugar en Noruega el miércoles.

    C) va a hablar con Leo Messi.

21. En la audición se dice que el concurso es para…

    A) aficionados adolescentes de Iker Casillas.

    B) gente que vive en la ciudad natal del jugador.

    C) niños de 8 a 12 años.

SEGUNDA NOTICIA

22. Según la audición, la Liga…

    A) ha terminado recientemente.

    B) incluye deportes individuales.

    C) ha completado hoy una de sus partes.

23. En la Liga se valora con puntos extras…

    A) la actuación de los árbitros.

    B) el trabajo de los entrenadores.

    C) que los jugadores no hagan trampas.

TERCERA NOTICIA

24. Según la audición, el deporte es bueno para los adolescentes…

    A) porque así no se aburren sentados en el sofá.

    B) por sus positivos efectos psicológicos.

    C) en especial en compañía de personas mayores.

25. Según los expertos, es necesario que los adolescentes…

    A) hagan mucho deporte cada día.

    B) desarrollen actividad física al menos una hora diaria.

    C) se concentren en un solo deporte.

Control de progreso 😊

Marca con un ✔.

Modelo de examen n.º 2

¿Qué tal la prueba 2 de este examen?	Tarea 1	Tarea 2	Tarea 3	Tarea 4
Respuestas correctas.				
Es la tarea más fácil de hacer por el tipo de audición.				
He podido prever el tipo de texto.				
Conocer el tipo de texto de la tarea me ha ayudado.				
He entendido mejor lo que tenía que hacer en la tarea.				
A veces casi puedo imaginar qué van a decir.				
Tengo que escuchar más audiciones como las de esta tarea.				
Comprendo más del 70 % aproximadamente.				
Comprendo menos del 70 % aproximadamente.				
Tu impresión: dificultad de la tarea (de 1 a 5).				

¿Cómo te sientes después de esta prueba?
Marca con una ✗.

ESTOY MUY CONTENTO/A 😊😊 ◯

ESTOY CONTENTO/A 😊 ◯

NO ESTOY CONTENTO/A ☹ ◯

Puntos:
_____

¿Has escuchado en tus clases de español todos estos tipos de audiciones? Anota aquí tu comentario, en español o en tu idioma.

. . . .

. . . .

¡Muy importante!

- Lee despacio y con mucha atención toda la información que aparece en cada tarea, en los ítems, en las opciones de respuesta, etc., así te harás una idea mucho más clara de lo que vas a escuchar.

- Observa atentamente las imágenes que aparecen en algunas tareas porque van a permitir que comprendas mejor el contexto. Recuerda que entender el contexto en el que se produce la comunicación es el primer paso para una correcta comprensión e interpretación de esta.

- Prestar atención a estos aspectos supone un verdadero ejercicio de *prelistening* que te ayuda a predecir lo que vas a escuchar y, así, prepararte para realizar las tareas con éxito.

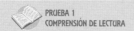 PRUEBA 1
COMPRENSIÓN DE LECTURA

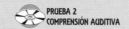 PRUEBA 2
COMPRENSIÓN AUDITIVA

PRUEBA 3
EXPRESIÓN E INTERACCIÓN ESCRITAS

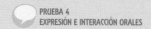 PRUEBA 4
EXPRESIÓN E INTERACCIÓN ORALES

Actividades sobre el Modelo n.º 2.

 **¡Atención!** En estas actividades nos vamos a centrar en las dificultades de escuchar y entender las audiciones.

Tarea 1.

a. ¿Cómo pueden ser los textos que se escuchan en la tarea 1? Selecciona la información de esta lista. Tienes que seleccionar más de un tipo.

a.	Conversaciones breves.	**f.**	De la radio o la televisión.	**k.**	Mensajes personales.
b.	Sobre viajes, planes para las vacaciones, etc.	**g.**	Monólogos breves.	**l.**	De distintos países de habla hispana.
c.	Noticias.	**h.**	Mensajes de megafonía.	**m.**	Conversaciones largas.
d.	Entrevistas.	**i.**	Anuncios publicitarios.	**n.**	Discusiones.
e.	En casa, en una tienda, en una escuela, etc.	**j.**	Sobre deportes, conciertos, concursos, etc.	**ñ.**	Sobre temas de la vida cotidiana.

Con esa información y con tu experiencia después de dos modelos de examen, haz una breve descripción **personal** de las audiciones de esta tarea. Escribe en español o en tu idioma.

....

....

b. En el examen es muy importante **identificar palabras** concretas. Aquí tienes una actividad para desarrollar esa habilidad.

 Pon dos veces la pista n.º 2. Escucha los diálogos de la tarea 1 del modelo de examen n.º 1 y completa los diálogos. Usa el botón de ⏸ *PAUSA* para escribir, si lo necesitas.

EJEMPLO

▶ *¡Hola, Francisco! ¿Qué tal? ¿Cómo han ido las navidades?*

▶ *Pues muy bien. Ha estado con nosotros mi* ___1___ *y… ¿a que no sabes qué me ha regalado?*

▶ *Supongo que un juego de* ___2___*, como te gustan tanto.*

▶ *Pues no, en realidad yo quería un libro.*

▶ *¡No me lo puedo creer! Pero si no te he visto nunca* ___3___*.*

▶ *¡Muchas gracias! Pues mira, sí que leo. Bueno, pues al final me regaló un* ___4___ *para la bicicleta.*

▶ *Vale, eso sí que me gusta.*

Continúa →

○○○ PRUEBA 1
COMPRENSIÓN DE LECTURA

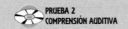 PRUEBA 2
COMPRENSIÓN AUDITIVA

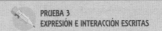 PRUEBA 3
EXPRESIÓN E INTERACCIÓN ESCRITAS

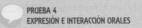 PRUEBA 4
EXPRESIÓN E INTERACCIÓN ORALES

CONVERSACIÓN 1

► *Oye. Luisa, ¿es verdad que vas a hacer un ___5___?*

► *Sí, en verano voy dos semanas a Berlín a mejorar mi alemán. ¿Y tú, que vas a hacer?*

► *Yo tengo en julio un ___6___, y el siguiente mes, iré a casa de mi ___7___ en el pueblo donde vive. Mis padres querían ir a la ___8___ como siempre, pero yo no tengo ganas.*

► *A mí también me gusta mucho la vida en los pueblos pequeños.*

► *Bueno, en verano está bien, hay muchas fiestas, pero en son muy aburridos.*

► *Sí, la verdad es que tienes razón.*

CONVERSACIÓN 2

► *Hola, Manuel. ¿Qué vas a comer hoy?*

► *He visto que de primero hay ensalada o ___9___, pero a mí no me gusta la verdura.*

► *¿Y de segundo?*

► *Parece que lo de siempre, ___10___. Yo voy a probar la sopa y de segundo, pescado.*

► *Pues, yo voy a pedir ensalada. Y de segundo también ___11___.*

► *¿Es que te has vuelto vegetariana?*

► *No, no. Es que el médico me ha recomendado que coma más ___12___ y menos carne.*

► *Vale, ahora lo entiendo.*

CONVERSACIÓN 3

► *Buenas tardes, ¿tienen el ___13___ de ayer?*

► *¿El de ayer? Pues lo siento, devolvemos todos los que sobran por la mañana temprano.*

► *Pues qué raro, porque mi hermano llamó para reservarlo, y como ayer no pudo venir, vengo yo ahora.*

► *Bueno, ya te digo, los ___14___ todos cuando traen los nuevos.*

► *Bueno, pues entonces me llevo otra cosa. Necesito un ___15___ de esos de...*

► *Lo siento, ya no vendemos cuadernos, antes sí, pero...*

► *¡Qué mala pata! Pues deme un paquete de ___16___, por favor.*

► *¿Esta marca está bien?*

► *Sí, es a es perfecta.*

CONVERSACIÓN 4

► *Lucas, ¿me has traído el libro de Literatura que te ___17___?*

► *Es que aún no he terminado de leerlo. Mañana te lo ___18___, ¿vale?*

► *Bueno, pero mañana mismo, que el examen es el lunes.*

► *Pues muchas gracias. Por cierto, ¿te puedo ___19___ otra cosa?*

► *Sí, claro.*

► *Es que el domingo vamos de excursión y ___20___. La mía está rota.*

► *Oye, pues qué pena, porque la mía se la llevó mi hermana a Londres.*

► *¿Tu hermana está en Londres? Qué suerte.*

► *Sí, va a estar una semana ___21___ para su trabajo.*

8 Pon dos veces la pista n.° 8. Escucha los diálogos de la tarea 1 de este modelo y completa los diálogos. Usa el botón de ⏸ *PAUSA* para escribir si lo necesitas.

TRANSCRIPCIÓN

⬤ **EJEMPLO**

▶ *¡Hola, Carlos. Oye, que mañana hemos quedado para ir a cenar a una ___22___ y luego al ___23___, ¿te apuntas?*

▶ *¿Qué vais a ver?*

▶ *Pues no lo sabemos aún.*

▶ *¿Y a qué hora es la peli?*

▶ *A eso de las ocho y media. Supongo que termina como a las diez.*

▶ *Es que a las siete tengo que ir a casa de mis ___24___ y no sé a qué hora acabaré.*

▶ *Qué pena. Bueno, ya quedaremos otro día, ¿vale?*

⬤ **CONVERSACIÓN 1**

▶ *Buenos días, ¿en qué puedo ayudarte?*

▶ *Vengo por la excursión del fin de semana que organiza el Instituto. Quería saber qué tengo que llevar.*

▶ *¿Ya te has apuntado? Porque lo primero es apuntarse.*

▶ *Sí, mi padre me apuntó ayer por teléfono.*

▶ *Vale, a ver la lista: botas de montaña, una ___25___, un jersey y un impermeable por si llueve, que no creo, algo de comida... y la ___26___.*

▶ *¿Tengo que llevar ___27___ o algo para orientarnos?*

▶ *No, es suficiente con el móvil, porque los monitores conocen bien el camino.*

⬤ **CONVERSACIÓN 2**

▶ *Yo este fin de semana he quedado para jugar al ___28___ con unos amigos.*

▶ *¿Todo el fin de semana?*

▶ *Bueno, no, solo el sábado. El domingo me tengo que quedar en casa, el lunes tenemos examen de historia, ¿recuerdas?*

▶ *Si quieres me acerco por tu casa después de comer y ___29___ juntos.*

▶ *Ah, pues ___30___.*

⬤ **CONVERSACIÓN 3**

▶ *Buenas tardes, ¿en qué puedo ayudarle?*

▶ *Quería información sobre una peli. No recuerdo el título, sé que es de ___31___.*

▶ *Bueno, ahora mismo hay tres de ese tipo, a ver: Dinosaurios, Duelo de planetas y la tercera es La música de tu vida.*

▶ *Creo que es la primera, ¿sabe de qué va?*

▶ *Pues yo no la he visto, pero parece que está teniendo mucho ___32___.*

▶ *Vale, pues esa. Deme dos ___33___.*

▶ *¿Para qué función?*

▶ *Para ahora, para ahora mismo.*

⬤ **CONVERSACIÓN 4**

▶ *Lucía, ¿sabes dónde estuve el domingo?*

▶ *Pues en ___34___ estudiando como siempre, me imagino.*

▶ *Pues te equivocas, fui con Luis al ___35___ Colón.*

▶ *¿En serio? ¿Y qué tal estuvo? Yo no pude ir.*

▶ *Increíble, de verdad, había muchísimo ambiente y ___36___ todos los temas del último disco.*

▶ *¡No me digas! Qué pena que no pude ir.*

▶ *Tranquila, te he comprado el disco, es un regalo sorpresa.*

▶ *Eh, qué guay. Muchas gracias, eres un sol.*

Modelo de examen n.° 2

 PRUEBA 1
COMPRENSIÓN DE LECTURA

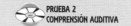 PRUEBA 2
COMPRENSIÓN AUDITIVA

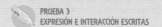 PRUEBA 3
EXPRESIÓN E INTERACCIÓN ESCRITAS

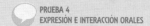 PRUEBA 4
EXPRESIÓN E INTERACCIÓN ORALES

c. Escribe junto a las imágenes del modelo n.º 1 y del modelo n.º 2 las palabras que has anotado en la actividad anterior. ¿Ves la relación entre las palabras **clave** y las imágenes?

MODELO N.º 1

0.

1.

2.

3.

4.

MODELO N.º 2

0.

1.

2.

3.

4.

Escribir las palabras junto a las fotografías antes de escuchar los diálogos: ¡Qué buena idea! **Inténtalo en el próximo modelo de examen.**

Tarea 2.

a. ¿Cómo son los textos de la tarea 2? Selecciona la información. Tienes que marcar más de un aspecto.

a.	Entrevistas	f.	Anuncios publicitarios	k.	Consejos
b.	Sobre viajes, planes para las vacaciones, etc.	g.	Monólogos breves	l.	De distintos países de habla hispana.
c.	Sobre temas de la vida cotidiana	h.	Sobre exámenes, cursos, bibliotecas, etc.	m.	En una tienda, en una escuela, etc.
d.	Discusiones fuertes	i.	De la radio o la televisión.	n.	Mensajes personales
e.	Conversaciones largas	j.	De megafonía	ñ.	Noticias

Con esa información y con tu experiencia, escribe en tu idioma una breve descripción **personal** de las audiciones de esta tarea.

Muestra tu texto a la persona que te ayuda a preparar el examen.

b. Completa la transcripción de algunos mensajes del modelo n.º 1.

 Escucha los mensajes de la tarea 2 (🕐 Min. 14:30). Usa el botón de ⏸ *PAUSA* para escribir si lo necesitas.

◉ **MENSAJE 0**

Atención. El próximo ____1____ de esquí acuático del puerto de Barcelona comienza el ____2____ de la próxima semana y no el lunes. El monitor ha sufrido un ligero accidente y le sustituye la monitora Carmen. Los participantes deben llegar media hora antes para cambiarse.

◉ **MENSAJE 1**

Campaña de concienciación por el medioambiente. Los alumnos de este instituto pedimos a todos los ____3____ que usen papel ____4____ en los exámenes. Pedimos también que no se fume en los pasillos que dan al patio. Gracias por la colaboración de todos los profesores.

◉ **MENSAJE 2**

El centro comercial El Cortijo invita a todos los clientes que ahora mismo estén en los pasillos, a sumarse a la fiesta de apertura de la ____5____ La Tahona, en la planta tercera, local 37. Se ofrece café y ____6____ gratis, y productos de bollería a mitad de precio.

◉ **MENSAJE 3**

Si está de visita en la ciudad y necesita un ____7____ limpio y práctico, la empresa de alquiler Las Ruedas le ofrece la solución: ____8____ para dos viajeros. Tiene el ancho justo del carril bici y puede transportar sus compras. El alquiler incluye seguro y candado. Llámenos ya mismo.

Continúa →

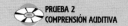

○○○   PRUEBA 1   PRUEBA 2   PRUEBA 3   PRUEBA 4
      COMPRENSIÓN DE LECTURA   COMPRENSIÓN AUDITIVA   EXPRESIÓN E INTERACCIÓN ESCRITAS   EXPRESIÓN E INTERACCIÓN ORALES

◗ MENSAJE 4

El restaurante La Olla *ofrece a sus clientes los mejores platos* ____9____ *con ingredientes de nuestros campos: carne, patatas, cebollas y en general verdura de primera calidad. Disfrute con nosotros de la comida de toda la vida, la de nuestros padres y nuestros abuelos. El* ____10____ *de la tradición.*

c. Completa la transcripción de la tarea 2 del modelo n.º 2 con una de las palabras propuestas en cada caso.

◗ MENSAJE 0

Pizzagrande te trae la nueva Ibérica: una selección del mejor jamón ibérico, sobre una exquisita masa recién horneada, *1. acompañada / lavado / cortado de finas rodajas de tomate natural y un toque de aceite de oliva. Sabor y 2. cantidad / tradición / volumen unidos en una Pizzagrande. Nueva Pizzagrande ibérica, tan nuestra y tan de todos. Pizzagrande, el secreto está en la pizza.*

◗ MENSAJE 1

¡Vivan los novios!... ¿Y los novios? ¿Pero dónde está todo el mundo? En el 3. aniversario / estreno / apertura de Tiendamás. Porque hay un 15% de descuento en todo el marisco fresco. Y 10% en todos los jamones ibéricos por pieza. Además, sorteamos 29 4. juguetes / coches / casas marca Ford. Por algo todo el mundo viene al 5. aniversario / estreno / apertura de Tiendamás.

◗ MENSAJE 2

En el centro comercial El Aljarafe, a cinco kilómetros de Sevilla, está la nueva academia de 6. facultad / instrumentos / música Castañuelas. Si quieres aprender a bailar sevillanas, visítanos y te informaremos. No necesitas saber bailar bien o tocar ningún instrumento. Te ofrecemos prácticas con música en vivo. Entra en nuestra página web www.castañuelas.com y elige tu 7. vestido / horario / zapatos.

◗ MENSAJE 3

Ay, las estrellas, el mar, tú y la chica de tus sueños en un barco, la noche perfecta para declararte, menos por un pequeño detalle: qué lástima lo del iceberg, ¿no? Hay oportunidades que no son tan buenas 8. como parecen / todos los días / siempre: las de Mundomueble, 9. no / a veces / sí. Llévate las últimas mesas, sillas y sofás a precios increíbles. Solo hasta el 22 de enero. Más información en Mundomueble punto es.

◗ MENSAJE 4

Cambia tu forma de hacer planes. 10. Descarga / Compra / Planea gratis Citas 2.0 en tu móvil y sáltate las colas en conciertos y festivales. Descubre los mejores planes de 11. viajes / ocio / vacaciones de tu ciudad, los mejores conciertos, fiestas, películas, restaurantes y lugares para pasarlo bien. Sin esperas, sin imprimir nada y a precios de risa. Citas 2.0.

🔊 **8** Pon dos veces la pista n.° 8. Escucha los mensajes de la tarea 2 (🕐 Min. 14:02) y comprueba.

¿Qué habilidad desarrollas en las actividades b. y c.? Anota aquí tu comentario, en español o en tu idioma

Tarea 3.

a. ¿Qué tipo de textos hay en la tarea 3? Selecciona la información.

a.	Conversaciones largas.	**f.**	De la radio o la televisión.	**k.**	Mensajes personales.
b.	Sobre viajes, planes para las vacaciones, etc.	**g.**	Conversaciones de más de dos personas.	**l.**	De distintos países de habla hispana.
c.	Noticias.	**h.**	De megafonía.	**m.**	Monólogos breves.
d.	Entrevistas.	**i.**	Anuncios publicitarios.	**n.**	Discusiones.
e.	En una tienda, en una plaza, en el cine, en la calle, etc.	**j.**	Sobre política, arte, historia, filosofía, ciencia, etc.	**ñ.**	Sobre temas de la vida cotidiana.

Haz una breve descripción **personal** como en las otras tareas. Escribe en español o en tu idioma.

....

....

b. ¿Cómo se responde en un diálogo? Completa la transcripción con una de las dos reacciones propuestas en cada caso.

---

1. –Sí, hola, buenos días. Yo es que quería apuntarme al curso ese que empieza hoy de informática. ¿Quedan plazas?
  a) –Pues, aunque ya es un poco tarde, has tenido suerte: aún hay tres plazas.
  b) –Pues, aunque ya es un poco caro, has tenido suerte: tiene un descuento especial para estudiantes.

---

2. –Qué bien, porque un primo mío también quería apuntarse, lo vamos a hacer juntos, y quería apuntarle a él también, ¿sabe? ¿Hay que pagar algo?
  a) –A ver, hay dos opciones. Podrías hacerlo por las mañanas de 8 a 10 o por las tardes de 6 a 8. Por las tardes hay más gente.
  b) –A ver, hay dos opciones. Tendríais que pagar veintitrés euros cada uno si hacéis solo un curso, pero si hacéis tres, os sale a quince cada curso. Es que en realidad son tres cursos seguidos.

---

3. –Ya, pero solo nos interesa el primero, porque luego nos vamos de viaje. Y otra cosa, ¿tenemos derecho a usar la sala de ordenadores cuando queramos?
  –¡Claro! El curso incluye también el uso de la sala multimedia. Solo necesitáis inscribiros y os darán un nombre de usuario y una contraseña.
  a) –¡Qué bien! Entonces creo que voy a apuntarme ahora mismo. ¿Estos son los formularios?
  b) –¡Qué pena! Entonces creo que vamos a pensarlo y mañana le digo qué hemos decidido, ¿está bien?

---

4. –¡Se me olvidaba! Tienes que ingresar primero el pago en el banco, pero yo te anoto en esta lista de reserva de plaza. Si quieres, también anoto a tu primo.
  a) –Ah, estupendo. Ella se llama Lourdes Sans y yo me llamo Terencio Simancas.
  b) –Ah, estupendo. Yo me llamo Lourdes Sans y mi primo se llama Terencio Simancas.

–Vale, pues ya está. Cuando traigas el recibo del banco, hacemos la inscripción definitiva. El curso empieza el lunes.

 Pista n.° 8. Escucha el diálogo (Min. 23:56) y comprueba.

Modelo de examen n.° 2

 PRUEBA 1
COMPRENSIÓN DE LECTURA

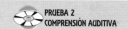 PRUEBA 2
COMPRENSIÓN AUDITIVA

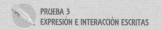 PRUEBA 3
EXPRESIÓN E INTERACCIÓN ESCRITAS

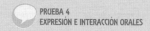 PRUEBA 4
EXPRESIÓN E INTERACCIÓN ORALES

c. ¿Qué diferencias hay entre el diálogo del modelo 1 (página 31) y este diálogo? Márcalas aquí.

	CONVERSACIÓN DE LA TAREA 3	MODELO 1	MODELO 2
1	a) Las personas se conocen.		
	b) Las personas no se conocen.		
2	a) Una persona quiere informaciones concretas para un fin.		
	b) Las personas quieren solo compartir información.		
3	a) La situación es más formal.		
	b) La situación es más informal.		
4	a) El vocabulario es más general.		
	b) El vocabulario tiene palabras especiales.		

Conocer esas diferencias, ¿te ayuda a hacer bien la tarea? Anota aquí tu comentario, en español o en tu idioma.

Tarea 4.

a. ¿Qué tipo de textos hay en la tarea 4? Selecciona la información.

a.	Noticias.	**f.**	De la radio o la televisión.	**k.**	Mensajes personales.
b.	Sobre viajes, planes para las vacaciones, etc.	**g.**	Monólogos breves.	**l.**	De distintos países de habla hispana.
c.	Sobre deportes, conciertos, concursos, cine, etc.	**h.**	Con datos muy concretos: lugares, fechas, horas, etc.	**m.**	Sobre temas de la vida cotidiana.
d.	Entrevistas.	**i.**	Anuncios publicitarios.	**n.**	Con mucha información.
e.	En casa, en una tienda, en una escuela, etc.	**j.**	Sobre política, filosofía, técnica, ciencia, etc.	**ñ.**	Conversaciones breves.

Haz tu propia descripción de las audiciones de esta tarea. Escribe en español o en tu idioma.

b. En esta tarea es muy importante **identificar información** concreta.

 Pista n.° 2. Escucha dos noticias del modelo 1 (🕐 Min. 28:05) y completa los textos. Usa el botón de ⏸ *PAUSA* si lo necesitas.

🔵 NOTICIA 1

La Facultad de Periodismo de la Universidad de Murcia convoca el primer concurso de fotografía juvenil. Pueden participar jóvenes de entre ___1___. Todos deben vivir y estudiar en Murcia capital. El tema del concurso son las asociaciones de vecinos y ciudadanos: sus locales, sus acciones públicas, sus participantes. Hay que presentar un grupo de ___2___ con textos explicativos. El objetivo del concurso es que los estudiantes conozcan la realidad social de la capital y sus alrededores. Los participantes deben completar una inscripción con sus ___3___ y añadir una autorización de los padres. Los trabajos se tienen que enviar por correo postal en un sobre cerrado al departamento de prensa de la Facultad de Periodismo o por correo electrónico a <u>concurso_foto_joven@fperiodismo.org</u>. ___4___ de los ganadores se publicarán en el periódico digital La Mancomunidad, y las fotografías se expondrán en la sala de exposiciones del Ayuntamiento a partir de ___5___. Más datos en la página web de la Facultad de Periodismo y del Ayuntamiento de Murcia.

🔵 NOTICIA 2

La embajada de España en Santiago de Chile va a organizar ___6___ un Festival de cine joven con películas de tema juvenil procedentes de España y varios países de Latinoamérica, entre ellos Chile, Argentina y Perú. Diferentes colegios han confirmado ya su asistencia, con lo que está asegurado el completo en las sesiones del ___7___, donde se va a celebrar el festival, que será presentado por el Ministro de Cultura y por el embajador de España en el país. Entre las películas que se proyectarán, hay ___8___ antiguas ya pero de tema muy actual, "El Bola", película española, y Machuca, filme chileno. Las dos serán comentadas por sus respectivos directores con el objetivo de que los ___9___ al festival aprendan más sobre el mundo del cine. Además, se organizará un debate sobre los temas de cada una de ellas, y se podrán hacer comparaciones. Las entradas y todas las actividades que se van a organizar son ___10___. Para inscribirse, es necesario rellenar un formulario en la web: <u>www.festivalcinejovensantiago.org</u>.

 Pista n.° 8. Escucha dos noticias del modelo 2 (🕐 Min. 29:05) y completa los textos. Usa el botón de ⏸ *PAUSA* si lo necesitas.

🔵 NOTICIA 1

Noticias de el Real Madrid. El Real Madrid anunció que va a fichar al jugador noruego Martin Odegaard, a sus ___11___ una brillante promesa del fútbol europeo. Medios de comunicación españoles informan que el club blanco pagará cerca de 3,5 millones de dólares al equipo noruego. Lo han comparado con el argentino Leo Messi, es zurdo, mide ___12___ y jugó por primera vez con la selección de Noruega a los ___13___. Hablará con los periodistas este miércoles. También el miércoles se va a presentar el concurso literario "No soy galáctico, soy de Móstoles", ciudad de donde procede el portero del Real Madrid ___14___. Se trata de escribir el mejor cuento dirigido a niños de ___15___, y debe tratar sobre la infancia y la adolescencia en Móstoles de esta figura del deporte nacional, sobre su pasión por el deporte y sus valores de solidaridad, cooperación y compañerismo. El concurso lo organiza el ___16___.

🔵 NOTICIA 2

Junto a 1800 adolescentes culminó hoy la Liga de Deportes 2015. La Liga reunió hoy a quienes durante el año participaron de actividades deportivas en equipo como básquet, vóley, balonmano, hockey y fútbol femenino y masculino. Lo organizó el Programa Adolescencia de la ciudad de ___17___ y se realizó en el Parque Roca. La primera jornada de la Liga Deportiva se había realizado el ___18___ y la segunda el ___19___; en cada oportunidad, los equipos disputaron tres partidos por jornada, en los que sumaron puntos por su buen comportamiento, su juego limpio y su puntualidad, siempre con la supervisión de ___20___ y asistentes de planillas, como los que cuentan las ligas juveniles de clubes. En esta tercera y última fecha, luego de completar los partidos del torneo, se realizó la entrega de premios: ___21___ para cada uno de los jugadores de los equipos vencedores. También recibieron menciones las instituciones que ayudaron a los equipos a conseguir su excelente resultado.

c. ¿Qué tipo de información tienes que entender de estas noticias? Anota aquí tu comentario, en español o en tu idioma.

Modelo de examen n.° 2

Prueba 3: Expresión e Interacción escritas

● ● ● ● ● **Antes de empezar la prueba de** Expresión e Interacción escritas.

Aquí tienes una lista de tipos de textos que quizá tienes que escribir en el examen.

biografía	correo electrónico	entrada de un blog	mensaje de foro
carta	composición	entrada de diario	muro de red social

Y aquí tienes 6 fragmentos de textos. Léelos y anota qué tipo de texto son. Añade además a qué tarea crees que corresponden, a la 1 o a la 2.

	FRAGMENTOS DEL TEXTO	TIPO DE TEXTO	TAREA
1	Nació en Barcelona (España) y jugó en el FC Barcelona, un equipo muy bueno de su ciudad. Cuando tenía más o menos veinte años se fue a vivir a los Estados Unidos para jugar en la NBA, la mejor liga del mundo. Allí se hizo mucho más famoso cuando empezó a jugar en los *Lakers* de Los Ángeles.		
2	Valencia, 26 de agosto de 2015 Querido Carlos: Muchas gracias por tu invitación…		
3	De: eva_mueller@post.at Para: bibliotecapublica@municipiosancarlos.cl Estimados Señores: He estado esta mañana en la biblioteca y me ha gustado mucho, pero…		
4	Normalmente voy al cine los sábados por la tarde, pero no voy todos los sábados. Este mes, por ejemplo, he ido solo una vez con varios compañeros de clase. A veces voy también con mis padres y mis hermanos.		
5	Hoy ha sido un día muy intenso. Hemos llegado esta mañana a las once y nos hemos ido directamente al hotel. Después…		
6	Por fin un nuevo disco de este fantástico grupo. Hace mucho tiempo que lo estaba esperando. Ahora espero que pronto vengan a dar conciertos por todo el país.		

ℹ ¿Es importante conocer todos esos tipos de texto? ¿Es importante escribir el tipo de texto que dice la instrucción del examen? Anota aquí tu comentario, en español o en tu idioma.

....

....

Antes de seguir, mira la respuesta en la **página 111**.

¡Ya puedes empezar esta prueba!

Prueba 3: Expresión e Interacción escritas

Consejo:
Antes de escribir, piensa bien cómo vas a responder.

La prueba de **Expresión e Interacción escritas** tiene **2 tareas.**

• • • • • 🕐 La prueba dura **50 minutos.** Pon el reloj al principio de cada tarea.

Haz tus tareas únicamente en la **Hoja de respuestas.**

Tarea 1

INSTRUCCIONES

Una amiga que juega en el mismo equipo que tú te ha escrito para pedirte ayuda. Lee el correo y contéstale.

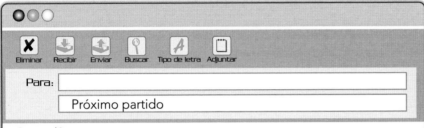

X Eliminar **Recibir** **Enviar** **Buscar** **Tipo de letra** **Adjuntar**

Para:

Próximo partido

¿Qué tal?

Te escribo desde casa porque tengo fiebre y no voy a ir al entrenamiento. ¿Sabes ya qué equipo jugará el domingo? Bueno, ahora no puedo hablar, pero mándame un mensaje y me dices cuándo te llamo.

Espero estar bien dentro de unos días, ¡tengo muchas ganas de volver! Me gustaría jugar el partido contigo.

Bueno, contéstame cuando puedas.

Un abrazo,

Alicia.

En tu respuesta, no olvides:

– saludar;

– preguntarle cómo está;

– contestar a su pregunta;

– desearle una pronta mejoría;

– despedirte.

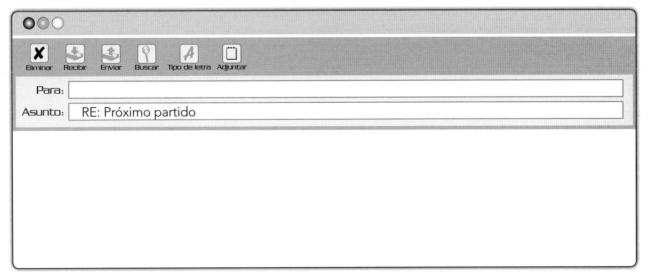

X Eliminar **Recibir** **Enviar** **Buscar** **Tipo de letra** **Adjuntar**

Para:

Asunto: RE: Próximo partido

Número recomendado de palabras: **entre 60 y 70.**

 Para esta tarea he necesitado: _____ **min.**

Tarea 2

INSTRUCCIONES

Elige solo una de las dos opciones que se te ofrecen a continuación.

Consejo: **Lee bien las dos opciones antes de elegir una.**

OPCIÓN 1

Lee el siguiente mensaje publicado en un periódico *online*.

> Si lo desea, puede enviarnos un mensaje para hablarnos de sus gustos cinematográficos.

Escribe un texto en el que cuentes:

– cuándo sueles ir al cine y con quién;

– el tipo de cine que te gusta;

– la última película que has visto, si te gustó y por qué;

– si prefieres ir al cine o ver las películas en casa y por qué.

OPCIÓN 2

En la revista de tu colegio quieren publicar un número especial sobre los mejores amigos. Han decidido dar un premio a las diez mejores composiciones.

Redacta un texto para concurso en el que cuentes:

– quién es tu mejor amigo o amiga y cómo lo conociste;

– por qué piensas que es un buen amigo;

– cómo es esa persona;

– si se parece a otra persona que conoces;

– alguna anécdota con él o ella que recuerdes.

ENVIAR

Número recomendado de palabras: **entre 110 y 130.**

 ● ● ● ● ● **Para esta tarea he necesitado:** _____ **min.**

Control de progreso

Lee otra vez despacio tus textos. Marca con un ✔. Anota la opción seleccionada en la tarea 2.

¿Qué tal la prueba 3 de este examen?	Tarea 1	Tarea 2 Opción
🕐 Tiempo que has necesitado para cada tarea.		
Número de palabras de tu texto.		
Uso los tiempos del pasado con seguridad.		
Sé cuándo tengo que usar el subjuntivo.		
Utilizo las perífrasis verbales que conozco.		
Uso correctamente los verbos *ser* y *estar*.		
Uso correctamente las preposiciones *por* y *para*.		
Respeto las reglas de la ortografía.		
He revisado la ortografía.		
Tengo problemas con la gramática.		
He escrito una primera versión.		
He revisado el orden de las palabras.		
Tu impresión: dificultad de la tarea (de 1 a 5).		

¿Cómo te sientes después de esta prueba? Marca con una ✗.

ESTOY MUY CONTENTO/A ☺☺
ESTOY CONTENTO/A ☺
NO ESTOY CONTENTO/A ☹

¿Cuáles son tus errores más habituales? Anota aquí tu comentario, en español o en tu idioma.

¡Muy importante!

- Para planificar correctamente una redacción, antes de nada debes pensar bien lo que vas a escribir: tema, situación, personas o personajes, etc.

- Una buena idea para empezar, cuando ya sabes qué quieres contar, es pensar en palabras relacionadas con el tema, con la situación, con la personas o personajes... con todo lo que decides que va a formar parte de tu texto. Anota todas estas palabras clave para no olvidarlas en el momento de la redacción.

- Ordena las ideas, es muy importante tener una estructura clara para escribir con facilidad y darle un sentido global a tu redacción.

- Un esquema sencillo de tu plan te va a facilitar mucho el trabajo; para tener un esquema muy completo basta con hacerte estas preguntas: *¿Qué ocurre? ¿A quién le ocurre? ¿Dónde ocurre? ¿Cuándo ocurre? ¿Cómo ocurre?*

   PRUEBA 1
COMPRENSIÓN DE LECTURA

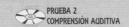   PRUEBA 2
COMPRENSIÓN AUDITIVA

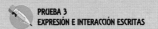   PRUEBA 3
EXPRESIÓN E INTERACCIÓN ESCRITAS

PRUEBA 4
EXPRESIÓN E INTERACCIÓN ORALES

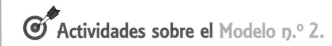 Actividades sobre el Modelo n.º 2.

¡Atención! En las actividades de este modelo de examen nos vamos a centrar en las características de los textos que debes escribir en esta prueba del examen:

Tarea 1.

a. Observa las palabras marcadas en el texto. ¿Son de registro **formal** o **informal**?

> Querido Carlos:
>
> Muchas gracias por tu invitación. Lo siento, pero no puedo ir a tu casa de la playa porque tengo que estudiar. Tengo el examen de Historia en septiembre. El examen es el 10 y el 12 es mi cumpleaños, así que voy a hacer una fiesta. ¿Te apetece venir? A mí me gustaría mucho. También vienen Ana, Juan y Lucía.
>
> Espero tu respuesta
>
> ¡Hasta pronto!
>
> Pedro

¿Sabes qué es el
registro **en un texto?**
**Busca en el diccionario
o pregunta a tu
profesor/a.**

¿Cuál es la principal dificultad de esta tarea? Anota aquí tu comentario, en español o en tu idioma.

....

....

A continuación tienes un texto parecido al anterior. Complétalo con las formas correctas.

> ....:
>
> Muchas gracias por .... Lo siento, pero no puedo ir a .... porque tengo mucho trabajo. Sin embargo, la semana que viene voy a comer en mi casa con algunos compañeros de la oficina.
> ¿.................................?
>
> Espero ....
>
> ....
>
> Pedro

Ahora observa los verbos del texto de la página 111. Marca todos los verbos. ¿Qué forma verbal es más frecuente en el texto? ¿Indicativo o subjuntivo? ¿Por qué? Escribe aquí tu comentario en español o en tu idioma.

....

....

Modelo de examen n.º 2

 PRUEBA 1
COMPRENSIÓN DE LECTURA

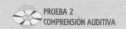 PRUEBA 2
COMPRENSIÓN AUDITIVA

PRUEBA 3
EXPRESIÓN E INTERACCIÓN ESCRITAS

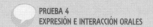 PRUEBA 4
EXPRESIÓN E INTERACCIÓN ORALES

b. Marca si las siguientes expresiones son formales o informales.

	FORMAL	INFORMAL
1. *Estimado Alberto:*		
2. *Dime si quieres que nos veamos.*		
3. *Un cordial saludo.*		
4. *Necesito la información enseguida, por eso les agradecería que me contesten hoy o mañana. Muchas gracias.*		
5. *Le deseo que se recupere pronto y que vuelva usted pronto a la escuela.*		
6. *Hola, Carlos:*		
7. *Muchos besos.*		
8. *Muchas gracias por tu invitación.*		

c. Aquí tienes tipos de textos posibles. Indica el tipo de registro (formal o informal) y el tiempo verbal principal (presente, pasado o futuro) para cada uno de ellos.

TIPOS DE TEXTOS	Registro		Tiempo verbal principal		
	FORMAL	INFORMAL	PRESENTE	PASADO	FUTURO
1. Correo electrónico a un amigo para contarle tus últimas vacaciones.					
2. Postal a una profesora que está enferma en su casa.					
3. Composición escolar sobre los mejores momentos de tu infancia.					
4. Entrada en el blog de una revista científica para decir cómo afectará el cambio climático al planeta.					
5. Biografía de tu deportista favorito.					
6. Carta a un periódico para pedir más películas para jóvenes en el cine del barrio.					
7. Mensaje de texto a un hermano para ofrecerle ayuda.					

¿Cuáles son más probables en esta prueba del examen? Anota aquí tu comentario en español o en tu idioma.

Tarea 2.

a. Aquí tienes la tarea 2 (opción 1) del modelo de examen n.º 2. Observa la relación entre las preguntas y los tiempos verbales.

	Tiempos principales
La edición en línea de un periódico está haciendo una encuesta sobre las películas favoritas de los jóvenes y han pedido a los lectores que colaboren contando su experiencia: Escribe tu opinión y no olvides: • contar cuándo sueles ir al cine y con quién; • comentar el tipo de cine que te gusta y poner ejemplos; • hablar de la última película que has visto, si te gustó y por qué; • explicar si prefieres ir al cine o ver las películas en casa y por qué.	Presente Pasado

Además de los verbos en el tiempo principal puedes encontrar otros tiempos verbales.

Ahora encuentra los verbos de cada parte del siguiente texto:

○ TEXTOS	Verbos principales	Otros verbos
1. *Normalmente voy al cine los sábados por la tarde, pero no voy todos los sábados. Este mes, por ejemplo, he ido solo una vez con varios compañeros de clase. A veces voy también con mis padres y mis hermanos.*		
2. *Las películas que me gustan más son las de aventuras, como* El Señor de los Anillos *o* Harry Potter. *Me encanta cuando al protagonista le pasan muchas cosas sorprendentes.*		
3. *La última vez que fui al cine vi una película muy divertida. Su protagonista era una chica de trece años que tenía muy mala suerte y le ocurrían cosas graciosas. Me gustó bastante porque me reí mucho.*		
4. *Algunas veces veo las películas en casa con mi familia, pero prefiero ir al cine porque se ve más grande y se oye mejor.*		

b. Compara este texto con el de la página 111. ¿Qué diferencia hay entre los dos? ¿Cuál está más ordenado? Fíjate en las palabras marcadas.

Mi mejor amiga se llama Laura. La conozco porque es mi vecina y vive en el segundo piso de mi edificio. Creo que es mi mejor amiga porque me ayuda cuando tengo problemas. Por ejemplo, el año pasado me rompí una pierna y no podía ir al colegio, por eso ella venía todas las tardes a mi casa a estar conmigo. Leíamos un poco o veíamos una película y hablábamos de nuestras cosas.

Laura es un año mayor que yo, es muy simpática y saca buenas notas. Además, le gusta jugar al baloncesto y ver películas románticas. Se parece mucho a mi prima Berta, que también es muy alta y practica ese deporte.

El sábado se olvidó las llaves y entonces tuvo que esperar a sus padres en mi casa.

Modelo de examen n.º 2

PRUEBA 1
COMPRENSIÓN DE LECTURA

PRUEBA 2
COMPRENSIÓN AUDITIVA

PRUEBA 3
EXPRESIÓN E INTERACCIÓN ESCRITAS

PRUEBA 4
EXPRESIÓN E INTERACCIÓN ORALES

c. Vamos a ver algunas palabras y expresiones que nos sirven para **ordenar la información** de un texto. Las siguientes sirven para empezar una lista, para continuarla o para terminarla. Clasifícalas correctamente. Añade luego otras que tú conozcas.

> además • al final • después • en primer lugar • luego • para empezar • para finalizar • para terminar • por otra parte • por otro lado • por último • primero • también

EMPEZAR	CONTINUAR	TERMINAR

Ahora ordena el siguiente texto. Escribe tu respuesta al final de la tabla.

A	Por último, el 20 de agosto me fui a hacer un curso de inglés a Irlanda con mis compañeros de clase. Me lo pasé muy bien y aprendí mucho.
B	También fui con ellos al cine el sábado por la tarde a ver una película de acción.
C	Las últimas vacaciones fueron las mejores de mi vida porque hice muchas actividades interesantes con mi familia.
D	Luego volvimos a Barcelona porque mi padre tenía que trabajar, pero vinieron mis primos a visitarnos esa semana y fui con ellos a la playa casi todos los días.
E	Primero fuimos en avión hasta Santiago de Compostela y visitamos a mi abuela Carmen, que vive allí desde hace diez años.
Tu orden:	

¿Es importante el orden de la información en un texto para la puntuación de la tarea? ¿Es más importante que el vocabulario o la gramática? Escribe aquí tu comentario en español o en tu idioma.

¡Muy importante!

Prueba 4: Expresión e Interacción orales

● ● ● ● ● **Antes de empezar la prueba de** Expresión e Interacción orales.

En esta tabla hay 12 fragmentos de examen. Tienes que escribir a qué tarea pertenece cada fragmento.

Aquí tienes de nuevo la dirección del examen:

Instituto Cervantes: https://examenes.cervantes.es/sites/default/files/2.10.2.3_dele_a2b1escolares_modelo_0.pdf

	FRAGMENTOS	TAREA 1	TAREA 2	TAREA 3	TAREA 4
1.	Tendrás que hablar durante dos o tres minutos.				
2.	¿De qué crees que están hablando?				
3.	¿Por qué te parecía un buen profesor?				
4.	Habla con él siguiendo estas indicaciones.				
5.	¿Cuáles son tus asignaturas favoritas?				
6.	¿Cuál sería el horario de clase y cuántas vacaciones al año tendría?				
7.	Describe con detalle, durante uno o dos minutos, lo que ves…				
8.	Diálogo en una situación simulada.				
9.	No olvides justificar tus opiniones y sentimientos.				
10.	¿En qué país te gustaría pasar una semana?				
11.	¿Cómo son las personas que aparecen…?				
12.	Durante la conversación con tu nuevo compañero debes…				

Fuente: Instituto Cervantes.

❗ Observa las siguientes viñetas para entender bien cómo funciona la preparación. Concéntrate en las viñetas e imagina que tú eres ese chico. ¿Cómo te sientes en esa situación?

¡Ya puedes empezar esta prueba!

Prueba 4: Expresión e Interacción orales

• • • • • ⏱ Tienes **12 minutos** para preparar las tareas 1 y 3. Sigue todas las instrucciones.

 ¡Atención!

Recuerda que durante el examen no puedes usar diccionarios ni ningún dispositivo electrónico.

Tarea 1

 Consejo. Prepárate tomando notas y usándolas como el día del examen.

• • • • • ⏱ Tienes que hablar de **1 a 2 minutos**. El entrevistador no habla en esta parte de la prueba.

INSTRUCCIONES

Describe con detalle, durante uno o dos minutos, lo que ves en la foto. Estos son algunos aspectos que puedes comentar:

– ¿Cómo son las personas que aparecen en la fotografía? Describe a alguna de ellas: el físico, el carácter que crees que tiene, la ropa que lleva…

– ¿Dónde están esas personas? ¿Cómo es ese lugar? ¿Qué objetos hay?

– ¿Qué relación crees que hay entre estas personas? ¿Por qué?

– ¿Qué están haciendo? ¿De qué crees que están hablando?

– ¿Qué crees que va a pasar luego? ¿Qué van a hacer después?

Tarea 3

● ● ● ● ● 🕐 Tienes que hablar de **2 a 3 minutos**. El entrevistador no habla en esta parte de la prueba.

UNA CELEBRACIÓN PARA RECORDAR

– *A continuación tienes un tema y unas instrucciones para realizar una exposición oral.*

– *Tendrás que hablar durante dos o tres minutos. Al final, el profesor te hará unas preguntas sobre el tema.*

INSTRUCCIONES

Habla de una celebración especial con tu familia que recuerdes de manera especial.

● *Incluye información sobre:*

– *qué día fue, el motivo de la celebración y cuánto tiempo duró;*

– *con quién estabas y qué hicisteis;*

– *cómo lo pasaste y por qué fue especial;*

– *si repetirías una celebración así y por qué;*

– *qué otra cosa te gustaría celebrar con tu familia y por qué.*

● *No olvides:*

– *diferenciar las partes de tu exposición: comienzo, desarrollo y final;*

– *ordenar y relacionar bien las ideas;*

– *justificar tus opiniones y sentimientos.*

● ● ● ● ● 🕐 **¿Cuánto tiempo has necesitado para la preparación? Anótalo aquí:** _____ **min.**

LA ENTREVISTA

 Consejo. Para hacer esta tarea es bueno tener la ayuda de tu profesor, un hispanohablante o simplemente un compañero de clase. No olvides que las tareas 3 y 4 **no las preparas**, es decir, tienes que leer las instrucciones, escuchar las preguntas e improvisar.

Observa esta viñeta. Escribe quién es quién. Pon tu nombre en el espacio del candidato.

Entrevistador es el n.º .....

Candidato: ....

El candidato es el n.º .....

Evaluador el n.º .....

 ¡Atención! Ya sabes que en El Cronómetro. *Examen A2-B1 para escolares* puedes escuchar preguntas como las que hace el entrevistador. En el examen, las preguntas se adaptan al diálogo, el entrevistador no las tiene preparadas. Para no ponerte nervioso, piensa que el entrevistador es una persona conocida.

Tarea 1

● ● ● ● ● 🕐 *Recuerda que la tarea dura de **1 a 2 minutos**.*

💿 *Pon la pista n.º 9. Escucha las instrucciones y las preguntas, y comienza luego la descripción de la fotografía.*
9

🎤 ***Graba** tu descripción.*

Tarea 2

INSTRUCCIONES

Un compañero de clase va a pasar un fin de semana contigo y con tu familia. El fin de semana que viene irás tú a su casa. El examinador es tu compañero de clase. Habla con él siguiendo estas indicaciones.

CANDIDATO

Durante la conversación con tu compañero debes:

　　– *informarle sobre tu barrio: la distancia, el transporte, las diversiones;*

　　– *explicarle cómo es tu familia y tu casa, y preguntarle por las suyas;*

　　– *darle consejos e información sobre la vida en tu casa;*

　　– *explicarle qué haces normalmente los fines de semana.*

● ● ● ● ● 🕐 *Recuerda que la tarea dura de **2 a 3 minutos**.*

💿 *Pon la pista n.º 10. Escucha las instrucciones y las preguntas, y responde.*
10

🎤 ***Graba** tus respuestas.*

Tarea 3

● ● ● ● ● *Recuerda que la tarea dura de **2 a 3 minutos**.*

 Pon la pista n.º 11. Escucha las instrucciones y haz tu presentación.
11

 Graba *tu presentación.*

Tarea 4

● ● ● ● ● *Recuerda que la tarea dura de **2 a 3 minutos**.*

 Pon la pista n.º 12. Escucha las instrucciones y las preguntas, y responde.
12

 Graba *tus respuestas.*

> **Recuerda que en el examen escuchas las preguntas del entrevistador, no las lees.**

▶ **Entrevistador:** *Terminamos la tarea 3. Gracias por tu presentación. Ahora, en la tarea 4, te voy a hacer algunas preguntas sobre ese tema, ¿de acuerdo?*

▶ **Candidato:** ...

▶ E: *¿Te gustan las fiestas en general? ¿Y las comidas familiares?*

▶ C: ...

▶ E: *¿En qué ocasiones has celebrado algo con tu familia?*

▶ C: ...

▶ E: *¿Has estado alguna vez en una fiesta sin tus padres? ¿Cómo fue? ¿Te gustó?*

▶ C: ...

▶ E: *¿Prefieres la celebraciones con tu familia o con los amigos? ¿Por qué?*

▶ C: ...

▶ E: *¿Has ido alguna vez a una boda? ¿Y a una fiesta de cumpleaños?*

▶ C: ...

▶ E: *¿Has invitado alguna vez a alguien a una fiesta? Si no lo has hecho, ¿te gustaría? ¿Por qué?*

▶ C: ...

▶ E: *¿Has celebrado alguna vez una fiesta en casa con amigos? ¿Cuándo? ¿Cuál era el motivo?*

▶ C: ...

▶ E: *¿Qué es lo que más te gusta y lo que menos te gusta de las fiestas?*

▶ C: ...

▶ E: *¿Te gusta bailar? ¿Bailas en las fiestas?*

▶ C: ...

▶ E: *¿Se celebra en tu país el día del santo? ¿Y la mayoría de edad? ¿Hay en tu país alguna celebración especial?*

▶ C: ...

▶ E: *Pues... esto es todo. La prueba ha terminado. Muchas gracias por participar en el examen y mucha suerte.*

Control de progreso

🔊 Escucha tus respuestas en cada prueba. Marca con un ✔.

Modelo de examen n.º 2

¿Qué tal la prueba 4 de este examen?	Tarea 1	Tarea 2	Tarea 3	Tarea 4
🕐 Tiempo de preparación.				
Soy capaz de hablar con pequeñas frases sencillas.				
Utilizo conectores como *es que, por eso, además, y, pero, porque*.				
Hablo sin dificultad de temas cotidianos.				
Pido aclaraciones al entrevistador cuando no entiendo.				
Mantengo la conversación sin problemas.				
Entiendo las instrucciones.				
Entiendo las preguntas del entrevistador.				
Puedo añadir informaciones apropiadas a mis respuestas.				
Tengo problemas con la gramática.				
Tengo problemas con el vocabulario.				
Me parece fácil.				
Me parece difícil.				
Tu impresión: dificultad de la tarea (de 1 a 5).				

¿Cómo te sientes después de esta prueba? Marca con una ✗.

ESTOY MUY CONTENTO/A ☺☺ ⬚
ESTOY CONTENTO/A ☺ ⬚
NO ESTOY CONTENTO/A ☹ ⬚

¿Qué temas pueden aparecer en la prueba oral del DELE A2-B1 para escolares? ¿Cómo puedes prepararte para hablar de ellos? Anota aquí tu comentario, en español o en tu idioma.

....
....
....
....
....
....
....

Consejo:
Es mejor practicar todos los días un poco que mucho durante pocos días.

PRUEBA 1
COMPRENSIÓN DE LECTURA

PRUEBA 2
COMPRENSIÓN AUDITIVA

PRUEBA 3
EXPRESIÓN E INTERACCIÓN ESCRITAS

PRUEBA 4
EXPRESIÓN E INTERACCIÓN ORALES

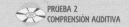 **Actividades sobre el** Modelo n.º 2.

Tarea 1.

a. Relaciona las imágenes con los temas de abajo. ¿Son todos temas posibles de la tarea 1 de esta prueba?

A. Medios de transporte   B. Compras   C. Deportes   D. Tiempo libre   E. La familia

b. Estas son algunas frases que han preparado unos candidatos para responder a las preguntas de la tarea 1 del modelo 2 (página 120). Marca cuáles son buenas frases para el diálogo *Sí*, y cuáles *No*.

● ● ● ● ● ● 🕐 *Tiempo de preparación,* **8 minutos.**

⚠ **Importante.** Recuerda que en el examen no puedes leer las frases.

◑ EL CANDIDATO...	sí	no
1. ¿Cómo son las personas que aparecen en la fotografía? Describe a alguna de ellas: el físico, el carácter que crees que tiene, la ropa que lleva…		
a) parece simpático		
b) yo también desayuno zumo		
c) muchos platos encima de la mesa		
d) una camisa blanca		
2. ¿Dónde están las personas? ¿Cómo es ese lugar? ¿Qué objetos hay?		
a) ¡Buenos días!		
b) tenedor y cuchillo		
c) platos con comida		
d) cuarto de baño		
3. ¿Qué relación crees que hay entre las personas? ¿Por qué?		
a) Porque son muy rubios		
b) Porque están desayunando juntos		
c) El hombre y la mujer están casados		
d) Son una familia		
4. ¿Qué están haciendo? ¿De qué crees que están hablando?		
a) están cenando		
b) de lo que van a hacer hoy		
c) están desayunando		
d) le está diciendo que no quiere acostarse todavía		

Continúa →

Modelo de examen n.º 2

PRUEBA 1
COMPRENSIÓN DE LECTURA

PRUEBA 2
COMPRENSIÓN AUDITIVA

PRUEBA 3
EXPRESIÓN E INTERACCIÓN ESCRITAS

PRUEBA 4
EXPRESIÓN E INTERACCIÓN ORALES

EL CANDIDATO... sí no

5. ¿Qué crees que va a pasar luego? ¿Qué van a hacer después?

   a) pagar e irse a casa

   b) recoger la mesa

   c) irse al colegio o al trabajo

   d) pedir la cuenta

Elige la mejor frase para cada grupo de preguntas.

c. Los calificadores evaluarán si en las diferentes tareas das suficiente información. ¿Qué significa eso? Marca si estás de acuerdo con estas explicaciones.

sí no

1. Hablar de todas las personas que aparecen en la fotografía.

2. Hablar de todos los objetos que aparecen en la imagen.

3. Dar la respuesta que espera el entrevistador.

4. Responder a todas las preguntas.

5. Responder algo que no se pregunta.

Y otro importante
consejo: **si te atreves,
lleva tú la** iniciativa.

Ahora escucha la grabación de tu descripción y evalúa si has dado suficiente información o podías decir más cosas de la familia de la fotografía (página 120).

Tarea 2.

a. Aquí tienes situaciones posibles para la tarea 2. Relaciona las situaciones y las preguntas.

1. Gracias a un programa de intercambio, vas a vivir un mes con una familia española en Madrid y un estudiante español va a vivir en tu casa. El examinador es el estudiante español.

A. Durante la conversación debes:
   - explicarle cómo es el barrio;
   - ofrecerte para enseñarle algunos lugares.

2. Acabas de llegar a un colegio nuevo de otra ciudad y tienes que explicarle a un profesor algunas cosas. El examinador es el nuevo profesor.

B. Durante la conversación debes:
   - explicarle las diferencias entre comer en casa y comer en el colegio;
   - decirle a qué hora es la comida.

3. Hay un chico nuevo que vive cerca de tu casa y debes ayudarle a conocer tu barrio. El examinador es ese chico.

C. Durante la conversación debes:
   - explicarle cómo es tu familia y tu casa;
   - preguntar por su casa y su familia.

4. Un programa de radio ha ido a tu colegio para entrevistar a varios alumnos sobre lo que comen normalmente en casa y en el comedor escolar. El examinador es el periodista.

D. Durante la conversación debes:
   - explicarle qué haces en tu tiempo libre, qué juegos conoces y con quién juegas;
   - proponer juegos que te gustaría aprender.

5. Tu colegio quiere organizar un club de tiempo libre y un profesor está recogiendo información sobre las preferencias de los alumnos. El examinador es ese profesor.

Durante la conversación debes:
E. - explicarle cómo era tu colegio anterior;
   - informarle de las asignaturas que tenías.

Fuente: ⌁⌁ Instituto Cervantes.

 b. Fíjate en algunas posibles preguntas del entrevistador. Relaciónalas con las instrucciones de la tarea, colócalas en el espacio correcto de la tabla.

🔟 **Pon la** pista n.° 10. Usa el botón de ⏸ *PAUSA* si lo necesitas.

1. ¿Y el sábado nos tenemos que levantar temprano?
2. Sabes cómo funciona la tarea, ¿verdad?
3. ¿Y voy a dormir en tu habitación o tenéis una habitación de invitados?
4. ¿Y qué podemos hacer el viernes por la tarde?
5. ¿Qué autobús tengo que coger?
6. Yo soy un amigo tuyo y voy a tu casa este fin de semana, ¿de acuerdo?
7. ¿Y haces algo especial con tu familia?

> Recuerda que en el examen escuchas las preguntas del entrevistador, no las lees.

🔵 PREGUNTAS DE INTRO-DUCCIÓN A LA TAREA	🔵 INFORMARLE SOBRE TU BARRIO	🔵 DARLE CONSEJOS E INFORMACIÓN SOBRE LA VIDA EN TU CASA	🔵 EXPLICARLE QUÉ HACES NORMALMENTE LOS FINES DE SEMANA

c. Aquí tienes las respuestas de un candidato. Relaciona cada respuesta con su pregunta.

● TEXTO CON ERRORES ● TEXTO CON ERRORES ●

🔵 **CANDIDATO**

A. *Sí, los fines de semana normalmente pasamos mucho juntos y montamos en bici o damos un paseo para el parque.*

B. *Sí, gracias. Todo claro.*

C. *Podemos ir en el cine, hay una película que me gustaría ver.*

D. *No, si queremos nos podemos levantar tarde, pero si nos levantamos pronto tendremos más tiempo libre después. Por ejemplo, si queremos ir por la mañana al polideportivo a jugar al baloncesto o al centro comercial, es mejor volver de casa a las diez o diez y media.*

E. *Vamos a dormir en mi habitación, que tiene dos cámaras.*

F. *Sí, de acuerdo, he entendido bien.*

G. *Puedes coger el 12 pero o también la línea 2 de la metro.*

Ha cometido **6 errores**. Localízalos y corrígelos.

○○○ 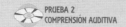 PRUEBA 1
COMPRENSIÓN DE LECTURA

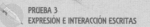 PRUEBA 2
COMPRENSIÓN AUDITIVA

PRUEBA 3
EXPRESIÓN E INTERACCIÓN ESCRITAS

PRUEBA 4
EXPRESIÓN E INTERACCIÓN ORALES

Tarea 3.

a. Mira el esquema que ha preparado un candidato para responder la tarea 3 de este modelo de examen.

• • • • • 🕐 *Tiempo de preparación, **4 minutos**.*

> Una celebración especial con familia
>
> - Día, por qué, cuánto > el 25 de marzo, 7º cumpleaños, algunas horas
>
> - con quién, qué hicimos > muchos amigos, hamburguesería
>
> - cómo, por qué fue especial > cena con amigos colegio y familia, era la 1ª vez
>
> - repetir sí o no? pq? No, mucha gente, ahora gustan otras cosas
>
> - q otra cosa con familia? Pq? Siempre celebramos aniversario padres, pq gusta.

¿Te parece que es un buen esquema para el diálogo? ¿Puedes decir cuáles son las preguntas de la tarea mirando el esquema? Anota aquí tus comentarios en español o en tu idioma.

....

....

b. Fíjate ahora en las instrucciones de tarea 3 de dos modelos diferentes. Hemos marcado algunas palabras.

Cuenta cómo sería para ti la excursión ideal. - dónde irías y por qué; - en qué medio de transporte irías y por qué; - cómo sería el lugar visitado; - cuál sería el horario de la excursión y cuánto tiempo duraría; - qué compañeros y profesores irían y por qué.	*Habla de una celebración especial con tu familia que recuerdas de manera especial.* - qué día fue, el motivo de la celebración y cuánto tiempo duró; - con quién estabas y por qué; - cómo lo pasaste y por qué fue especial; - si repetirías una celebración así y por qué; - qué otra cosa te gustaría celebrar con tu familia y por qué.

¿Qué información nos dan sobre el monólogo que debe desarrollar el candidato? Escribe aquí tu comentario en español o en tu idioma.

....

....

Tarea 4.

a. En la tarea 4 el entrevistador te hace preguntas sobre el mismo tema de la tarea 3. En este modelo de examen son fiestas, es decir actividades que se hacen para divertirse, sin un motivo concreto, solo para estar con la familia y los amigos y pasarlo bien, y celebraciones que tienen un motivo concreto (dos personas se casan, es Navidad, etc.). Ahora escucha las preguntas del entrevistador y escribe todas las palabras relacionadas con el tema.

12 **Pon la pista n.° 12,** anota a continuación las palabras.

....

....

b. ¿Conoces más palabras sobre fiestas en español? ¿Hay palabras de tu idioma que no conozcas en español? Búscalas en el diccionario.

....

....

¡Atención! En el examen no puedes usar diccionarios. Tienes que aprender a hacer este tipo de preparación sin el diccionario.

c. Mira la transcripción de algunas preguntas del entrevistador y elige cuál de las dos respuestas responde la pregunta.

◐ EL CANDIDATO...

1. ¿En qué ocasiones has celebrado algo con tu familia?
    a) Hace un año la última vez y también cuando era pequeño.
    b) En el cumpleaños de mi abuelo y en Navidad.

2. ¿Has ido alguna vez a una boda? ¿Y a una fiesta de cumpleaños?
    a) A una boda no, pero este año he celebrado mi cumpleaños.
    b) A la boda de mis tíos y al cumpleaños de mi mejor amigo.

3. ¿Has invitado a alguien alguna vez a una fiesta?
    a) Le dije a mis primos que vinieran a la fiesta de fin de curso de mi colegio.
    b) Fui a las fiestas de mi barrio porque me lo dijeron mis vecinos.

4. ¿Has celebrado alguna vez una fiesta en casa con amigos?
    a) Sí, con mis compañeros del equipo en casa del capitán.
    b) No, porque mis padres no me dejan.

PRUEBA 1
COMPRENSIÓN DE LECTURA

PRUEBA 2
COMPRENSIÓN AUDITIVA

PRUEBA 3
EXPRESIÓN E INTERACCIÓN ESCRITAS

PRUEBA 4
EXPRESIÓN E INTERACCIÓN ORALES

¡Muy importante!

- Una práctica que, con toda seguridad, te ayudará a mejorar la expresión oral es resumir verbalmente los textos y redacciones que escribes cuando preparas la prueba de expresión escrita. Así aprovechas mejor tu esfuerzo, el mismo texto que redactas para mejorar tu escritura te sirve ahora para mejorar también tu expresión oral.

- De la misma manera, los contenidos del material que usas para trabajar la comprensión auditiva: series, radio, audiolibros, etc., resúmelos también oralmente; para ello, imagina que se lo estás contando a un amigo.

- Recuerda que es muy importante grabar siempre todos los ejercicios de expresión oral, así luego los puedes escuchar y analizar mejor. Además, la preparación de esta prueba te resultará mucho más divertida.

- Si lees en voz alta cuando preparas la prueba de comprensión lectora del examen, vas a ganar confianza y perder el miedo a hablar en español. Una vez más, al trabajar una prueba te beneficias indirectamente también en otra.

- Otra forma de entrenar tu mente para pensar en español y tener ahí listas las palabras del idioma cuando las necesitas es, por ejemplo, cuando vas por la calle o en el autobús escolar, traducir mentalmente al español los anuncios de publicidad que ves, los rótulos de las tiendas y de los escaparates... todo. Para los números, que en cifras altas resultan siempre difíciles, lee las matrículas de los coches. Material para practicar no te va a faltar...

DELE A2-B1
para escolares

Modelo de examen n.° 3

 PRUEBA 1. COMPRENSIÓN DE LECTURA   50 min.

 PRUEBA 2. COMPRENSIÓN AUDITIVA   30 min.

 PRUEBA 3. EXPRESIÓN E INTERACCIÓN ESCRITAS   50 min.

 PRUEBA 4. EXPRESIÓN E INTERACCIÓN ORALES   12 min.

Comentarios, consejos y actividades sobre este modelo de examen.

Las actividades de este modelo de examen n.° 3 se centran en **la dificultad de las tareas** de las pruebas de examen: las instrucciones, las preguntas, el tiempo disponible, etc.

Es muy importante en este modelo medir bien el 🕐 **tiempo.**

● ● ● ● ● **Antes de empezar la prueba de** Comprensión de lectura.

¿De qué tareas son estos fragmentos de instrucciones y preguntas? Marca con ✔. Algunos fragmentos son de más de una tarea.

FRAGMENTOS DE INSTRUCCIONES Y PREGUNTAS	TAREA 1	TAREA 2	TAREA 3	TAREA 4
1. Lee el texto y rellena los huecos (19-25) con la opción correcta (A / B / C).				
2. Después, debes contestar a las preguntas (13-18). Selecciona la respuesta correcta (A / B / C).				
3. Dura 50 minutos.				
4. Vas a leer seis textos en los que unos jóvenes dicen lo que buscan y diez anuncios de una revista de su ciudad.				
5. Me gustaría asistir a algún curso de trabajos manuales.				
6. Vas a leer un texto sobre la escritora Elvira Lindo y su personaje Manolito Gafotas.				
7. Relaciona las preguntas (7-12) con los textos (A / B / C).				
8. HAY TRES TEXTOS QUE NO DEBES RELACIONAR.				
9. ¿Quién se encontró mal durante el viaje?				
10. En el texto se dice que Elvira Lindo ha actuado en algunas obras de teatro.				
11. **24.** A) desea B) lucha C) sueña				
12. Marca tus opciones únicamente en la **Hoja de respuestas**.				

Fuente: ➕ Instituto Cervantes.

¿Qué son **palabras clave** en relación con las tareas del examen? Escribe tu comentario (en español o en tu idioma).

. . . .

. . . .

❗ ¡Atención! En la página 140 tienes algunos comentarios útiles.

Consejo:
Traduce las instrucciones a tu idioma para entenderlas mejor.

¡Ya puedes empezar esta prueba!

Prueba 1: Comprensión de lectura

La prueba de **Comprensión de lectura** tiene cuatro tareas. Tienes que responder a **25 preguntas**.

● ● ● ● ● 🕐 La prueba dura **50 minutos**. Pon el reloj al principio de cada tarea.

Marca tus opciones únicamente en la **Hoja de respuestas**.

Tarea 1

Marca las palabras importantes en los textos de los jóvenes y en los anuncios.

INSTRUCCIONES

Vas a leer seis textos en los que unos jóvenes expresan sus gustos sobre lecturas y diez descripciones de libros para jóvenes. Relaciona a los jóvenes (1-6) con las descripciones (A-J). HAY TRES TEXTOS QUE NO DEBES RELACIONAR.

Marca las opciones elegidas en la Hoja de respuestas.

	PERSONA	TEXTO
0.	DANIEL	J
1.	ROSA	
2.	ADRIANA	
3.	LUCAS	
4.	FERNANDO	
5.	SUSANA	
6.	BLANCA	

0.
DANIEL

Busco un libro que esté lleno de aventuras y animales fantásticos. Me interesa mucho el continente asiático y la descripción de la vida en esos países.

1.
ROSA

Los libros con enigmas me encantan. Me interesa también la historia. Lo que más me interesa es el mundo del Antiguo Egipto.

2.
ADRIANA

Todo lo que tenga que ver con África me interesa. Lo más importante es que la protagonista de la aventura sea una chica. ¡Estoy harta de chicos que resuelven misterios!

3.
LUCAS

Hay algunos libros en los que yo, como lector, tengo que resolver el enigma. Estos libros me gustan mucho. Si hay magia y fantasía, me gustan todavía más.

4.
FERNANDO

Quiero leer un libro que hable sobre un niño como yo, que vive en una gran ciudad y no tiene dinero para irse de vacaciones. Tiene que tener algún misterio.

5.
SUSANA

Me interesa la historia de España. La época de los árabes me parece fascinante. Seguro que hay historias llenas de aventuras fascinantes.

6.
BLANCA

Para mí la amistad es muy importante. Por eso me gustan todos los libros que cuentan historias de amistad. Otra cosa que me gusta mucho es viajar.

Continúa →

DESCRIPCIONES DE LIBROS

A	*Viaje al corazón de la selva* es una aventura apasionante. Papá Mongó y su querido mono Yayi viajan por África para encontrar una maravillosa medicina para Ekimbe, su nieto, que está enfermo en Madrid. Con este libro tienes la oportunidad de descubrir una parte del corazón del continente africano.
B	*El mensaje secreto* es un cuento de aventuras. Rafael es un niño que nunca ha visto el mar y que siempre ha querido pasar las vacaciones de verano en la playa. Él descubrirá pronto que la ciudad es interesante también en esa temporada. Ladrones, palabras extrañas y perros crearán un misterio muy difícil de resolver.
C	*El encuentro.* Este libro trata sobre las huellas que la Guerra Civil dejó en España. El protagonista, el hijo de unos exiliados en Rusia, debe volver al país de sus antepasados para encontrarse con una figura del pasado. El lenguaje coloquial, la historia reciente y el misterio interesarán al lector que recorrerá con el protagonista las hermosas calles de una ciudad andaluza.
D	*S de safari* es una divertida aventura en un país africano. Daniela viaja a Sudáfrica para ver a su tío, que es veterinario en una reserva natural. Alguien está matando a los elefantes y Daniela quiere resolver el misterio. La novela pertenece a una colección de atractivos cuentos de diferentes títulos destinados al aprendizaje del español.
E	*Alejo y su pandilla.* Alejo tiene 12 años cuando comienza una nueva vida en Madrid. Es nuevo en el instituto, pero al cabo de poco tiempo conoce a un grupo de chicos y chicas y se hacen inseparables. A lo largo de los títulos de la colección les ocurrirán diversas aventuras y viajarán por diferentes países de Hispanoamérica.
F	*El secreto de la pirámide.* Esta increíble aventura transcurre en el Antiguo Egipto, una de las civilizaciones más misteriosas que han existido en la Historia. El lector tendrá que resolver el misterio, pero Laila, Álex y Guiomar le ayudarán a descubrir algunos secretos de ese mundo fabuloso.
G	*El castillo alfabético* narra la historia de Marina, una chica que desea ayudar a unos amigos a escapar de un fantástico castillo lleno de letras misteriosas. Un castillo maravilloso, un gato marroquí, un misterio con difícil solución son los elementos que cobran protagonismo en esta historia. La aventura está en las letras, pero también en la imaginación del lector.
H	*Carta en una botella* es la historia que viven dos niños, Martín y Bernardo, en la que descubren la solución a un horrible problema que tuvieron las personas mayores de un pequeño pueblo de España. Animales que hablan, magia, palabras que nadie comprende, palacios antiguos. ¡Qué miedo! Tú también puedes ayudar a encontrar la salida a este enigma.
I	*Aula Mágica.* Un día, en clase de Historia, Peter lee la historia de Boabdil, el rey árabe, y sin saber cómo, de repente, se encuentra en Granada, un mundo exótico y diferente, lleno de lujo y color. En este mundo Peter se encuentra a Boabdil, y entre ellos surge una gran amistad y una gran aventura.
J	*Perla y Phuong, una aventura asiática.* Esta es una maravillosa historia de dos amigos en un fantástico país de Asia donde el agua es el mayor tesoro. Dos alegres chicos van a conocer animales que hablan, dragones terribles, espadas mágicas. Pronto descubren que la amistad es la principal fuerza positiva que soluciona todos los problemas.

Fuente: adaptado de *www.edinumen.es*

• • • • • 🕐 **Para esta tarea he necesitado:** _____ min.

Tarea 2

●●●●● 🕐 Pon otra vez el reloj.

PREGUNTAS		A. ARTURO	B. CARLA	C. BÁRBARA
7.	¿Quién estuvo en una fiesta del instituto?			
8.	¿Quién pasó un momento aburrido?			
9.	¿Quién bailó con sus canciones preferidas?			
10.	¿A quién le molestaron otros jóvenes?			
11.	¿Quién no estuvo en un local público?			
12.	¿Quién tuvo que pagar una entrada cara?			

¿Sabes lo que es la Nochevieja? ¿Conoces costumbres de la cultura española o de Latinoamérica?

	TEXTOS
A. **Arturo**	El año pasado salí por primera vez después de las doce campanadas, pasada la medianoche. Fui a una fiesta en casa de un amigo, Pedro. Éramos unos veinte. Lo pasamos en grande. Estuvimos bailando durante horas. Todo el mundo participó y nadie se quedó solo en una esquina. A eso de las dos de la mañana hubo un momento de aburrimiento porque todos estábamos cansados. ¡No estamos acostumbrados a acostarnos tan tarde! A las cinco nos despedimos. Como la fiesta era cerca, volví andando a casa con una chica, amiga de Pedro. Fuimos despacito y antes de despedirnos ya empezaba a amanecer. Fue lo más bonito.
B. **Carla**	Hace un año por Nochevieja fui a una discoteca con mis amigas. Éramos tres chicas de 16 años con ganas de pasárnoslo muy bien. Era la primera vez que íbamos a una discoteca. La Asociación de Antiguos Alumnos de nuestro colegio había alquilado la discoteca esa noche. La entrada era un poco cara pero incluía todas las bebidas y también algo para comer. La música estuvo muy bien. Pusieron algunas de mis canciones favoritas para bailar. Había mucha gente bastante mayor que nosotras, pero todo fue muy agradable. Finalmente, nos recogieron los padres de mi amiga Pilar y nos llevaron en coche a casa. ¡Eran solo las cuatro de la mañana cuando me metí en la cama!
C. **Bárbara**	Este año salí por vez primera de fiesta en Nochevieja. La fiesta fue en un local público, pero estaba reservado para los alumnos de mi instituto. Había tres cursos distintos, por eso también había chicos mayores de edad. Algunos de estos chicos bebieron demasiado y fue un poco desagradable verles hacer tonterías en la pista de baile; pero después se sentaron en la zona de sillones y no molestaron más. Lo que más me gustó fue volver a casa paseando tan tarde, o tan temprano por la mañana: no había casi nadie en la calle, había una luz suave y todo parecía nuevo y limpio.

Fuente: *www.miprimerafiesta.blogspot.com.es*

●●●●● 🕐 **Para esta tarea he necesitado:** _____ min.

● ● ● ● ● 🕐 Pon otra vez el reloj.

¿QUIÉN ES EDURNE?

Edurne Pasaban (Tolosa, Guipúzcoa, 1 de agosto de 1973) es la primera mujer en completar la ascensión de los 14 ochomiles de la tierra. Pero además de eso es licenciada en Ingeniería Industrial por la Universidad del País Vasco, Máster en Gestión de Recursos Humanos y profesora del Instituto de Empresa.

Cuando tenía 15 años empezó a escalar con su primo Asier (futuro compañero de cumbre en varios ochomiles). Un año después ascendía el Mont Blanc. Luego escaló en los Andes para, finalmente, enfrentarse a su primer reto en el Himalaya: el Dhaulagiri, a cuya cumbre intentó llegar en el 98.

En 2001 se incorpora a su primera expedición al Everest (8.848 m). Era una oportunidad única en la vida: escalar un pico de más de ocho mil metros es una experiencia que pocos montañeros consiguen hacer. En aquel momento Edurne, a sus 28 años, era una perfecta desconocida en el mundillo montañero. Pero cuando regresó a casa, volvió satisfecha de su logro.

En otoño de ese mismo año probó suerte de nuevo con el Dhaulagiri (2001). El día de cumbre, la montaña estaba en condiciones muy peligrosas y Edurne tomó la difícil decisión de no subir. Su amigo Pepe Garcés sí lo intentó, pero un resbalón durante el descenso le costaría la vida.

El K2 (8.611 metros) esperaba a Edurne en 2004. Solo unos metros más bajo que el Everest, está considera por muchos como uno de los picos más peligrosos del planeta.

Junto al equipo del programa *Al Filo de lo Imposible* de TVE se organizó una expedición con grandes medios y los mejores expertos en los picos del Himalaya del panorama nacional. Edurne, no obstante, no estaba del todo mentalizada... Además, se daba la triste circunstancia de que ninguna de las seis mujeres que lo habían escalado hasta ese momento estaba viva para contarlo.

El intenso frío durante el día de cumbre, la complicación de los últimos tramos y el tiempo que necesitaron para fijar las cuerdas, exprimieron su energía hasta la última gota. El descenso se convirtió para Edurne, exhausta y con los pies congelados, en una lucha al límite por la supervivencia. La aventura terminó en una larga y dolorosísima recuperación en el hospital, y dos dedos de los pies amputados.

La traumática experiencia llevó a Edurne a hacerse preguntas sobre su futuro. Incluso consideró la idea de dejar el montañismo. Descansó, viajó, y continuó con sus estudios. Cuando llegó a la cima del Nanga Parbat en el 2005, aún no tenía claro hacia dónde encaminar su carrera. "Volví a enviar solicitudes de trabajo en proyectos de ingeniería", recuerda la alpinista. "Sin embargo, al final me hice la pregunta clave: ¿Sería feliz trabajando como ingeniera el resto de mi vida? La respuesta fue que no".

Tras subir al Dhaulagiri, al Manaslu y al Kanchenjunga, la alpinista llega al Shisha Pangma. Allí, el 17 de mayo de 2010, gracias a su determinación, se convierte en la primera mujer de la historia en subir los 14 picos de más de ocho mil metros del planeta.

Adaptado de *www.edurnepasaban.com*

PREGUNTAS

13. Según el texto, Edurne Pasaban...

A) empezó a escalar en 1998.

B) ha escalado todas las montañas de Asia.

C) ha llegado a las cumbres más altas.

14. En el texto se dice que en 2001 Edurne Pasaban...

A) alcanzó su primera cumbre de más de ocho mil metros.

B) logró lo que muchos otros montañeros consiguen.

C) se hizo famosa con solo 28 años.

15. El texto también dice que ese mismo año subiendo al Dhaulagiri...

A) vio morir a un compañero.

B) no alcanzó la cumbre.

C) conoció a su marido, Pepe Garcés.

16. Según el texto, el ascenso al K2...

A) no lo ha hecho nunca una mujer.

B) lo logró Edurne a pesar del mal tiempo.

C) lo coordinó un equipo de televisión internacional.

17. El texto dice, con respecto al K2, que Edurne...

A) perdió dos dedos del pie tras el descenso del K2.

B) tuvo miedo de no poder ir al hospital.

C) se quedó congelada en lo alto de la montaña.

18. Según el texto, la traumática experiencia...

A) le dio fuerzas para alcanzar los 14 ochomiles.

B) la obligó a terminar su carrera de ingeniera.

C) le hizo pensar en su carrera como montaña.

● ● ● ● ● 🕐 **Para esta tarea he necesitado:** _____ **min.**

Tarea 4

● ● ● ● ● 🕐 Pon otra vez el reloj.

INSTRUCCIONES

Lee el texto y rellena los huecos (19 a 25) con la opción correcta (A/B/C).

Marca las opciones elegidas en la Hoja de respuestas.

LA NUEVA CANCIÓN INFANTIL

Mosquitas Muertas se llama el grupo musical de *rock* infantil chileno fundado en 2010 por Rodrigo Latorre, que es profesor de enseñanza primaria y secundaria.

Rodrigo Latorre notó la falta de repertorio musical adecuado a nuestros tiempos y a la realidad de nuestros niños. Un día escribió una canción que hablaba de los animales del _____19_____, y poco a poco creó otras que _____20_____ cosas de las profundidades del océano, del cuidado del planeta, de los abuelitos... Estas canciones se convirtieron en el 2004 en un disco en el que se mezclan el *rock*, el *jazz* y el folclore de los cinco continentes.

Este modesto proyecto pretende utilizar la música como medio de _____21_____ social: "Las capacidades de los niños no deben subestimarse. _____22_____ que seguir los ejemplos de las orquestas juveniles e infantiles en Venezuela" dice el cantante y compositor. _____23_____ sus canciones los niños pueden encontrar conte-

Continúa ➜

nidos relacionados con sus intereses y valores como la tolerancia, la integración de las diferencias raciales, étnicas y sociales; para Rodrigo Latorre _____24_____ importante que el niño valore su propia identidad.

Ahora que ya _____25_____ instalar su nombre en los medios nacionales, su próximo objetivo será crear una serie educativa por internet.

Fuente: texto adaptado de *http://voicesofyouth.org/es/*

19. A) selva	B) jardín	C) granja
20. A) contaba	B) contaron	C) contaban
21. A) producción	B) velocidad	C) transformación
22. A) deben	B) hay	C) es bueno
23. A) en	B) delante de	C) a
24. A) está	B) es	C) hay
25. A) ha llevado	B) ha conseguido	C) ha puesto

● ● ● ● ● 🕐 **Para esta tarea he necesitado:** _____ **min.**

Modelo de examen n.º 3

Control de progreso

Marca con un ✔.

¿Qué tal la prueba 1 de este examen?	Tarea 1	Tarea 2	Tarea 3	Tarea 4
🕐 Tiempo de cada tarea.				
Respuestas correctas.				
Aún no estoy habituado a este tipo de textos.				
He tenido menos problemas para diferenciar los anuncios.				
Me ha resultado difícil elegir las palabras clave.				
Empiezo a entender mejor los textos.				
No me ha desorientado tanto el tipo de preguntas.				
No he perdido tanto tiempo releyendo.				
He localizado mejor la información en el texto.				
Me parece fácil.				
Me parece difícil.				
Necesito más tiempo.				
Necesito mejorar.				
Tu impresión: dificultad de la tarea (de 1 a 5).				

¿Cómo te sientes después de esta prueba?
Marca con una ✗.

ESTOY MUY CONTENTO/A 😊😊 ☐

ESTOY CONTENTO/A 😊 ☐

NO ESTOY CONTENTO/A ☹ ☐

Puntos: _____

¡Muy importante!

- Lee muy despacio las preguntas, las opciones de respuesta y los ítems que tienen las diferentes tareas.

- Compara la información importante que has subrayado en cada texto con la que aparece en las opciones de respuesta para asegurarte de que dicen exactamente lo mismo.

- Elimina una a una, y solo si estás completamente seguro/a, las opciones de respuesta o los ítems que no se corresponden, así te asegurarás de haber hecho la elección correcta.

PRUEBA 1
COMPRENSIÓN DE LECTURA

PRUEBA 2
COMPRENSIÓN AUDITIVA

PRUEBA 3
EXPRESIÓN E INTERACCIÓN ESCRITAS

PRUEBA 4
EXPRESIÓN E INTERACCIÓN ORALES

Actividades sobre el Modelo n.º 3.

¡Atención! En las actividades de este modelo de examen nos vamos a centrar en las dificultades de las tareas de esta prueba.

Tarea 1.

a. Observa en los tipos de información que aparecen.

0. DANIEL Busco un libro que esté lleno de aventuras y animales fantásticos. Me interesa mucho el continente asiático y la descripción de la vida en esos países.

a) tema principal
b) tema secundario
c) detalles

Ahora compáralo con la reseña del libro del modelo de examen.

J. Perla y Phuong, una aventura asiática. Esta es una maravillosa historia de dos amigos en un fantástico país de Asia donde el agua es el mayor tesoro. Dos alegres chicos van a conocer animales que hablan, dragones terribles, espadas mágicas. Pronto descubren que la amistad es la principal fuerza positiva que soluciona todos los problemas.

a) tipo de libro
b) tema del libro
c) detalles

¿Cuáles son las **palabras clave** en ambos textos que te permiten identificar J como el libro ideal para Daniel? Anótalas aquí.

PALABRAS DEL TEXTO DE DANIEL

PALABRAS DE LA RESEÑA DEL LIBRO

b. Busca y marca ahora en los siguientes textos las palabras clave que se refieren a las ideas de la derecha. Añade una flecha que una cada fragmento seleccionado con su tema.

RESEÑAS

IDEAS

1. ROSA Los libros con enigmas me encantan. Me interesa también la historia. Lo que más me interesa es el mundo del Antiguo Egipto.

a) tipo de libro
b) tema del libro
c) detalles

2. ADRIANA Todo lo que tenga que ver con África me interesa. Lo más importante es que la protagonista de la aventura sea una chica. ¡Estoy harta de chicos que resuelven misterios!

a) tipo de libro
b) tema del libro
c) detalles

¿Aparecen estas palabras clave o sinónimos en las reseñas de los libros que les corresponden a Rosa y a Adriana? Búscalas en la página 136 y escríbelas aquí:

ROSA: ....

ADRIANA: ....

c. Escribe las ideas sobre las lecturas preferidas de estos jóvenes.

◗ RESEÑAS		◗ IDEAS

3. LUCAS

Hay algunos libros en los que yo, como lector, tengo que resolver el enigma. Estos libros me gustan mucho. Si hay magia y fantasía, me gustan todavía más.

a) ....
b) ....
c) ....

4. FERNANDO

Quiero leer un libro que hable sobre un niño como yo, que vive en una gran ciudad y no tiene dinero para irse de vacaciones. Tiene que tener algún misterio.

a) ....
b) ....
c) ....

5. SUSANA

Me interesa la historia de España. La época de los árabes me parece fascinante. Seguro que hay historias llenas de aventuras fascinantes.

a) ....
b) ....
c) ....

Compara las palabras clave que has seleccionado con las reseñas de los libros correspondientes. ¿Encuentras palabras similares? ¿Cuáles son las ideas que aparecen al mismo tiempo en la reseña y en los textos de Lucas, Fernando y Susana? Esas palabras permiten elegir la **opción correcta**. Escríbelas aquí:

LUCAS: ....

FERNANDO: ....

SUSANA: ....

PRUEBA 1
COMPRENSIÓN DE LECTURA

PRUEBA 2
COMPRENSIÓN AUDITIVA

PRUEBA 3
EXPRESIÓN E INTERACCIÓN ESCRITAS

PRUEBA 4
EXPRESIÓN E INTERACCIÓN ORALES

Tarea 2.

a. Aquí tienes una lista de preguntas y de posibles temas que pueden aparecer en la tarea 2 de esta prueba del examen. Relaciona preguntas y temas. Hay dos preguntas por tema y hay 6 temas para los que no hay preguntas.

PREGUNTAS

1. ¿A quién se le dan muy bien los idiomas?
2. ¿Quién ha cambiado de asociación para poder ser más efectivo en su comunidad?
3. ¿Para quiénes fueron difíciles los años de la escuela primaria?
4. ¿A quién no le dieron permiso para asistir a una fiesta en un local público?
5. ¿Quién trabaja en una asociación de vecinos?
6. ¿Quién no soportaba a su profesor de inglés?
7. ¿Quién tiene que ver una palabra escrita para poder memorizarla?
8. ¿Quién tuvo que interrumpir su viaje de fin de curso?
9. ¿A quién le sentó mal lo que bebió en la fiesta?
10. ¿Quién se puso enfermo durante el viaje?
11. ¿Para quién era un poco caro el coste del viaje?
12. ¿A quién le llovió todo el tiempo que estuvo en el extranjero?

TEMAS

A. Un viaje de fin de curso.
B. La fiesta de Nochevieja.
C. Cartas desde el lugar de las vacaciones.
D. Lugares donde se pueden comer cosas ricas.
E. Experiencias de gente que ayuda a los demás.
F. Experiencias con animales domésticos.
G. Malas experiencias durante un viaje.
H. Opciones profesionales después del estudio.
I. Experiencias en la universidad.
J. Anécdotas de la época escolar de primaria.
K. Biografías de actores infantiles.
L. Experiencias con el aprendizaje de idiomas.

b. Aquí tienes los seis temas de la actividad anterior que no tienen pregunta. A la derecha tienes preguntas, selecciona dos para cada tema de la izquierda. Identifica luego, de esas dos, la pregunta típica de esta tarea y la que no corresponde a la forma de las preguntas de la tarea 2.

TEMAS

A. Cartas desde el lugar de las vacaciones.

B. Lugares donde se pueden comer cosas ricas.

C. Experiencias con animales domésticos.

D. Opciones profesionales después del estudio.

E. Experiencias en la universidad.

F. Biografías de actores infantiles.

PREGUNTAS

1. ¿Quién se baña todos los días en la piscina?
2. ¿Cómo ha llegado a su destino?
3. ¿Siempre pide el mismo postre?
4. ¿Quién toma siempre el mismo postre?
5. ¿Dónde duerme el gato de Laura?
6. ¿Quién tiene un animal muy listo?
7. ¿Quién tuvo que trabajar y estudiar al mismo tiempo?
8. ¿En qué trabaja la persona que estudió Medicina?
9. ¿Cuándo empezó su segundo estudio?
10. ¿Para quién fue difícil el acceso a la universidad?
11. ¿Quién se ha mudado de país?
12. ¿Dónde vivía antes Leticia?

Comprueba la clave de la actividad y observa la forma de las preguntas que no son propias de esta tarea del examen y compáralas con las de los exámenes. ¿Por qué no son propias de esta tarea? Anota aquí tu comentario, en español o en tu idioma.

Tarea 3.

a. Observa la diferencia entre estas tres opciones de pregunta.

13. Según el texto Edurne Pasaban...

◉ OPCIONES DE LA PREGUNTA	◉ INFORMACIÓN PRINCIPAL
A. empezó a escalar en 1998.	Una fecha
B. ha escalado todas las montañas de Asia.	Un lugar.
C. ha llegado a las cumbres más altas.	

⚠ Comentario Las tres opciones tienen tiempos del pasado. La opción A tiene pretérito indefinido, sitúa la acción en un momento concreto, 1988, y las opciones B y C usan el pretérito perfecto porque hace referencia a toda la vida de la escaladora. Además, la A) pregunta por una fecha, y las otras dos por un lugar.

Observa este otro ejemplo.

18. Según el texto la traumática experiencia en el K2…

◉ OPCIONES DE LA PREGUNTA	◉ INFORMACIÓN PRINCIPAL
A. le dio fuerzas para alcanzar los 14 ochomiles.	Animar, estimular.
B. la obligó a terminar su carrera de ingeniera.	Ser necesario, tener que terminar.
C. le hizo reflexionar sobre su carrera como montañera.	Replantearse algo.

¿Es la misma diferencia que en la pregunta 13? Anota aquí tu comentario, en español o en tu idioma.

....

....

b. Ahora analiza tú las otras preguntas de este modelo de examen. Marca qué pregunta cada una.

⚠ ¡Atención! Es posible marcar los dos tipos.

> **Consejo.**
> **Antes de hacer esta actividad, lee la solución de la actividad** a.

	Pregunta por datos concretos: fechas, lugares, personas, etc.	Pregunta de compresión general del fragmento (vocabulario)
14.		
15.		
16.		
17.		

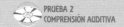 **PRUEBA 1**
COMPRENSIÓN DE LECTURA

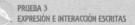 **PRUEBA 2**
COMPRENSIÓN AUDITIVA

PRUEBA 3
EXPRESIÓN E INTERACCIÓN ESCRITAS

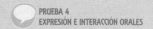 **PRUEBA 4**
EXPRESIÓN E INTERACCIÓN ORALES

c. Compara las opciones de las preguntas de la tarea 3 de los modelos 1 y 2 de este libro y escribe en esta tabla las opciones de cada tipo.

Tipo de pregunta 1: Pregunta por datos concretos: fechas, lugares, personas, etc.

Tipo de pregunta 2: Pregunta de compresión general del fragmento (vocabulario).

¡Es una diferencia muy importante!

 ¡Atención! Es posible marcar los dos tipos.

| Preguntas | Modelo 1 | | Modelo 2 | |
	Tipo de pregunta 1	Tipo de pregunta 2	Tipo de pregunta 1	Tipo de pregunta 2
13.				
14.				
15.				
16.				
17.				
18.				

Tarea 4.

¡Atención! En estas dos actividades vamos a trabajar los siguientes contenidos:

> Preposiciones, pronombres personales y relativos.

Recuerda que en la 🖥 **ELEteca** puedes descargar un apéndice con una lista de libros de Edinumen con actividades para trabajar esos contenidos gramaticales.

a. Lee el siguiente texto y rellena los huecos (19 a 25) con la opción correcta (A/B/C).

EL ESCRITOR HÉCTOR LUIS LEYVA

23 años, múltiples historias ——19—— su cabeza y una maleta cargada de sueños.

Galardonado recientemente con el premio Escaramujo 2013, Héctor Luis, el joven que se hizo escritor a pesar de apenas poder trazar de forma legible su nombre debido a una parálisis cerebral, escribe sobre estos temas, pero desde el humor. Tiene cuentos ——20—— niños con discapacidad, pero no lo trata desde el punto de vista lacri-mógeno del pobrecito que no es igual al resto; prefiere describirlo desde ——21—— juega con los muchachos del barrio ——22—— distinciones y a partir de ahí generar situaciones cómicas. El cuento Mi papá gallo aborda temas relacionados con el divorcio, el machismo y la violencia, en tanto la poesía La perla trata ——23—— el lirismo el tópico de la gratitud, pero ambos alejados del drama. También tiene una novelita sobre un piojo y el reto que representa para ——24—— ir de cabeza en cabeza. Es bastante humorística e irónica porque no se trata de ocultar ——25—— a los pequeños las problemáticas, sino saber abordar cada contenido sin causar un trauma y sin em-plear un lenguaje que no sea el de los niños.

Adaptado de *http://www.tregolam.com*

19.	a) entre	b) en	c) después de
20.	a) sobre	b) sin	c) en
21.	a) que	b) quien	c) cuantos
22.	a) para	b) por	c) sin
23.	a) hasta	b) enfrente de	c) desde
24.	a) mí	b) tí	c) él
25.	a) les	b) nos	c) los

b. Lee el siguiente texto y rellena los huecos (19 a 25) con la opción correcta (A/B/C).

PÉREZ REVERTE, PERIODISTA Y CREADOR DE *ALATRISTE*.

Arturo Pérez-Reverte (Cartagena, España, noviembre de 1951) se dedica ____19____ exclusiva a la literatura, ____20____ vivir 21 años (1973-1994) ____21____ reportero de prensa, radio y televisión, cubriendo informativamente los conflictos internacionales en ese periodo. Ha cubierto, ____22____ otros conflictos, la guerra de Chipre, la guerra del Sahara, la guerra de las Malvinas, la guerra de Angola, la crisis y guerra del Golfo (1990-91), la guerra de Croacia (1991) y la guerra de Bosnia (1992-93-94).

A finales de 1996 aparece la colección *Las aventuras del capitán Alatriste*, que desde su lanzamiento se convierte en una de las series literarias de mayor éxito. ____23____ ahora consta de siete títulos, que han alcanzado cifras de ventas fuera de ____24____ normal en la edición española. En 2016 Alfaguara ha reunido las siete novelas en el volumen *Todo Alatriste*. Hacía mucho tiempo que en el panorama novelístico no aparecía un personaje, como Diego Alatriste, que los lectores hicieran ____25____ y cuya continuidad reclaman. Un personaje como Sherlock Holmes, Marlowe, o como Hércules Poirot.

Adaptado de *www.perezreverte.com/biografia*

19.	a) por	b) a	c) en
20.	a) después	b) tras	c) ante
21.	a) cómo	b) quien	c) como
22.	a) entre	b) hasta	c) después
23.	a) para	b) por	c) a
24.	a) lo	b) la	c) le
25.	a) suya	b) suyo	c) de ellos

Modelo de examen n.º 3

Prueba 2: Comprensión auditiva

● ● ● ● ● **Antes de empezar la prueba de** Comprensión auditiva.

¿De qué tareas son estos fragmentos de instrucciones y preguntas? Marca con ✔. Algunos fragmentos son de más de una tarea. Todos los fragmentos son del examen del Instituto Cervantes.

FRAGMENTOS DE INSTRUCCIONES Y PREGUNTAS	TAREA 1	TAREA 2	TAREA 3	TAREA 4
1. Vas a escuchar tres noticias de radio. Después debes contestar a las preguntas (20-25).				
2. Indica si los enunciados (14-19) se refieren a Ana (A), a Pedro (B) o a ninguno de los dos (C).				
3. Selecciona la opción correcta (A/B/C).				
4. Vas a escuchar siete conversaciones. Escucharás cada conversación dos veces.				
5. 1. ¿Para qué han quedado Marta y Pierre el sábado?				
6. ● ● ● ● ● 🕐 Ahora tienes **25 segundos** para leer…				
7. Hay diez enunciados, incluido el ejemplo. Selecciona seis.				
8. 5. ¿En qué lugar tiene que estar Carlos a las nueve? A) En el aeropuerto. B) En el hotel de su hermana. C) En casa de sus padres.				
9. A. Se puede tocar con profesionales.				
10. 14. Ha explicado por qué no ha sido puntual.				
11. 20. Según la audición, el grupo Maná… A) dará trece conciertos en España. B) lleva dos años sin tocar en directo. C) va a presentar su nuevo trabajo en Murcia.				
12. Marca tus opciones únicamente en la Hoja de respuestas.				

Fuente: ⫢ Instituto Cervantes.

Ya sabes qué son **palabras clave** (página 140). **¿Existen también en esta prueba? ¿Cómo las puedes reconocer?** Escribe tu comentario (en español o en tu idioma).

. . . .

. . . .

❢ **¡Atención!** En las páginas 154 y 155 tienes algunos comentarios útiles.

❢ **Consejo.** Traduce las instrucciones a tu idioma para entenderlas mejor.

¡Ya puedes empezar esta prueba!

La prueba de **Comprensión auditiva** tiene cuatro tareas. Debes responder a **25 preguntas**.

● ● ● ● ● 🕐 La prueba dura **30 minutos**.

Marca tus opciones únicamente en la **Hoja de respuestas**.

¿Sabes qué significa "profe"?

Pon **la pista n.° 13**. No uses el botón de ❚❚ *PAUSA* en ningún momento.
13 Sigue todas las instrucciones que escuches.

Tarea 1

INSTRUCCIONES

Vas a escuchar siete conversaciones. Escucharás cada conversación dos veces. Después debes contestar a las preguntas (1-7). Selecciona la opción correcta (A/B/C).

Marca las opciones elegidas en la Hoja de respuestas.

Ejemplo: Conversación 0.

0. ¿Qué se compra la chica?

A

B

C

La opción correcta es la letra C.

● ● ● ● ● 🕐 Ahora tienes **30 segundos** para leer las preguntas.

CONVERSACIÓN UNO

1. ¿Qué escena le ha gustado a la chica?

A

B

C

CONVERSACIÓN DOS

2. ¿Qué hace esta chica cuando va de vacaciones?

A

B

C

Continúa →

CONVERSACIÓN TRES

3. ¿Qué tipo de calzado prefiere la chica?

A

B

C

CONVERSACIÓN CUATRO

4. ¿Qué prefiere escuchar el chico?

A

B

C

CONVERSACIÓN CINCO

5. ¿Qué le va a comprar el padre a su hijo?

A) Lo que le ha pedido su hijo.

B) Lo que le aconseja la mujer.

C) Lo mismo que el año anterior.

CONVERSACIÓN SEIS

6. ¿Qué le gusta al chico de su profesor nuevo?

A) Su manera de organizar la clase.

B) Su forma de examinar.

C) Su modo de tratar a los alumnos.

CONVERSACIÓN SIETE

7. ¿Qué le molesta a la chica de su profesora?

A) Que le haga preguntas.

B) Que hable demasiado.

C) Que le grite.

Tarea 2

INSTRUCCIONES

Vas a escuchar siete mensajes, incluido el ejemplo. Cada mensaje se repite dos veces. Selecciona el enunciado (A-J) que corresponde a cada mensaje. Hay diez enunciados, incluido el ejemplo. Selecciona seis.

Marca las opciones elegidas en la Hoja de respuestas.

Escucha ahora el ejemplo: Mensaje 0.
La opción correcta es la letra D.

```
     A   B   C   D   E   F   G   H   I   J
0.  □   □   □   ■   □   □   □   □   □   □
```

● ● ● ● ● 🕐 Ahora tienes 25 segundos para leer los enunciados.

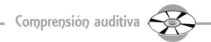

	ENUNCIADOS
A.	Llama porque han cambiado el día de salida.
B.	Quiere que llame a Sergio.
C.	Piensa que es mejor no encontrarse en su casa.
D.	Propone quedar el fin de semana.
E.	Le pide que traduzca un texto.
F.	Quiere que le llame a casa de otra persona.
G.	Tiene una maleta que pesa mucho.
H.	No encuentra los libros de Argentina.
I.	Le recuerda un viaje que hizo.
J.	Explica por qué no puede hacer lo que pide el padre.

	MENSAJES	ENUNCIADOS
	Mensaje 0	D
8.	**Mensaje 1**	
9.	**Mensaje 2**	
10.	**Mensaje 3**	
11.	**Mensaje 4**	
12.	**Mensaje 5**	
13.	**Mensaje 6**	

Tarea 3

INSTRUCCIONES

Vas a escuchar una conversación entre dos amigos, Lucía y Carlos. Indica si los enunciados (14-19) se refieren a Lucía (A), a Carlos (B) o a ninguno de los dos (C). Escucharás la conversación dos veces.

Marca las opciones elegidas en la *Hoja de respuestas*.

● ● ● ● ● ● 🕐 Ahora tienes 25 segundos para leer los enunciados.

	ENUNCIADOS	A. Lucía	B. Carlos	C. Ninguno de los dos
0.	Se ha inscrito en un curso.		✔	
14.	Tiene los viernes ocupados.			
15.	No recordaba lo de los fines de semana.			
16.	Le propone que vaya su novio.			
17.	Es un tipo de música que no conoce bien.			
18.	Supone que van a aprender canciones argentinas.			
19.	Lo que más le gusta es lo del concurso.			

Modelo de examen n.º 3

INSTRUCCIONES

Vas a escuchar tres noticias de radio. Después debes contestar a las preguntas (20-25). Debes seleccionar la opción correcta (A/B/C) para cada noticia. La audición se repite dos veces.

Marca las opciones elegidas en la Hoja de respuestas.

● ● ● ● ● 🕐 Ahora tienes 30 segundos para leer las preguntas.

PRIMERA NOTICIA

20. Según la audición, la directora de cine…

 A) ha tratado el mismo tema en varias películas.

 B) es la primera vez que habla de jóvenes rebeldes.

 C) espera que los jóvenes entiendan la película.

21. En la audición se dice que la película…

 A) es autobiográfica.

 B) plantea preguntas sobre el joven protagonista.

 C) está relacionada con el padre de la directora.

SEGUNDA NOTICIA

22. Según la audición, en Pamploma es difícil…

 A) encontrar jóvenes en el centro de la ciudad.

 B) hacer algo con los niños el fin de semana.

 C) encontar buenas ofertas para adolescentes.

23. En la audición se dice que el problema es…

 A) en buena parte económico.

 B) que los estudiantes tienen mucho que estudiar.

 C) que el ayuntamiento no ayuda a los centros cívicos.

TERCERA NOTICIA

24. Según la audición, la nueva película…

 A) es la primera de una serie de tres películas.

 B) tendrá un formato nuevo.

 C) va a decepcionar a muchos seguidores.

25. En la audición se dice que el director…

 A) deseaba desde el principio el nuevo formato.

 B) piensa que no vale la pena discutir sobre ese tema.

 C) cambió de opinión sobre el formato de la película.

Modelo de examen n.º 3

Control de progreso

Marca con un ✔.

¿Qué tal la prueba 2 de este examen?	Tarea 1	Tarea 2	Tarea 3	Tarea 4
Respuestas correctas.				
Marco las palabras clave en las preguntas.				
Reconozco las palabras clave cuando escucho las audiciones.				
Puedo anotar las palabras clave de las audiciones junto a las preguntas.				
Mantengo bien la concentración.				
Puedo predecir lo que se va a decir.				
Puedo escuchar y leer al mismo tiempo.				
Entiendo solo la idea general.				
Comprendo más del 70 % aproximadamente.				
Comprendo menos del 70 % aproximadamente.				
Las imágenes me ayudan.				
Tu impresión: dificultad de la tarea (de 1 a 5).				

¿Cómo te sientes después de esta prueba?
Marca con una ✗.

ESTOY MUY CONTENTO/A ☺☺ ☐

ESTOY CONTENTO/A ☺ ☐

NO ESTOY CONTENTO/A ☹ ☐

Puntos:

_____

¿Crees que son útiles los consejos que encuentras en este modelo y en el resto de modelos? Anota aquí tu comentario, en español o en tu idioma.

....

....

- Es muy importante reconocer en la primera escucha de cada texto el objetivo de la comprensión auditiva; es decir, identificar la información importante, el tema del que se habla.

- Cuando tienes la idea principal, puedes fijarte en los detalles secundarios que te permitirán alcanzar una mayor comprensión del texto; aunque recuerda que se puede entender perfectamente un texto sin entenderlo todo y que no debes estresarte porque haya palabras o frases que no consigas comprender.

- Un buen ejercicio para comprobar tu nivel de comprensión es escribir el mensaje que acabas de oír y luego compararlo con el original para ver si hay algo fundamental que has olvidado o no has comprendido correctamente.

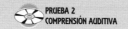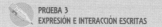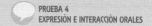
🎯 Actividades sobre el Modelo n.º 3.

> ¿Sabes qué significa "predicción" y "predecir"? No es lo mismo que "adivinar".

ℹ **¡Atención!** En estas actividades nos vamos a centrar en las preguntas de las tareas, en su dificultad y en cómo aprovecharlas para **preparar la audición**.

Tarea 1.

a. Mira las preguntas de la tarea **1** del modelo n.º 1 (págs. **27** a 29), del n.º **2** (págs. **92** y 93) y del n.º **3** (págs. 151 y 152), y escribe junto a cada foto tres palabras relacionadas con la imagen.

ℹ 🕐 Pon el reloj. ¡Solo tienes **30 segundos** en cada caso!

b. Aquí tienes las preguntas 5, 6 y 7 del modelo de examen del Instituto Cervantes. Léelas con atención. ¿Puedes imaginar cómo son los diálogos? Elige las **predicciones** más probables en cada caso.

⬤ PREGUNTAS DE EXAMEN	⬤ PREDICCIONES SOBRE LOS DIÁLOGOS
5 ¿Para quién ha organizado una fiesta Gabriela? **a)** Para su hija. **b)** Para su padre. **c)** Para su hermano.	**a)** Habla una persona llamada Gabriela. **b)** Hay una fiesta en casa de una familia. **c)** La fiesta es para una persona que no sabe nada de la fiesta.
6 ¿Cuándo es el examen de Geografía? **a)** El lunes. **b)** El jueves. **c)** El próximo mes.	**a)** Hablan dos padres de unos alumnos. **b)** Hablan de un examen futuro. **c)** El examen es muy difícil. **d)** Comparan el examen con otro del pasado.
7 ¿Cuántas entradas ha pedido la mujer? **a)** 4. **b)** 6. **c)** 10.	**a)** Hablan dos mujeres. **b)** El tema es el cine, el teatro, o un concierto. **c)** Varias personas van al cine o al teatro. **d)** La mujer que habla es la madre de una chica.

Fuente: ▄▀▄ Instituto Cervantes.

Escucha los diálogos y confirma las **predicciones**.

▄▀▄ Instituto Cervantes: http://dele.cervantes.es/informacion-general/Nivel%20A2-B1-para-escolares.html

c. Haz predicciones sobre el examen n.º 6 de El Cronómetro que puedes encontrar en la 💻 ELEteca.

ℹ **Consejo.** Hazlo muy rápido. En el examen solo tienes **30 segundos** para preparar todas las preguntas, aunque en el examen no tienes que escribir nada.

PREGUNTAS DE EXAMEN	PREDICCIONES SOBRE LOS DIÁLOGOS

¿Para qué tiene que ir el chico a la cafetería?

5
a) Para que ella le entregue una cámara.
b) Para intercambiar un libro por un móvil.
c) Para hacer unas fotos.

a) ....
b) ....
c) ....

¿Qué espera el chico de Laura?

6
a) Que le invite a comer.
b) Que la llame al día siguiente.
c) Que le enseñe a hablar italiano.

a) ....
b) ....
c) ....

¿Qué tipo de curso busca el chico?

7
a) Uno que sea barato.
b) Uno que tenga pocos alumnos.
c) Uno que le ayude a mejorar la pronunciación.

a) ....
b) ....
c) ....

Escucha los diálogos y confirma las predicciones.

34 Pon la pista n.° 34, 🕐 Min. 08:39. Usa el botón de ⏸ PAUSA si lo necesitas.

Tarea 2.

a. Aquí tienes una parte de los enunciados del examen del Instituto Cervantes. ¿Qué información sobre los mensajes puedes obtener de los enunciados? Sigue el ejemplo.

ENUNCIADOS	PREDICCIONES SOBRE LOS DIÁLOGOS
A Anuncian una oferta. Mensaje n.° 11	*Hablan de un producto o de un servicio. Un mensaje por la radio. Dicen cuándo empieza la oferta.*
B Están haciendo un examen. Mensaje n.° 12	
D Dan consejos para cuidar la naturaleza. Mensaje n.° 0	
F Dan normas de seguridad. Mensaje n.° 13	
G Informan del tiempo. Mensaje n.° 9	

Escucha los mensajes de esos enunciados y confirma tus predicciones.

Instituto Cervantes: http://dele.cervantes.es/informacion-general/Nivel%20A2-B1-para-escolares.html

Modelo de examen n.° 3

○○○ PRUEBA 1
COMPRENSIÓN DE LECTURA

PRUEBA 2
COMPRENSIÓN AUDITIVA

PRUEBA 3
EXPRESIÓN E INTERACCIÓN ESCRITAS

PRUEBA 4
EXPRESIÓN E INTERACCIÓN ORALES

b. En las páginas 216-217 tienes la tarea 2 del modelo 4, y en la 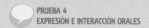 ELEteca la del modelo 5. Lee los enunciados y escribe palabras que pueden aparecer en los mensajes de cada uno.

Modelo 4		Modelo 5	

19 Pon la pista n.° 19, ⏱ min. 15:00, y confirma si aparecen esas palabras u otras similares.

26 Pon la pista n.° 26, ⏱ Min. 16:01, y confirma si aparecen esas palabras u otras similares.

c. Aquí tienes dos series de enunciados de examen. ¿Qué vocabulario puede aparecer en los mensajes? Anota palabras para cada enunciado, como en el ejemplo.

ENUNCIADOS	VOCABULARIO POSIBLE DE LOS MENSAJES
A Dicen cómo escribir un mensaje de texto.	
B Indican cómo usar una máquina de bebidas.	
C Un turista debe ir a la recepción del hotel.	
D Ofrecen más servicios durante un tiempo.	*Esta semana, ofrecer, nuestros clientes.*
E Dan consejos sobre higiene y salud.	

◗ ENUNCIADOS	◗ VOCABULARIO POSIBLE DE LOS MENSAJES
A Están en un aeropuerto.	
B Están en la cola del cine.	
C Están en una escuela.	
D Están en una tienda de electrónica.	
E Están en la secretaría de una escuela.	

¿Qué diferencia hay entre la primera serie de enunciados y la segunda? Escribe aquí tu comentario, en español o en tu idioma.

¡Haz memoria! Piensa que ya has escuchado las conversaciones.

Tarea 3.

a. Aquí tienes dos resúmenes de cada una de las conversaciones de la tarea 3 de los tres modelos de examen que ya has hecho. Vuelve a leer los enunciados y elige en cada caso el mejor resumen de la conversación.

Modelo 1	Modelo 2	Modelo 3
a *Hablan dos amigos que no se ven hace tiempo. Uno estuvo de viaje, al otro le gustaría irse de viaje. El hermano de uno de ellos tuvo un problema. Quedan para otro día.*	**a** *Hablan una chica con su padre. Ella quiere hacer un curso pero a él no le gusta la idea. Ella intenta convencerle y le explica las ventajas del curso. Al final él acepta que ella haga el curso.*	**a** *Hablan dos amigos, un chico y una chica. Hablan del fin de semana. Él va a hacer un curso. Uno de los dos no puede hacer algo relacionado con la música y una tercera persona lo hará.*
b *Hablan dos amigas que se ven a menudo. Una estuvo en otro país, la otra se va de viaje pronto. El hermano de una de ellas ofrece ayuda por un problema que tiene la otra. Quedan para otro día.*	**b** *Hablan una chica en la secretaría de una escuela. Quiere hacer solo uno de los cursos. Hablan de las condiciones para apuntarse al curso.*	**b** *Un chico y una chica hablan de los planes del sábado o del domingo. Él le propone a ella y a su novio hacer el curso que él va a hacer. Algo relacionado con el tango. El novio no puede porque tiene un concurso.*
Preguntas en la pág. 31	Preguntas en la pág. 94	Preguntas en la pág. 153

PRUEBA 1
COMPRENSIÓN DE LECTURA

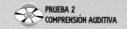
PRUEBA 2
COMPRENSIÓN AUDITIVA

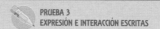
PRUEBA 3
EXPRESIÓN E INTERACCIÓN ESCRITAS

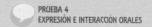
PRUEBA 4
EXPRESIÓN E INTERACCIÓN ORALES

b. Lee ahora los enunciados de estos dos modelos de examen y escribe un resumen como los anteriores.

Modelo de examen del IC	Modelo de examen n° 6
Hablan	*Hablan* ....
....	....
....	....
....	....

https://examenes.cervantes.es/sites/default/files/
a2b1_ca_t3.pdf

https://eleteca.edinumen.es
Modelo de examen 6, pág. 14.

c. Comprueba si tus resúmenes son correctos. Escucha los diálogos de los dos modelos.

Modelo de examen del IC	Modelo de examen n.° 6
https://examenes.cervantes.es/sites/default/files/audio/a2_b1_escolares/A2B1E_2015-05_T3.mp3	 **Pon la pista n.° 34,** Min. 23:30.

¿Qué diferencia hay entre la primera serie de enunciados y la segunda? Escribe aquí tu comentario, en español o en tu idioma.

....

....

Tarea 4.

a. Aquí tienes la primera noticia de la tarea 4 del modelo de examen del Instituto Cervantes. ¿Puedes imaginar qué se dice en la noticia? Tienes dos opciones, elige la mejor.

Primera noticia

20. En el Festival de Teatro de Santiago de Chile…
    a) los grupos presentarán una obra escrita por ellos.
    b) los participantes deberán ser estudiantes universitarios.
    c) los profesores podrán seleccionar siete trabajos.

21. En la audición se dice que…
    a) el público elegirá a los mejores actores del Festival.
    b) el premio para el mejor grupo es una beca en el extranjero.
    c) el trabajo ganador participará en un espectáculo internacional.

a) Habla una chica con su padre. Ella quiere hacer un curso pero a él no le gusta la idea. Ella intenta convencerle y le explica las ventajas del curso. Al final él acepta que ella haga el curso.

b) La noticia trata de unos jóvenes que han ido a Chile a representar una obra de teatro que han escrito ellos con sus profesores. Les han dado un premio porque al público le ha gustado mucho la obra.

Fuente: Instituto Cervantes.

b. Aquí tienes la segunda noticia del mismo modelo. La noticia incluye otras informaciones además de las que encuentras en las preguntas. ¿Puedes añadirlas al resumen?

Segunda noticia

22. Según la audición, *Tanto*, el nuevo disco de Pablo Alborán…

    a) ha tenido un gran éxito en España.

    b) ha contado con la participación de otros músicos.

    c) se ha presentado oficialmente en Internet.

23. En la audición se dice que este artista…

    a) ha actuado en varios teatros.

    b) ha escrito canciones para otros artistas.

    c) el trabajo ganador participará en un espectáculo internacional.

Resumen de la noticia: La noticia es sobre un cantante y su nuevo disco, dónde se ha presentado y cómo se ha hecho. También se habla posiblemente de sus conciertos y de cómo compone sus canciones.

....

Más informaciones posibles:

....
....
....
....

Fuente: ◀▮▶ Instituto Cervantes.

c. Aquí tienes la tercera noticia. Haz una lista de palabras que pueden aparecer en la noticia.

Tercera noticia	Vocabulario posible de la noticia	

24. Según la audición, el videojuego *Patito Feo*…
    a) está pensado para un público adolescente.
    b) se va a anunciar en una revista latinoamericana.
    c) está basado en los personajes de un musical.

25. En la audición se dice que el videojuego…
    a) incluirá once niveles de dificultad.
    b) se pondrá a la venta en el mes de agosto.
    c) permitirá al jugador identificarse con un personaje.

Fuente: ◀▮▶ Instituto Cervantes.

Escucha los mensajes de esos enunciados y confirma tus **predicciones**.

◀▮▶ Instituto Cervantes: https://examenes.cervantes.es/sites/default/files/a2b1_ca_t4.pdf

¿Para qué sirven estas actividades? Escribe aquí tu comentario, en español o en tu idioma.

....
....

Prueba 3: Expresión e Interacción escritas

• • • • • **Antes de empezar la prueba de** Expresión e Interacción escritas.

Aquí tienes fragmentos de instrucciones. Algunos están mal porque tienen palabras que no son de la instrucción. Marca con un ✔ los fragmentos con errores.

TEXTOS CON ERRORES

FRAGMENTOS DE INSTRUCCIONES

		TAREA	BIEN	MAL
1.	Tu madre te ha dejado una nota en casa que tú encuentras cuando vuelves a comer. Léela y déjale otra nota en la cocina para responderle.	1		
2.	Una revista de cocina que lees todas las semanas invita a los móviles a borrar su receta favorita. Escribe un artículo...	2, opción 1		
3.	En el colegio te han pedido que expliques en una composición si participas ahora más en las tareas de casa que cuando eras más pequeño.	2, opción 1		
*4.	Un amigo te ha escrito para invitarte a su fiesta de cumpleaños, pero tú no podrás ir. Rompe el correo y ábrelo.	1		
5.	En la revista de tu barrio quieren publicar un número especial sobre los buenos vecinos. Para ello, han pedido a los lectores que envíen un escrito...	2, opción 2		
6.	Tu marca de ropa favorita ha solicitado información a sus clientes para saber qué ordenadores son los más estropeados por los chicos. Copia un texto para enviarle con el título "Cómo me gusta reír".	2, opción 2		
*7.	En un blog de internet han publicado un artículo sobre animales de compañía y han pedido a los lectores que escriban dando su opinión. Escribe tu opinión y no olvides…	2, opción 1		
8.	Has visto en el suelo este billete en el que buscan voluntarios. Rómpelo y responde.	1		
9.	La asociación deportiva *Corpore sano* está organizando una semana cultural sobre el tema "El deporte y tú"; por eso ha pedido a los jóvenes del barrio que escriban textos para colgar en su tablón de anuncios. Escribe tu experiencia…	2, opción 2		
10.	La edición en línea de un periódico está haciendo una excursión sobre las familias filmadas de los jóvenes y han pedido a los lectores que critiquen su experiencia.	2, opción 1		
*11.	En la revista de tu colegio quieren publicar un número especial sobre personas importantes en la vida de los estudiantes. Para ello, han organizado un concurso…	2, opción 2		
*12.	– despedirte; – felicitar a todos; – molestarte por la invitación; – saludar. – decir que no puedes venir y explicar cómo;	1		

*Fuente: ╬ Instituto Cervantes.

¿Es importante seguir todas las instrucciones? ¿No es más importante la creatividad? Anota aquí tu comentario (en español o en tu idioma).

. . . .

. . . .

Consejo:
Traduce las instrucciones a tu idioma para entenderlas mejor.

⚠ ¡Atención! En la página 167 tienes algunos comentarios útiles.

¡Ya puedes empezar esta prueba!

Prueba 3: Expresión e Interacción escritas

Consejo: Antes de escribir, piensa si tienes que utilizar *tú* o *usted.*

La prueba de Expresión e Interacción escritas tiene **2 tareas**.

• • • • • 🕐 La prueba dura **50 minutos**. Pon el reloj al principio de cada tarea.

Haz tus tareas únicamente en la Hoja de respuestas.

Tarea 1

INSTRUCCIONES

Una profesora de español te ha escrito para darte una buena noticia. Lee el correo y contéstale.

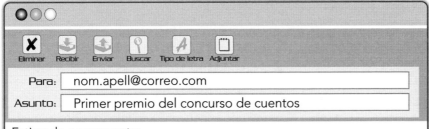

Eliminar Recibir Enviar Buscar Tipo de letra Adjuntar	

Para: nom.apell@correo.com

Asunto: Primer premio del concurso de cuentos

Estimado concursante:

Soy Mónica Serrano, la presidenta del jurado del Concurso de Cuentos en español. Tengo el placer de comunicarte que has ganado el primer premio: la matrícula gratuita para un curso de español de dos semanas en un país hispanohablante.

Nos gustaría conocer rápidamente a qué país prefieres ir y en qué fechas podrás viajar para recibir tus clases.

¡Enhorabuena!

M.S.

En tu respuesta, no olvides:

– saludar;
– agradecer la decisión del jurado;
– explicar qué país eliges y por qué;
– indicarle las fechas en que puedes viajar;
– despedirte.

Modelo de examen n.º 3

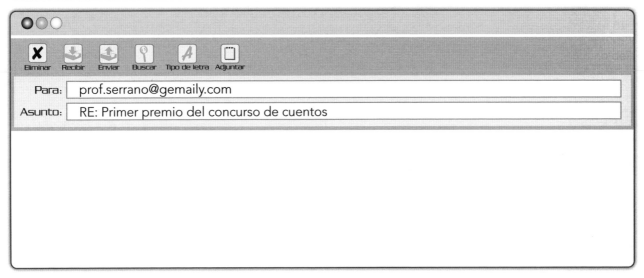

Para: prof.serrano@gemaily.com

Asunto: RE: Primer premio del concurso de cuentos

Número recomendado de palabras: **entre 60 y 70.**

 • • • • • 🕐 **Para esta tarea he necesitado:** _____ min.

● ● ● ● ● ● 🕐 Pon otra vez el reloj.

INSTRUCCIONES

Elige solo una de las dos opciones que se te ofrecen a continuación.

OPCIÓN 1

Tienes un diario en internet y has decidido publicar una entrada sobre tus aficiones para que tus lectores te conozcan mejor.

Escribe un texto en el que cuentes:

– qué actividades haces en tu tiempo libre;

– cuál de ellas prefieres y por qué;

– por qué empezaste a practicarla;

– cuánto tiempo le dedicas y con quién la haces.

OPCIÓN 2

A través de una red social estás buscando a un familiar tuyo que no conoces y vive en otro país. Hace muchos años que vuestras familias perdieron el contacto y quieres encontrarlo.

Escribe un mensaje en el que expliques:

– a quién estás buscando;

– qué información tienes de esa persona;

– por qué quieres contactar con él o ella;

– cómo te pueden enviar la información;

– un agradecimiento final.

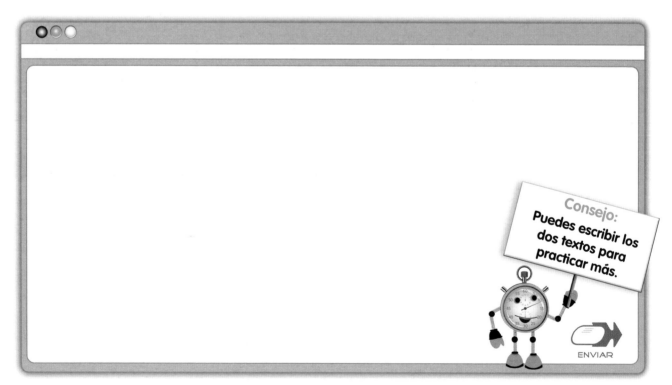

Consejo:
Puedes escribir los dos textos para practicar más.

ENVIAR

Número recomendado de palabras: **entre 110 y 130.**

● ● ● ● ● ● 🕐 **Para esta tarea he necesitado:** ———— **min.**

Modelo de examen n.º 3

Control de progreso

Lee otra vez despacio tus textos. Completa la tabla. Anota la opción seleccionada en la tarea 2.

¿Qué tal la prueba 3 de este examen?	Tarea 1	Tarea 2 Opción
🕐 Tiempo que has necesitado para cada tarea.		
Número de palabras de tu texto.		
He comprendido todas las instrucciones.		
Mi respuesta respeta la situación del texto de entrada.		
He dado con suficiente detalle toda la información requerida.		
Los textos que he escrito tienen la longitud adecuada.		
He respetado las reglas gramaticales más importantes.		
He utilizado sinónimos para no repetir palabras.		
Tengo problemas con la gramática.		
He escrito una primera versión.		
He revisado la ortografía.		
He revisado el orden de las palabras.		
Tu impresión: dificultad de la tarea (de 1 a 5).		

¿Cómo te sientes después de esta prueba? Marca con una ✗.

ESTOY MUY CONTENTO/A ☺☺ ☐
ESTOY CONTENTO/A ☺ ☐
NO ESTOY CONTENTO/A ☹ ☐

¿Qué instrucciones te parecen más difíciles de seguir, las de la tarea 1 o las de la tarea 2? ¿Por qué? Anota aquí tu comentario, en español o en tu idioma.

....
....
....
....

Continúa →

- Escribe despacio, siguiendo siempre el esquema que has realizado en el momento de la planificación. Una idea debe llevarte a la otra, son pasos que das para llegar al final.

- Si no estás seguro de cómo se escribe una palabra o de su significado, no debes usarla. Piensa en otra con el mismo significado o plantea la frase y la información de una manera distinta, así sabes siempre lo que escribes y la posibilidad de cometer errores será mucho menor.

- Escribe frases cortas y pon atención a la puntuación, una correcta puntuación facilita mucho la lectura.

- También es importante cuidar el aspecto del texto redactado, no tiene que haber tachaduras ni manchas y tu escritura debe ser clara y limpia. Haz siempre un borrador, una primera redacción que, solo cuando esté revisada correctamente, deberás pasar a limpio.

- Recuerda que una sola lectura no es suficiente para revisar correctamente el texto una vez que está terminado. Debes hacer varias lecturas centrando cada una en un aspecto diferente; puedes hacer una lectura para comprobar solo la ortografía, otra para ver si la forma de los verbos es correcta, una más para la puntuación o para comprobar si el género y el número de las palabras es correcto.

¡Muy importante!

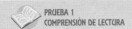 PRUEBA 1
COMPRENSIÓN DE LECTURA

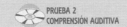 PRUEBA 2
COMPRENSIÓN AUDITIVA

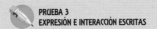 PRUEBA 3
EXPRESIÓN E INTERACCIÓN ESCRITAS

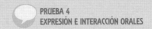 PRUEBA 4
EXPRESIÓN E INTERACCIÓN ORALES

Actividades sobre el Modelo n.º 3.

¡Atención! En las actividades de este modelo de examen nos vamos a centrar en las dificultades de las tareas de esta prueba del examen.

Tarea 1.

a. Las instrucciones y el texto principal de una tarea están relacionados con sus preguntas. Obsérvalo en este esquema.

Una profesora de español te ha escrito para darte una buena noticia.
Lee el correo y contéstale.

INSTRUCCIONES

Estimado concursante:

Soy Mónica Serrano, la presidenta del jurado del Concurso de Cuentos en español. Tengo el placer de comunicarte que has ganado el primer premio: la matrícula gratuita para un curso de español de dos semanas en un país hispanohablante.

Nos gustaría conocer rápidamente a qué país prefieres ir y en qué fechas podrás viajar para recibir tus clases.

¡Enhorabuena!

M.S.

**MENSAJE
(TEXTO PRINCIPAL)**

En tu respuesta, no olvides:

– saludar;

– agradecer la decisión del jurado;

– explicar qué país eliges y por qué;

– indicarle las fechas en que puedes viajar;

– despedirte.

PREGUNTAS

b. Aquí tienes tres instrucciones más. Relaciona cada situación de la izquierda con las preguntas de la columna de la derecha (A, B o C).

● Situación 1

En la revista del barrio han pedido colaboraciones para la semana de fiestas. Tienes que escribir un texto. En él debes:

● A

– presentarte;

– explicar el motivo de tu carta;

– pedir el dinero;

– despedirte.

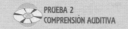
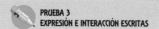
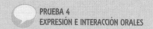
◗ **Situación 2**

Hace unos días te han dado una noticia muy buena y quieres compartirla con tu mejor amigo o amiga. Escríbele un correo electrónico. En él debes:

◗ **Situación 3**

Has comprado por internet dos entradas para el cine y la has pagado dos veces. Escribe una reclamación. No olvides:

◗ **B**

– saludar a los lectores;
– contar cómo celebra tu familia las fiestas del barrio;
– decir cuáles son tus actividades favoritas;
– explicar si viene a visitarte alguien durante esos días.

◗ **C**

– saludar;
– preguntarle cómo está;
– contarle la buena noticia,
– decirle por qué te parece tan buena.

c. Aquí tienes otro ejemplo de tarea 1. Observa la relación entre el enunciado inicial y el mensaje. Después completa las preguntas de examen.

Un amigo te ha escrito proponiéndote hacer algo en vacaciones. Tú tienes ganas de ir a ver una exposición y, como es tu cumpleaños pronto, has decidido invitarlo. Contesta a su mensaje.

¡Hola!

¿Qué tal? Me gustaría hacer algo contigo estas vacaciones. ¿Te apetece? Si quieres, una tarde podemos ir a la piscina o a un museo. Dime si puedes y tienes ganas y qué preferirías hacer.

Un abrazo,

Alberto

En tu mensaje no olvides:

- contarle .... ;
- explicarle .... ;
- indicarle .... ;
- .... y pedir una respuesta rápida;
- ....

N.º de palabras: entre 60 y 70.

Tarea 2.

a. Aquí tienes un ejemplo de tarea 2 (opción 1). También tienes una respuesta posible, pero es demasiado larga (153 palabras). **Acorta** el texto hasta un máximo de 130 palabras.

INSTRUCCIONES

Tienes un diario en internet y has decidido añadir un comentario sobre las actividades que realizas en tu tiempo libre.

Escribe un comentario en el que cuentes:

- qué actividad te gusta más y por qué;
- cuándo y dónde la realizas;
- cuándo empezaste a practicarla y con quién;
- una experiencia relacionada con esa actividad;
- por qué piensas que es interesante.

La actividad que más me gusta es jugar al fútbol porque me divierte mucho y todos hablan de él. Me gusta practicarlo con mis amigos en el colegio y también verlo en la televisión cuando juega mi equipo favorito. Lo practico desde hace mucho tiempo. Creo que tenía cinco o seis años la primera vez que jugué con mis hermanos, pero era más grande cuando empecé a verlo en la tele. Tenía ocho o nueve años.

Además, conocí a mi mejor amigo jugando a este deporte. Él era nuevo en el colegio y no tenía amigos. Un día nos preguntó si podía jugar con nosotros y le dijimos que sí. Desde ese día jugamos siempre juntos.

Pienso que jugar al fútbol es interesante por muchos motivos. Primero porque hacer deporte es bueno para la salud. También porque solo necesitas una pelota y otros amigos para practicarlo y, por último, porque es muy emocionante.

b. Aquí tienes una tarea 2, opción 2, y un texto de un candidato. Es demasiado corto (79 palabras). **Alarga** el texto hasta un mínimo de 110 palabras.

En la biblioteca quieren publicar un periódico con textos escritos por los jóvenes del barrio. El tema tiene que ser la televisión. Escribe un artículo sobre algo que has aprendido viéndola. No olvides incluir:

- si ves mucho la televisión;
- cuándo la ves y con quién;
- qué tipo de programas prefieres y cuáles no;
- si te parece buena o mala esta actividad.

Yo veo la televisión una hora al día más o menos. Normalmente cuando llego a casa después de clase y a veces después de cenar, con mis padres. Me gustan los concursos y los partidos de fútbol pero no veo las noticias porque me parecen aburridas.

Creo que esta actividad es positiva si aprendes cosas nuevas y ves cosas divertidas, pero no si la realizas durante demasiado tiempo porque entonces no estudias o no haces los deberes del colegio.

Modelo de examen n.º 3

Tarea 2.

a. Ahora tienes un texto en el que la información no está bien conectada ni secuenciada Ordénala de una forma coherente, de acuerdo con lo que se pide en las instrucciones.

> Quieres escribir un comentario en una red social sobre cine para hablar de la última película que has visto. En el comentario debes decir:
> - qué película has visto;
> - dónde y cuándo la has visto;
> - si te ha gustado o no y por qué;
> - qué es lo mejor de la película y lo peor;
> - si se la recomiendas a los demás.

Quiero comentaros la última película que he visto. Tenía muchas ganas de verla, había leído muchas críticas positivas y, además, todas las películas que he visto de la saga de este personaje me han gustado. Así es que quería verla y estaba convencido de que me gustaría tanto como las otras, pero no ha sido así. Me gustaron mucho la música, la fotografía y, por supuesto, los efectos especiales. Todo eso es muy parecido a las otras películas de la saga. En general, me decepcionó porque esperaba una continuación de las anteriores. Lo que menos me gustó fue la historia, era mucho más aburrida que en las películas anteriores y tampoco me gustaron algunos personajes nuevos, no tenían la fuerza de los que aparecieron en las primeras películas. La vi el pasado fin de semana en una plataforma de televisión. De todas formas, se la recomiendo a las personas que les gusten las películas de aventuras y con muchos efectos porque seguro que les resultará entretenida. La película es la última de Harry Potter, no recuerdo bien el título, pero ya sabéis a la que me refiero.

b. Escribe ahora un texto siguiendo las instrucciones del ejercicio anterior.

Prueba 4: Expresión e Interacción orales

● ● ● ● ● **Antes de empezar la prueba de** Expresión e Interacción orales.

En esta tabla hay 12 fragmentos de diálogos del examen. Tienes que escribir a qué tarea pertenece cada fragmento.

FRAGMENTOS DE DIÁLOGOS Y MONÓLOGOS	TAREA 1	TAREA 2	TAREA 3	TAREA 4
1. ¿Me pone un café con leche muy caliente, por favor?				
2. ¿Puedes decirme cómo va vestido el chico de la derecha?				
3. ¿Te gusta más estudiar solo o con compañeros de clase?				
4. En mi clase somos en total veinte alumnos, aproximadamente la mitad chicos y la mitad chicas. La verdad es que mis mejores amigos son chicos, porque vamos después de clase a jugar al fútbol y eso a la mayoría de las chicas no les gusta nada…				
5. ¿Qué autobús tengo que coger?				
6. Pues la verdad es que nunca he estado en el extranjero.				
7. En la imagen se ve a una familia que está desayunando.				
8. Mi familia no es muy grande. Tengo solo un hermano mayor. Por eso cuando cenamos juntos en casa, normalmente somos solo cuatro personas.				
9. ¿Y cómo se llama lo que tiene el profesor en la mano?				
10. No, soy el único de la familia que estudia español.				
11. ¿Cuánto le debo?				
12. Puedes empezar cuando quieras tu monólogo.				

Fuente: ╫ Instituto Cervantes.

Modelo de examen n.º 3

Consejo:
Traduce las instrucciones
a tu idioma para
entenderlas mejor.

¡Ya puedes empezar esta prueba!

¡RECUERDA!
En el examen no puedes usar diccionarios ni ningún dispositivo electrónico.

Tienes **12 minutos** para preparar las tareas 1 y 3. Sigue todas las instrucciones.

Tarea 1

 Consejo. Repasa el vocabulario relacionado con activididades cotidianas.

Tienes que hablar de **1 a 2 minutos**. El entrevistador no habla en esta parte de la prueba.

INSTRUCCIONES

Describe con detalle, durante uno o dos minutos, lo que ves en la foto. Estos son algunos aspectos que puedes comentar:

– ¿Cómo son las personas que aparecen en la fotografía? Describe a alguna de ellas: el físico, el carácter que crees que tiene, la ropa que lleva…

– ¿Dónde están esas personas? ¿Cómo es ese lugar? ¿Qué objetos hay?

– ¿Qué crees que están haciendo en este momento? ¿Por qué?

– ¿De qué crees que están hablando? ¿Por qué?

– ¿Qué crees que va a pasar luego? ¿Qué van a hacer después?

Tarea 3

 Consejo. Piensa en el tiempo que tienes para preparar tu exposición.

● ● ● ● ● 🕐 Tienes que hablar de **2 a 3 minutos**. El entrevistador no habla en esta parte de la prueba.

EL FIN DE SEMANA IDEAL

– A continuación tienes un tema y unas instrucciones para realizar una exposición oral.

– Tendrás que hablar durante dos o tres minutos. Al final, el profesor te hará unas preguntas sobre el tema.

INSTRUCCIONES

Cuenta cómo sería para ti un fin de semana ideal.

● Incluye información sobre:

– dónde lo pasarías y cómo sería ese lugar;

– si has estado ya o de qué lo conoces;

– con quién estarías (y con quién no) y por qué;

– por qué sería un fin de semana diferente;

– si te parece posible tener un fin de semana así y por qué.

● No olvides:

– diferenciar las partes de tu exposición: comienzo, desarrollo y final;

– ordenar y relacionar bien las ideas;

– justificar tus opiniones y sentimientos.

● ● ● ● ● 🕐 ¿Cuánto tiempo has necesitado para la preparación? Anótalo aquí: _____ min.

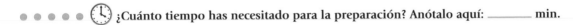

LA ENTREVISTA

 Consejo. Como hemos comentado, para esta tarea es buena idea contar con la ayuda de tu profesor o la de un compañero de clase.

Tarea 1

• • • • • 🕐 *Recuerda que la tarea dura de **1 a 2 minutos**.*

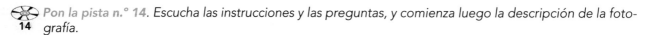 *Pon la pista n.° 14. Escucha las instrucciones y las preguntas, y comienza luego la descripción de la foto-grafía.*

🎤 **Graba** *tus respuestas.*

Tarea 2

Hay un chico nuevo que vive cerca de tu casa y debes ayudarle a conocer el barrio. El examinador es ese chico. Habla con él siguiendo estas indicaciones.

CANDIDATO

Durante la conversación con tu nuevo compañero debes:

- *explicarle cómo es el barrio y dónde puedes hacer deporte;*

- *hablarle de qué haces tú los fines de semana;*

- *ofrecerte para enseñarle algunos lugares;*

- *quedar para ir juntos al cine.*

• • • • • 🕐 *Recuerda que la tarea dura de **2 a 3 minutos**.*

Pon la pista n.° 15. Escucha las instrucciones y las preguntas, y responde.
15

🎤 **Graba** *tus respuestas.*

Tarea 3

 Recuerda que la tarea dura de **2 a 3 minutos**.

 Pon la pista n.° 16. Escucha las instrucciones y haz tu presentación.

16

 Graba tu presentación.

Tarea 4

 Recuerda que la tarea dura de **2 a 3 minutos**.

 Pon la pista n.° 17. Escucha las instrucciones y las preguntas, y responde.

17

 Graba tus respuestas.

¡Ánimo, adelante!

Control de progreso

🔊 Escucha tus respuestas en cada prueba. Marca con un ✔.

¿Qué tal la prueba 4 de este examen?	Tarea 1	Tarea 2	Tarea 3	Tarea 4
🕐 Tiempo de preparación.				
Transmito correctamente información personal.				
Relaciono las frases con diferentes conectores.				
Hablo de forma continua con algunas pausas.				
Uso correctamente el presente de indicativo, los posesivos, el verbo *gustar*.				
No tengo grandes dificultades para pronunciar el español.				
Entiendo a la persona que conversa conmigo.				
Respondo a todas las partes de la tarea.				
Si no entiendo algo, puedo preguntarlo.				
Tu impresión: dificultad de la tarea (de 1 a 5).				

¿Cómo te sientes después de esta prueba? Marca con una ✗.

ESTOY MUY CONTENTO/A ☺☺ ☐
ESTOY CONTENTO/A ☺ ☐
NO ESTOY CONTENTO/A ☹ ☐

¿Qué es más fácil para ti: presentar un tema preparado o conversar sobre ese tema? Anota aquí tu comentario, en español o en tu idioma.

....

....

....

....

Consejo:
Si cometes algún error, no te preocupes, el evaluador hace una valoración global de lo que dices.

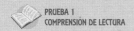 PRUEBA 1
COMPRENSIÓN DE LECTURA

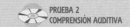 PRUEBA 2
COMPRENSIÓN AUDITIVA

PRUEBA 3
EXPRESIÓN E INTERACCIÓN ESCRITAS

PRUEBA 4
EXPRESIÓN E INTERACCIÓN ORALES

Actividades sobre el Modelo n.º 3.

¡Atención! En las actividades de este modelo vas a encontrar algunas relacionadas con la preparación de la entrevista.

Tarea 1.

a. Mira lo que han escrito dos candidatos durante el **tiempo de preparación** de la tarea 1 de este modelo de examen (página 176). ¿Quién lo ha hecho mejor? ¿Por qué?

---

1 Creo que las personas de la fotografía son una familia que está haciendo una excursión en el campo. Les gusta hacer cosas fuera de casa. Eso lo hacen cuando hace buen tiempo. La mujer es la madre y es simpática porque está sonriendo y tiene la mano arriba porque hay algo interesante para el niño. El niño es su hijo y tiene pantalones cortos y casco como ella. Todos tienen casco. El padre lleva una camisa de cuadros y es delgado porque le gusta practicar el ciclismo. Luego van a llegar a casa y van a comer. Ahora es por la mañana y hace buen tiempo.

---

2 Personas
– Mujer (madre) > ropa cómoda
– Hombre (padre) > camisa de cuadros
– Niños (hermanos / hijos) > pantalones cortos

simpáticos, deportistas, amables

Lugar > parque, árboles, camino, río?
Qué hacen > excursión / fin de semana / ver animales
Qué van a hacer > comer en restaurante / volver pronto

Marca en la lista qué palabras pueden usarse para describir la imagen y cuáles no. ¿Qué palabras necesitas para describirla?

¡Atención! Observa la versión en color de las imágenes que aparece en la extensión digital.

	sí	no		sí	no		sí	no
abrigo			dedo			hacer deporte		
árboles			delante de			hijos		
balón			deporte			ir de excursión		
bicicleta			despacio			jersey		
blancos			detrás de			juntos		
cabeza			en grupo			largos		
camisa			enseñar			madre		
camiseta			falda			montar en bicicleta		
casco			familia			moto		
cortos			gordo			natación		
de cuadros			hablar			noche		

Continúa →

Modelo de examen n.º 3

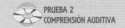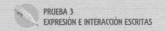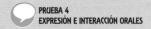
	sí	no		sí	no		sí	no
padre			pequeño			simpático		
pantalones			practicar ciclismo			sonreír		
parque			rubio			zapatillas		

🔊 Ahora escucha de nuevo tu descripción y compara estas palabras con las que has utilizado. ¿Hay muchas diferencias? ¿Hay alguna palabra que no conoces? Búscala en el diccionario para comprobar su significado.

❗ ¡Atención! Recuerda que en el examen no puedes usar el **diccionario**. Lógicamente sí es útil usarlo para **preparar el examen**.

b. Observa las imágenes de la página 120 (Modelo 2) y de la opción 1 del modelo nº 5 (en la 💻 ELEteca). Piensa en qué se parecen y en qué se diferencian. Escribe aquí tu comentario en español o en tu idioma.

	🔘 IMAGEN DE LA PÁGINA 120	🔘 IMAGEN DEL MODELO 5
Personas		
Lugar		
Momento del día		

c. Como sabes, en esta prueba tendrás dos opciones posibles y tienes que elegir una de ellas. En el modelo de examen n.º 5 (💻 ELEteca) hay dos opciones: celebraciones y tiempo libre. Observa bien las dos imágenes y decide cuál prefieres describir.

Imagina que las imágenes de las páginas 60 y 120 son dos opciones de examen. Decide cuál de las dos prefieres describir.

Ahora reflexiona sobre el motivo de tu elección con ayuda de las siguientes frases. Marca las frases que explican tu forma de elegir.

Elijo la imagen que más me gusta	☐
Selecciono la fotografía que entiendo mejor	☐
Prefiero el tema que conozco mejor	☐
Me fijo en las imágenes y pienso si sé cómo se llaman los objetos	☐
Pienso si he vivido situaciones parecidas a las que aparecen en las imágenes	☐
Elijo una imagen sin pensarlo mucho	☐
(otro)	☐

La elección de la imagen es muy importante.

Tarea 2.

a. Según las indicaciones del **-ƚ-** Instituto Cervantes, la tarea 2 es una conversación informal, breve y sencilla que presenta una situación simulada (no real). El tema está relacionado con el tema de la tarea 1 y puede ser de tipo personal, público o educativo. A cada uno de estos tipos de temas el Instituto Cervantes los llama ámbitos. Los temas de los diferentes **ámbitos** se resumen en el siguiente cuadro:

Ámbito personal	Relaciones familiares, prácticas sociales individuales
Ámbito público	Interacción social habitual, entidades empresariales y administrativas, servicios públicos, actividades culturales y de ocio de carácter público, relación con medios de comunicación.
Ámbito educativo	Contexto de aprendizaje o formación, generalmente dentro de una institución (colegio, instituto, etc.).

Toda la información está en:

-ƚ- Instituto Cervantes: https://examenes.cervantes.es/sites/wdefault/files/dele_a2b1escolares_especificaciones.pdf

> **En la página 28 del modelo de examen n.º 6, que tienes en la ☐ ELEteca, puedes ver un esquema con algunos temas de cada ámbito de la prueba 4.**

Señala en la siguiente lista de situaciones a qué ámbito pertenece y cuáles pueden aparecer o no en la tarea 2.

	ÁMBITO	¿Es posible? SÍ	NO
1. Tú quieres aprender a tocar la guitarra y hablas con el entrevistador, que trabaja en una escuela de música. Quieres matricularte en un curso de verano.			
2. La entrevistadora es tu madre y tienes que hablar con ella para decidir qué le vais a regalar a tu padre el día de su cumpleaños.			
3. El entrevistador y tú trabajáis en un supermercado y tenéis que decidir quién se va de vacaciones en julio y quién en agosto.			
4. Tú eres el hijo del entrevistador y tienes que pedirle permiso para ir a la fiesta de unos compañeros del colegio y explicarle con quién vas a ir y dónde vas a estar.			
5. El entrevistador es un conductor de autobús, tú acabas de subirte pero no sabes en qué parada tienes que bajarte. Le preguntas la información que necesitas y al final le das las gracias.			
6. La entrevistadora es la mejor estudiante de tu clase y has decidido pedirle los apuntes de Historia para estudiar este fin de semana.			
7. El entrevistador te pregunta cuánto tiempo llevas estudiando español, cómo lo has aprendido y cuándo te matriculaste en el DELE. Tú se lo explicas y al final le preguntas si has hablado bien en la tarea 2.			

Continúa →

PRUEBA 1
COMPRENSIÓN DE LECTURA

PRUEBA 2
COMPRENSIÓN AUDITIVA

PRUEBA 3
EXPRESIÓN E INTERACCIÓN ESCRITAS

PRUEBA 4
EXPRESIÓN E INTERACCIÓN ORALES

	ÁMBITO	¿Es posible?	
		SÍ	NO

8. Has viajado a un país hispanohablante y tienes que preguntarle a una persona que pasa por la calle dónde están los lugares más interesantes de la ciudad. La entrevistadora es esa persona.

9. Tú eres el director de una escuela de español y tienes que hablar con la entrevistadora antes de contratarla como profesora en un curso intensivo.

10. El entrevistador trabaja en la biblioteca pública de una ciudad española y tienes que preguntarle cómo puedes sacarte el carnet y cuáles son los horarios de la biblioteca.

b. Aquí tienes grupos de cinco palabras. Identifica el tema y el ámbito al que pertenecen. ¿Puedes añadir dos o tres palabras más a cada grupo?

PALABRAS	TEMA	ÁMBITO
1. *Abuelo, adoptar, gemelos, pareja, sobrino.*		
2. *Aficiones, ir al parque, pasárselo bien, pasear, tener una cita.*		
3. *Barato, cliente, hacer un descuento, papelería, supermercado.*		
4. *Amigo, compañero, invitar, jefe, vecino.*		
5. *Carpeta, cuaderno, diccionario, papel, regla.*		
6. *Academia, escuela, guardería, instituto, universidad.*		

c. Aquí tienes dos fragmentos del discurso de dos candidatos. Léelos con atención y encuentra los errores.

 1

Candidato: *Buenos días, señor. ¿Cuánto cuesta el billete?*

Entrevistador: *Uno con veinte.*

C: *Deme uno, por favor.*

E: *Aquí tiene.*

C: *Gracias. ¿Me puede decir dónde está el Museo de la Ciudad?*

E: *Está bastante lejos todavía.*

C: *¿Y dónde me tengo que bajar?*

E: *En la última parada. Cuando lleguemos le aviso.*

C: *Vale. Muchas gracias por suya ayuda.*

E: *De nada.*

◯ 2

Candidato: *Buenos días.*

Entrevistador: *Hola, buenos días. ¿Qué puedo hacer por usted?*

C: *Necesito información sobre sus cursos de guitarra durante este verano.*

E: *Muy bien, ¿le interesan los cursos individuales o en grupo?*

C: *¿No puedo tener un profesor para mí solo?*

E: *Sí, sí, ya le digo. También tenemos clases individuales, para un solo alumno?*

C: *Ah, de acuerdo. Entonces prefiero estar solo con el profesor, pero depende con el precio.*

E: *Las clases de grupo cuestan 20 euros la hora y las individuales 35.*

C: *¿Cuántos alumnos tengon las clases de grupo?*

E: *Entre tres y cinco.*

C: *¿Y podería empezar la semana que viene?*

E: *Las clases individuales pueden empezar cualquier lunes del año pero las de grupo solo la primera semana de cada mes.*

C: *Creo que lo voy pensar un poco y mañana tomo la decisión.*

E: *Como quiera. Nuestra secretaría está abierta de nueve a dos y de cinco a ocho por las tardes.*

C: *Perfecto, muchas gracias.*

En esta prueba hay que demostrar que no se cometen muchos errores en estructuras sencillas como los tiempos de indicativo, los posesivos, el verbo gustar y expresiones como *ir a* + verbo, *tener que* + verbo, etc. ¿Cuál de los fragmentos anteriores piensas que es mejor? ¿Por qué? Anota aquí tus comentarios en español o en tu idioma:

Tarea 3.

a. Aquí tienes las notas de dos candidatos durante su preparación de la tarea 3 de este modelo de examen. Elige las que te parezcan más útiles.

1.

casa de mis primos – fin de semana ideal – pocas personas > buen tiempo (no es difícil)
en el campo – con animales – mis primos son modernos y simpáticos, estamos solos> JUGAMOS
casa grande, donde hacemos muchas cosas – Especial porque no nos dejan solos

2.

PRINCIPIO > mis fines de semana ideales pueden ser varios, siempre en naturaleza.
DESARROLLO >
1. en la montaña de P, está llena de plantas, árboles, nieve, me gusta mucho pero no puedo ir porque está lejos;
2. Estaría con mis padres y con mis hermanos. Tradición familiar. Buena experiencia. No con clase porque son demasiados y es malo para montaña.
3. Es diferente porque normalmente lo paso en la ciudad estudiando durante el curso.
4. No mucho, a veces ya lo he tenido.
FINAL >No es muy original para mí pero es ideal.

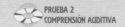 PRUEBA 1
COMPRENSIÓN DE LECTURA

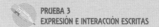 PRUEBA 2
COMPRENSIÓN AUDITIVA

PRUEBA 3
EXPRESIÓN E INTERACCIÓN ESCRITAS

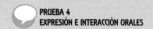 PRUEBA 4
EXPRESIÓN E INTERACCIÓN ORALES

La siguiente tabla te muestra el tipo de vocabulario que necesitas en la tarea 3 de este modelo de examen.

◯ Instrucciones	◯ Tipo de vocabulario que necesitas
Tu fin de semana ideal	
dónde lo pasarías y cómo sería ese lugar;	1. lugares y adjetivos para describirlos
con quién estarías (y con quién no) y por qué;	2. personas y adjetivos para describirlas
por qué sería un fin de semana diferente	3. describir y valorar experiencias
si te parece difícil tener un fin de semana así y por qué.	4. expresar y justificar una opinión

Marca en esta lista qué palabras pertenecen a cada categoría (1, 2, 3 y 4). Algunas pueden pertenecer a más de una categoría.

PALABRAS	1	2	3	4	PALABRAS	1	2	3	4	PALABRAS	1	2	3	4
playa					perfecto					museo				
interesante					amigo					tranquilo				
montaña					compañero de clase					me parece…				
increíble					original					simpático				
como					bonito					excitante				
relajante					porque					familia				
madre					campo					estupendo				
divertido					diferente					amable				
padre					vecino					ciudad				
casa					fenomenal					creo que…				

b. En las mismas instrucciones de la prueba se te pide que "no olvides diferenciar las partes de tu exposición: comienzo, desarrollo y final". ¿Qué relación tienen estas tres partes con la información que tienes que incluir en tu exposición? Relaciona los elementos de la izquierda con los de la derecha.

I. Comienzo II. Desarrollo III. Final	1. dónde lo pasarías y cómo sería ese lugar;
	2. con quién estarías (y con quién no) y por qué;
	3. por qué sería un fin de semana diferente;
	4. si te parece difícil tener un fin de semana así y por qué.

c. Fíjate en el discurso de un candidato que ha contestado a esta tarea 3 del modelo de examen n.º 3. ¿Notas problemas en su estructura? Ordénalo correctamente.

◯ **EL CANDIDATO...**

A. *El lugar podría ser una ciudad grande donde se pueden hacer muchas cosas, como Madrid o París.*

B. *No es importante para mí ir con muchos amigos o con personas que ya conozco porque me encanta conocer gente nueva. Podría ir con uno o dos amigos y luego estar allí con otros chicos y chicas.*

C. *Para pasar un fin de semana ideal necesito no tener que estudiar, estar en un lugar que visito por primera vez y con personas divertidas. Sin embargo, no me gustaría ir con profesores porque pienso que no me divertiría tanto.*

D. *En cuanto a si me parece difícil tener un fin de semana así, creo que sí, porque creo que mis padres no me dejarían viajar solo.*

E. *Ese fin de semana sería diferente porque normalmente no viajo mucho. Algunos veranos me voy de vacaciones con mi familia, pero nunca hago viajes cortos de dos o tres días. Además, nunca me acompañan mis amigos.*

F. *En resumen, para mi fin de semana ideal necesito tres cosas: una nueva ciudad interesante, gente divertida y nada de profesores.*

1.º	2.º	3.º	4.º	5.º	6.º

Tarea 4.

a. ¿Has pensado en qué te puede preguntar el entrevistador en esta tarea? Escucha la **pista 12** (celebraciones) y la **pista 17** (tiempo libre) y marca en la siguiente lista los temas de las preguntas:

Lo que haces normalmente.	☐
Tu reacción en una situación inventada.	☐
Tus gustos o preferencias.	☐
Las personas que conoces.	☐
Tus datos personales: nombre, apellidos, dirección, etc.	☐
Tus experiencias personales.	☐
Tu opinión sobre un tema de actualidad.	☐
Las costumbres de tu país.	☐

Modelo de examen n.º 3

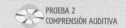
b. Completa la tabla siguiente con nuevas preguntas posibles del entrevistador.

	Tema	Aspecto	Posibles preguntas del entrevistador
1	El colegio	Las costumbres de tu país. Tus gustos o preferencias.	¿..?
2	La familia	Las costumbres de tu país. Tus gustos o preferencias.	¿..?
3	Las fiestas	Las costumbres de tu país. Tus gustos o preferencias.	¿..?
4	El tiempo libre	Las costumbres de tu país. Tus gustos o preferencias.	¿..?
5	El deporte	Las costumbres de tu país. Tus gustos o preferencias.	¿..?
6	La comida	Las costumbres de tu país. Tus gustos o preferencias.	¿..?

Si piensas en posibles preguntas del entrevistador podrás luego anticiparlas y responder mejor.

c. ¿Qué puedes hacer si no sabes responder a las preguntas del entrevistador o te bloqueas? Esto es lo que hacen algunos candidatos. Marca lo que tú harías.

Sobre todo, intento no ponerme nervioso.	☐
Le pido al entrevistador en español que repita la pregunta.	☐
Le pido al entrevistador en español que me explique el significado de una palabra.	☐
Uso mi lengua para pedir aclaraciones.	☐
Estoy en silencio y espero que el entrevistador me diga otra cosa.	☐
Intento no quedarme callado.	☐

DELE A2-B1
para escolares

Modelo de examen n.° 4

 PRUEBA 1. COMPRENSIÓN DE LECTURA 50 min.

 PRUEBA 2. COMPRENSIÓN AUDITIVA 30 min.

 PRUEBA 3. EXPRESIÓN E INTERACCIÓN ESCRITAS 50 min.

 PRUEBA 4. EXPRESIÓN E INTERACCIÓN ORALES 12 min.

 Comentarios, consejos y actividades sobre este modelo de examen.

En las actividades de este modelo de examen n.° 4 trabajamos en especial algunas **técnicas de examen**: qué puedes hacer durante el examen, qué puedes escribir en el cuadernillo, cómo escuchar las audiciones, etc.

Aquí tienes una serie de dificultades y de consejos para realizar esta prueba del examen. Anota junto a cada frase si son dificultades o consejos, y si te parecen informaciones útiles. Marca con ✔.

DIFICULTADES Y CONSEJOS	DIFICULTAD	CONSEJO	¿ES ÚTIL?
1. Los textos de la tarea 1 son muy parecidos unos a otros.			
2. Lee primero las preguntas.			
3. Selecciona y marca las palabras clave de cada anuncio.			
4. El vocabulario es, en parte, desconocido.			
5. Después de leer el texto de la tarea 3, elige las palabras clave de la opción que crees verdadera.			
6. No conozco la estructura de este tipo de textos.			
7. Compara las palabras clave de las preguntas con las palabras clave que se repiten en los textos A, B o C.			
8. Lee el texto de la tarea 3 por orden, teniendo en cuenta las palabras clave de las opciones.			
9. No estoy seguro/a de entender el sentido de las opciones de la tarea 3.			
10. No sé qué preposición es la correcta en esta estructura.			
11. En la tarea 4 es importante leer las frases completas.			
12. Me cuesta localizar las palabras clave en los textos largos.			

¿Todos los consejos ayudan a los candidatos de la misma manera? Escribe tu comentario (en español o en tu idioma).

....

....

(!) **¡Atención!** En la página 202 tienes algunos comentarios útiles.

¡Ya puedes empezar esta prueba!

Prueba 1: Comprensión de lectura

La prueba de **Comprensión de lectura** tiene cuatro tareas. Tienes que responder a **25 preguntas**.

● ● ● ● ● 🕐 La prueba dura **50 minutos**. Pon el reloj al principio de cada tarea.

Marca tus opciones únicamente en la **Hoja de respuestas**.

Tarea 1

INSTRUCCIONES

Vas a leer seis textos en los que unos jóvenes buscan clases particulares y diez anuncios de una web que ofrece clases particulares. Relaciona a los jóvenes (1-6) con los anuncios (A-J). HAY TRES TEXTOS QUE NO DEBES RELACIONAR.

Marca las opciones elegidas en la Hoja de respuestas.

¿Sabes qué es una asignatura? ¿Qué significa suspenso y aprobado?

	PERSONA	TEXTO
0.	CARMEN	C
1.	DIEGO	
2.	ESPERANZA	
3.	RODOLFO	
4.	BERNARDO	
5.	ESTRELLA	
6.	CRISTINA	

0. CARMEN
Si no me ayuda alguien con el inglés, voy a suspender este año y es muy importante para mí aprobar. No me importan la gramática o la pronunciación, solamente aprobar.

1. DIEGO
Tengo problemas con las matemáticas. Necesito una persona que tenga paciencia y sepa explicar bien las reglas de matemáticas. Los jueves tengo deporte y los viernes quedo con mis amigos.

2. ESPERANZA
A mí siempre se me han dado bien las asignaturas de ciencias, pero este año tengo un profesor muy aburrido. Quiero trabajar con otros estudiantes para recuperar el interés que tenía por la biología.

3. RODOLFO
Tengo buenas notas en todo excepto en Música, aunque toco la flauta. Me gustaría mejorar con la flauta y poder aprobar la asignatura del colegio con buena nota.

4. BERNARDO
En Educación Física me han puesto un suspenso. Es que no entiendo nada de nada y no puedo correr más de un minuto o saltar más de medio metro. Necesito ayuda ya.

5. ESTRELLA
Soy alumna de Bachillerato. Se me dan muy bien las asignaturas de letras, pero no entiendo los análisis sintácticos. ¿Alguien me los puede explicar?

6. CRISTINA
Tengo que elegir entre Francés o Inglés como segunda lengua extranjera. Seguro que necesito un profesor para las dos porque se me dan mal las lenguas extranjeras.

Modelo de examen n.º 4

	ANUNCIOS
A	Clases de inglés a domicilio. Profesora nativa de los Estados Unidos, con formación específica para enseñar a jóvenes. Todos los días de la semana. Tardes y mañanas. Preparo exámenes, corrijo la pronunciación… Tengo muchos años de experiencia en la universidad.
B	¿No vas bien en deporte? ¿Vas a suspender? ¿No entrenas suficiente? ¿No conoces las reglas del baloncesto o el fútbol? A mí me encanta el deporte y trabajar con jóvenes. Soy profesor de enseñanza secundaria en paro. Puedo ayudarte a mejorar tu nota y tu estado físico. Además, nos lo pasaremos bien.
C	Soy profesora de Inglés. He vivido en Inglaterra y en Estados Unidos, pero lo más importante es que me gusta mucho enseñar. Puedo explicarte la gramática para que apruebes todos los exámenes y, además, te divertirás aprendiendo inglés. Te ayudaré con los deberes. Conozco bien el sistema escolar, por eso sé lo que necesitas para aprobar.
D	Aunque parece fácil, dibujar y pintar es un arte que se puede aprender. Te puedo ayudar con tus ideas enseñándote la técnica adecuada. Desde la acuarela hasta la pintura con acrílicos, pasando por el dibujo o el grabado en linóleo. Ya verás qué fácil es hacer arte.
E	Profesor de Música se ofrece para enseñar a leer partituras, conceptos básicos, teoría e historia de la música. Niños a partir de 15 años. También doy clases de guitarra y flauta.
F	Doy clases de Matemáticas. Tengo mucha experiencia trabajando con niños y jóvenes. Puedo ir a tu casa si lo prefieres, mañanas y tardes.
G	Doy clases de Geografía e Historia y de Lengua castellana y Literatura. Te puedo ayudar con los análisis sintácticos y con los literarios. Ofrezco ayuda para todos los contenidos de la ESO y de Bachillerato.
H	Si no sabes leer las partituras de las canciones del colegio y si crees que no vas a aprobar la asignatura de Música, llámame. Yo puedo explicarte y ayudarte a sacar buenas notas. No doy clases instrumentales. Alumnos de Primaria y de Secundaria, incluido el Bachillerato.
I	Matemáticas, Biología y Geología, Química y Física. Todas las asignaturas de ciencias parecen difíciles aunque fascinantes. Si necesitas ayuda, no dudes en llamarme. Estoy libre los jueves y los viernes. Veremos ejemplos prácticos que te ayudarán a entender e incluso a amar las ciencias.
J	Profesor de Francés se ofrece para clases particulares. También doy clases de Inglés y de Alemán. Acepto alumnos de Secundaria. Las clases son en el centro de vecinos del barrio de Prosperidad.

● ● ● ● ● 🕐 **Para esta tarea he necesitado:** ———— **min.**

Tarea 2

• • • • • 🕐 Pon otra vez el reloj.

INSTRUCCIONES

Vas a leer tres biografías de actores jóvenes. Relaciona las preguntas (7-12) con los textos (A/B/C).
Marca las opciones elegidas en la Hoja de respuestas.

PREGUNTAS	A. PRISCILLA	B. FERNANDO	C. CELINE
7. ¿Quién tiene una hermana que también es actriz?			
8. ¿Quién ha hecho más de tres películas?			
9. ¿Quién ha trabajado con un grupo de música?			
10. ¿Quién quiere tener otra profesión en el futuro?			
11. ¿Quién ha nacido en América?			
12. ¿Quién interpreta el personaje de un cuento?			

	TEXTOS
A. **Priscilla Delgado** 	Priscilla nació en marzo del año 2002 en San Juan, capital de Puerto Rico. Desde muy pequeña, y ya viviendo en España, ha participado en pequeños papeles en series de televisión como *Los hombres de Paco* o *La chica de ayer*. En el 2009 protagonizó su primer largometraje, *El Regalo*. En el 2011 participó en una campaña publicitaria para prevenir la obesidad infantil. Desde el año 2010 trabaja en series infantiles con papeles protagonistas: en *Los protegidos* es Lucía, una niña huérfana capaz de leer los pensamientos de otras personas; en *Frágiles* es Paula y en *Cuéntame un cuento* es Blancanieves. En total ha trabajado en ocho películas para el cine.
B. **Fernando Boza** 	Fernando nació en Madrid en el 2002. Fernando hizo su primera aparición en una serie de televisión siendo un bebé (*Aquí no hay quien viva*) y trabajó en el mundo de la publicidad. Con apenas un año ya aparecía en folletos publicitarios de grandes almacenes. Cuando tenía dos años acompañó a su hermana Carlota a los *castings* de la serie *La que se avecina* sin intención de participar. Pero el equipo de la serie se interesó por él y, finalmente, ambos hermanos fueron seleccionados para hacer el papel de los hijos de "los cuquis", uno de los matrimonios que sale en la serie. En 2011 protagonizó el videoclip de la canción *Magic* del grupo sueco *The Sound of Arrows*.
C. **Celine Peña** 	Celine nació en Madrid en marzo de 2004. Vive con sus padres y con su hermana mayor. A Celine le gusta mucho cantar y bailar, ir al cine y al parque de atracciones, además de actuar. Su color preferido es el azul. Sus amigos también son actores. Pero cuando sea mayor Celine quiere ser profesora. Desde 2008 trabaja en *Cuéntame cómo pasó* en el papel de la hija pequeña de la familia Alcántara. Es su primer trabajo para la televisión. Después ha rodado dos cortometrajes y un largometraje: *La gran familia española*, en la que interpreta a la protagonista, Mónica, cuando era pequeña. También ha posado para algunas revistas de moda como *Vanity Fair*.

Fuente: *www.pinterest.com* y *www.wikipedia.org*

• • • • • 🕐 **Para esta tarea he necesitado:** _____ **min.**

● ● ● ● ● 🕐 Pon otra vez el reloj.

BEBE, BIOGRAFÍA DE UNA CANTANTE

La cantante Bebe nació el 9 de mayo de 1978 en Valencia, aunque sólo vivió un año en aquella ciudad. Se crió en Zafra, una pequeña ciudad al sur de Extremadura. Su nombre en realidad es bastante más largo: María Nieves Rebolledo Vila.

Creció en un ambiente musical ya que sus padres formaban parte del grupo de folk *Suberina*. Ellos fueron los que le transmitieron desde pequeña el amor por la música: siempre vivió rodeada de instrumentos musicales. En 1995 comenzó su trayectoria como corista en el grupo Vanagloria.

En 1996, tras terminar sus estudios de COU en Badajoz, se fue a Madrid a estudiar arte dramático. Ya desde joven quería combinar el amor a la música y a la actuación. A los pocos meses de estar en Madrid comenzó a actuar en locales de la capital y en el año 2001 ganó un concurso de cantautores en Extremadura.

Cantaba con su banda aunque no dejaba de lado sus actuaciones en solitario y, además, apareció como personaje secundario en dos películas de producción nacional, *Al sur de Granada* y *El Oro de Moscú*, en 2003, y en un capítulo de la serie El comisario.

A finales de 2003 le llegó la oferta para publicar un álbum, que apareció, por fin, en marzo de 2004, con el título de *"Pafuera" telarañas*. Entre sus canciones más conocidas se encuentran «Ella», «Siempre me quedará», o «Malo», que obtuvo gran éxito en Italia en el verano de 2006. En el álbum se ofrecía una pista extra con la canción «¡Que nadie me levante la voz!», que Bebe interpretó para la serie de Telecinco, *Aída*.

El 27 de junio de 2006 anunció su retirada temporal del mundo de la música, "para poder centrarse en su carrera como actriz", que dio un salto con *La educación de las hadas*, película dirigida por José Luis Cuerda, y con *Caótica Ana*, dirigida por Julio Medem.

En junio de 2009 presentó su nuevo trabajo musical, un disco llamado Y.... Sus sencillos fueron «La bicha», «Me fui», «Pa mi casa» y «Busco-me». En la ceremonia de los *Grammy* Latinos de 2009 confirmó que estaba embarazada y el 31 de marzo de 2010 dio a luz a su primera hija, de nombre Candela.

Ha colaborado con grupos como Los Amaya o cantautores como Albert Pla. Es coautora, junto a Carlos Jean de «César debe morir», la canción central del documental dirigido por Hernán Zin *La guerra contra las mujeres* estrenado en Televisión Española en noviembre de 2013.

Adaptado de *www.es.wikipedia.org/wiki/Bebe*

13. Según el texto Bebe…

A) es hija de músicos.

B) ha asistido a conciertos con sus padres.

C) al principio quería ser actriz.

14. En el texto se dice que en su vida…

A) la música es una cuestión familiar.

B) aprendió a tocar varios instrumentos de pequeña.

C) el amor a la música se lo transmitieron sus padres.

15. Bebe vivió en Extremadura…

A) hasta que ganó su primer concurso.

B) hasta que empezó a trabajar en el teatro

C) desde que tuvo un año.

16. Según el texto la cantante…

A) trabaja tanto para el cine como para el teatro y la televisión.

B) canta con un grupo pero también en solitario.

C) participa regularmente en concursos de cantautores.

17. El texto dice que en 2006 Bebe

A) anunció que iba a ser madre.

B) dio conciertos solamente en Italia.

C) se centró en su trabajo como actriz.

18. Según el texto en la ceremonia de un premio…

A) anunció el futuro nombre de su hija.

B) ganó su primer Grammy.

C) dio una noticia relacionada con su vida privada.

● ● ● ● ● 🕐 **Para esta tarea he necesitado:** _____ **min.**

Tarea 4

● ● ● ● ● 🕐 **Pon otra vez el reloj.**

INSTRUCCIONES

Lee el texto y rellena los huecos (19 a 25) con la opción correcta (A/B/C).

Marca las opciones elegidas en la Hoja de respuestas.

LA "ZAMBOMBA" SE HA CONVERTIDO EN UN AUTÉNTICO FENÓMENO SOCIAL Y ECONÓMICO PARA JEREZ

En la localidad de Jerez de la Frontera, en Andalucía, se celebran todos los _____19_____ por Navidad muchas "zambombas". La "zambomba" es una fiesta navideña que se suele hacer durante los días festivos antes de la Nochebuena. Su origen se remonta al siglo XVIII. Ya en esta época se celebraban fiestas en los patios de vecinos y en los barrios flamencos de Jerez, donde se _____20_____ comida, vino y canciones populares alrededor de un fuego para calentarse.

En estas fiestas un grupo de gente canta villancicos aflamencados en coro, al ritmo de una zambomba y, a veces, acompañados también por otros instrumentos _____21_____ panderetas o botellas de anís. Algunas de estas fiestas se graban y se emiten por televisión. En estos casos participan en las "zambombas" _____22_____ del baile flamenco.

Continúa →

Cada año, _____23_____ diciembre, se puede disfrutar de muchas "zambombas" por toda la ciudad, algunas anunciadas en los periódicos, otras _____24_____, en diferentes calles de Jerez, en patios, en bares. Cualquier persona puede unirse y participar en esta fiesta. Es tal la importancia de este fenómeno que recientemente se _____25_____ a tramitar el expediente para la declaración de la fiesta como Bien de Interés Cultural.

Fuente: texto adaptado de *http://es.wikipedia.org/wiki/Zambomba*

OPCIONES

19. A) estaciones   B) veranos   C) años

20. A) compartía   B) compartirán   C) ha compartido

21. A) como   B) cuales   C) tal

22. A) jugadoras   B) estrellas   C) actrices

23. A) de   B) en   C) a

24. A) populares   B) actuales   C) espontáneas

25. A) ha empezado   B) empecé   C) he empezado

 **Para esta tarea he necesitado:** _____ **min.**

Modelo de examen n.º 4

Control de progreso

Marca con un ✔.

¿Qué tal la prueba 1 de este examen?	Tarea 1	Tarea 2	Tarea 3	Tarea 4
🕐 Tiempo de cada tarea.				
Respuestas correctas.				
Ya me estoy habituando a este tipo de textos.				
No he tenido problemas para diferenciar los tipos de texto.				
He tenido menos problemas al elegir las palabras clave.				
Entiendo cada vez mejor los textos.				
Leo siempre primero las preguntas.				
Casi no pierdo tiempo releyendo.				
He localizado mejor la información en el texto.				
Tu impresión: dificultad de la tarea (de 1 a 5).				

¿Cómo te sientes después de esta prueba?
Marca con una ✗.

ESTOY MUY CONTENTO/A ☺☺ ☐

ESTOY CONTENTO/A ☺ ☐

NO ESTOY CONTENTO/A ☹ ☐

Puntos:

_____

¡Muy importante!

- Un buen modo para saber si has comprendido bien un texto es que intentes resumirlo con tus propias palabras y en tu idioma, entonces vas a comprender qué partes o vocabulario no eres capaz de traducir y, por lo tanto, no has comprendido adecuadamente.

- Fijarte bien en el contexto te ayudará a menudo a entender palabras que encuentras por primera vez. Por eso es muy importante trabajar las ideas generales de cada texto y tenerlas muy claras.

- Puedes poner a prueba tu comprensión haciéndote preguntas sobre lo que lees, preguntas simples, pero que deben referirse a todos los contenidos o temas tratados en el texto.

Modelo de examen n.º 4

PRUEBA 1
COMPRENSIÓN DE LECTURA

PRUEBA 2
COMPRENSIÓN AUDITIVA

PRUEBA 3
EXPRESIÓN E INTERACCIÓN ESCRITAS

PRUEBA 4
EXPRESIÓN E INTERACCIÓN ORALES

Actividades sobre el Modelo n.º 4.

¡Atención! En las actividades de este modelo de examen nos vamos a centrar en algunas estrategias útiles para hacer el examen.

Tarea 1.

a. En esta actividad nos vamos a centrar en la diferencia entre **información principal y secundaria**. En el siguiente anuncio de la pág. 198 está marcada la información principal.

| A | Profesor de francés se ofrece para clases particulares. También doy clases de Inglés y de Alemán. Acepto alumnos de Secundaria. Las clases son en el centro de vecinos del barrio de Prosperidad. |

Comentario. "Un lugar especializado" se relaciona con "un buen espacio" porque las dos expresiones hablan de lo mismo, "lugar" y "espacio" son sinónimos.

¿Le interesa a alguno de estos dos alumnos? Está marcada la información principal.

| **1. GERARDO** | Con el inglés me defiendo, pero en el francés soy un desastre. Necesito que alguien venga a mi casa para ayudarme. |
| **2. DIANA** | Me encantan los idiomas. El inglés y el francés los aprendo en el cole. ¿Será difícil aprender el alemán? |

> **En el examen no tienes que explicar por qué eliges tus respuestas. Es útil hacerlo durante la preparación.**

Marca la opción correcta: A. ☐ **1.** Gerardo   ☐ **2.** Diana

¿Qué tipo de información, la principal o la secundaria, necesitas para seleccionar la opción correcta? Anota aquí tu comentario, en español o en tu idioma.

....

....

b. Marca en los siguientes textos las informaciones principales y secundarias.

| B | Si no sabes leer las partituras de las canciones del colegio y si crees que no vas a aprobar la asignatura de música, llámame. Yo puedo explicarte y ayudarte a sacar buenas notas. No doy clases instrumentales. Alumnos de primaria y de secundaria, incluido el Bachillerato. |

3. ROCÍO	Saber solfeo o no, no es la cuestión. Lo que yo quiero es poder acompañar con la guitarra a mi hermana cuando canta.
4. BERNARDO	Mi profesora está empeñada en que saber solfear es algo básico, pero yo no distingo una nota de otra y quiero aprobar la asignatura.

Marca la opción correcta: B. ☐ **3.** Rocío ☐ **4.** Bernardo

Explica la selección que has hecho. Anota aquí tu comentario, en español o en tu idioma.

C	Doy clases de Geografía e Historia y de Lengua castellana y Literatura. Te puedo ayudar con los análisis sintácticos y con los literarios. Ofrezco ayuda para todos los contenidos de la E.S.O. y de Bachillerato.
5. ANDREA	Nunca entenderé cómo se hace un análisis sintáctico. Es misión imposible ayudarme con esta cuestión.
6. LAURA	Nunca entendí cómo se hacen los análisis sintácticos y ahora tengo que hacerlos a nivel universitario.

Marca la opción correcta: C. ☐ **5.** Andrea ☐ **6.** Laura

Explica la selección que has hecho. Anota aquí tu comentario, en español o en tu idioma.

D	Aunque parece fácil, dibujar y pintar es un arte que se puede aprender. Te puedo ayudar con tus ideas enseñándote la técnica adecuada. Desde la acuarela hasta la pintura con acrílicos, pasando por el dibujo o el grabado en linóleum. Ya verás qué fácil es hacer arte.
7. JORGE	Yo me defiendo bien con las ciencias, pero lo que más me gusta es la clase de plástica, aunque parece que no tengo talento.
8. SOFÍA	No tengo ningún talento artístico. Lo mío son las matemáticas y la física. Todo lo demás no me interesa.

Marca la opción correcta: D. ☐ **7.** Jorge ☐ **8.** Sofía

Explica la selección que has hecho. Anota aquí tu comentario, en español o en tu idioma.

Modelo de examen n.º 4

 **PRUEBA 1**
COMPRENSIÓN DE LECTURA

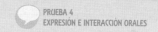 PRUEBA 2
COMPRENSIÓN AUDITIVA

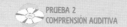 PRUEBA 3
EXPRESIÓN E INTERACCIÓN ESCRITAS

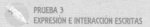 PRUEBA 4
EXPRESIÓN E INTERACCIÓN ORALES

c. Elige el anuncio que corresponde a cada personaje. Recuerda lo que has visto sobre **información principal y secundaria**.

Para esta actividad hemos creado **dos anuncios nuevos** para cada persona.

1. ESPERANZA

A mí siempre se me han dado bien las asignaturas de ciencias pero este año tengo un profesor muy aburrido. Quiero recuperar el interés que tenía por la biología.

A Aprender es emocionante. Déjate llevar a la maravillosa aventura de descubrir los secretos de la Naturaleza.

B Éxito seguro. Con nuestras clases particulares aprobarás todas las signaturas suspendidas. Tardes de 16 a 20 horas.

Marca la opción correcta: Esperanza   ☐ Anuncio A   ☐ Anuncio B

2. BERNARDO

En Educación Física me han puesto un suspenso. Es que no entiendo nada de nada y no puedo correr más de un minuto o saltar más de medio metro. Necesito ayuda personalizada ya.

A Entrénate a diario en nuestro gimnasio. Una cuota única para usar todas las máquinas. Máquina de bebidas a tu disposición.

B Mejora tu condición física y entrena tu resistencia practicando distintos deportes en el Polideportivo del Ayuntamiento. Monitores a tú disposición.

Marca la opción correcta: Bernardo   ☐ Anuncio A   ☐ Anuncio B

3. DIEGO

Tengo problemas con las matemáticas. Necesito una persona que tenga paciencia y sepa explicar bien las reglas de matemáticas. Solo puedo por las tardes.

A Clases efectivas de matemáticas. Todos los días a partir de las 13 horas.

B Clases particulares. Fines de semana y todos los días de las vacaciones.

Marca la opción correcta: Diego   ☐ Anuncio A   ☐ Anuncio B

◯ **4.CARMEN**

 Si no me ayuda alguien con el inglés voy a suspender este año y es muy importante para mí aprobar. No me importan la gramática o la pronunciación, solamente aprobar.

A Profesora de bachillerato jubilada da clases de inglés adaptadas a escolares para tener éxito seguro.

B Soy de los Estados Unidos y estoy aquí para aprender español. Puedo enseñarte un poco de inglés si tú me enseñas español.

Marca la opción correcta: Carmen ☐ Anuncio A ☐ Anuncio B

Explica la selección que has hecho. Anota aquí tu comentario, en español o en tu idioma.

Tarea 2.

a. Observa bien el tipo de preguntas que son típicas de esta Tarea.

A
1. ¿Quién escribe el último día?
2. ¿Quién escribe nada más llegar al lugar de las vacaciones?

B
1. ¿Quién ha probado un plato del que nunca había oído hablar?
2. ¿A quién no le ha gustado el plato típico del lugar?

C
1. ¿Quién ha tenido más de dos/tres… animales diferentes a lo largo de su vida?
2. ¿Quién tiene una pareja de animales que no se lleva bien/se lleva muy bien?

D
1. ¿Quién ha estudiado dos carreras?
2. ¿Quién ha interrumpido sus estudios por tener que trabajar?

E
1. ¿Quién pasó más tiempo en la biblioteca que en los seminarios?
2. ¿Quién empezó una carrera y cambió después a otra?

F
1. ¿Quién salió en una serie de televisión siendo un bebé?
2. ¿Quién ha cantado una canción sobre el escenario de un teatro?

¿Has visto que la estructura de las preguntas es siempre la misma?

Modelo de examen n.º 4

PRUEBA 1
COMPRENSIÓN DE LECTURA

PRUEBA 2
COMPRENSIÓN AUDITIVA

PRUEBA 3
EXPRESIÓN E INTERACCIÓN ESCRITAS

PRUEBA 4
EXPRESIÓN E INTERACCIÓN ORALES

b. Crea ahora tú dos preguntas para los siguientes fragmentos de textos.

⚠ **¡Atención!** Esta no es una tarea del examen, pero puede ser muy útil.

🔵 FRAGMENTO	🔵 PREGUNTAS
A María Gisela siempre le ha molestado ver basura por la calle. Le parecen feos los monumentos ensuciados con grafitis o las paredes de los edificios cubiertas con carteles rotos y viejos. En Buenos Aires ha creado un equipo de más de cuarenta estudiantes universitarios y de enseñanza secundaria. (Modelo 2)	¿... ....?
El año pasado saló por primera vez después de las doce campanadas. Fui a una fiesta en casa de un amigo. Éramos unos veinte. Estuvimos bailando durante horas. A eso de las dos de la mañana hubo un momento de aburrimiento porque todos estábamos cansados. (Modelo 3)	¿... ....?
Celine nació en Madrid en marzo de 2004. Vive con sus padres y con su hermana mayor. Le gusta mucho cantar y bailar, ir al cine y al parque de atracciones, además de actuar. Su color preferido es el azul. Sus amigos también son actores. (Modelo 4)	¿... ....?

c. Relaciona las palabras de la derecha con los temas de la izquierda. Es **vocabulario** tomado de los modelos de este libro y del modelo del Instituto Cervantes.

🔵 FRAGMENTO	🔵 PREGUNTAS
Navidades, vuelo, al sur, visitar, se atraviesan los Andes, recorrido, raqueta de tenis, dolor de cabeza (modelo 1)	a) el peor viaje b) estudiar Medicina después de hacer otra carrera
ser médico, empezar la carrera, ir a la playa, dejar Filosofía, universidad privada, presentarse a las pruebas, ganar un premio literario (modelo del Instituto Cervantes)	c) viajes de aventuras d) trabajar en el voluntariado social
mejorar, mis primeras palabras, tener información auténtica, prejuicios, sucio, progresos, paciencia, explicaba, paredes viejas (modelo 5)	e) intercambios de idiomas f) la fiesta de Nochevieja

Marca los dos **intrusos** (palabras que no pertenecen al tema) que hay en cada grupo de palabras.

Tarea 3.

a. Vamos a trabajar las **opciones incorrectas**: en dos de las opciones de las preguntas aparecen estructuras o vocabulario que no tienen una correspondencia exacta en el texto. Observa este cuadro:

🔵 PREGUNTA	🔵 TEXTO
Laura Gallego escribió su primer libro cuando vivía en una isla.	Empezó a escribir a los 11 años, junto con su amiga Miriam. Querían escribir un libro de fantasía, *Zodiaccía, un mundo diferente*. Trataba de una niña que viajaba a una isla mágica donde todo tenía que ver con los horóscopos.

Comentario. Su primer libro se relaciona con "empezó a escribir" pero la la palabra "isla" que se repite tanto en el texto como en la pregunta, se refiere a cosas distintas. En la pregunta habla de la vida de Laura, y en el texto habla de la novela que escribió Laura.

La palabra "isla" no lleva a la solución correcta. Selecciona el tipo de causa:

    a) Las diferencias en las estructuras gramaticales.

    b) Las diferencias en relación con el vocabulario (semántica).

    c) Una combinación de las dos anteriores.

b. Aquí tienes una serie de preguntas y sus textos correspondientes. Marca con una ✗ el tipo de causa.

	1	2	3	4	5
a) Causas gramaticales					
b) Causas semánticas					
c) Una combinación					

	PREGUNTAS	TEXTO
1	En el texto se dice que los padres… C) llamaban "bruja" a la gata.	También papá jugaba mucho con ella (la gata): - ¡Mira qué bruja! ¡Si hasta se le eriza la cola a nuestra pantera! – decía papá riendo. Porque, si no recuerdo mal, en aquella época papá llamaba "pantera" a la gata. Nunca aceptó el nombre de Ofelia, aunque no volvió a decir nada más sobre eso.
2	Según el texto, en 2009 Guillermo del Toro… B) publicó la obra de un escritor estadounidense.	Durante algún tiempo estuvo apartado de su trabajo para probar cosas nuevas. En 2009 publicó su primera novela de ficción y terror, *Nocturna*. Esta obra fue el primer volumen de la *Trilogía de la Oscuridad*, escrita conjuntamente con el norteamericano Chuck Hogan.
3	El texto dice que en 2006… A) Bebe anunció su retirada para ser madre.	El 27 de junio de 2006 anunció su retirada temporal del mundo de la música, "para poder centrarse en su carrera como actriz", que dio un salto con *La educación de las hadas*, película dirigida por José Luis Cuerda, y con *Caótica Ana*, dirigida por Julio Medem.
4	En el texto se dice que Juanes… A) es un apasionado de California.	Juan Esteban Aristizábal Vásquez nació el 9 de agosto de 1972 en Medellín, Colombia. A los 7 años comenzó a dedicarse a su única pasión: la música. En 1998, Juanes se fue para Los Ángeles, California, a vivir en una habitación muy pequeña en una ciudad tan grande.
5	Con respecto a las adaptaciones de las novelas de Manolito al cine, el texto dice que… C) las ha realizado siempre el mismo director.	Pronto las aventuras del personaje fueron llevadas a la televisión y al cine. En la primera película, *Manolito Gafotas* (1999), Lindo colaboró con el director Miguel Albaladejo. En 2001 Juan Potau dirigió la segunda película sobre Manolito, titulada *Manolito Gafotas ¡Mola ser jefe!*

Fuente: ◄┃► Instituto Cervantes.

 Comentario. Aquí no se trata de localizar las palabras clave sino de ver que hay palabras que pueden **distraerte**.

Modelo de examen n.º 4

PRUEBA 1
COMPRENSIÓN DE LECTURA

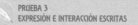 PRUEBA 2
COMPRENSIÓN AUDITIVA

PRUEBA 3
EXPRESIÓN E INTERACCIÓN ESCRITAS

PRUEBA 4
EXPRESIÓN E INTERACCIÓN ORALES

Tarea 4.

(!) **¡Atención!** En estas dos actividades vamos a trabajar los siguientes contenidos:

> Diferencias entre *ser / estar / tener / hay* (actividad a); y vocabulario (actividad b).

> Recuerda que en la 🖥 ELEteca puedes descargar un apéndice con una lista de libros de Edinumen que tienen actividades para trabajar esos contenidos gramaticales.

a. Lee el siguiente texto y rellena los huecos (19 a 25) con la opción correcta (A/B/C).

ENCUENTRO DE INTERNAUTAS *CONÉCTATE A RONDA*

La Delegación Municipal de Nuevas Tecnologías e Innovación, con la colaboración de la Concejalía de Educación, ha organizado para este próximo viernes 24 de mayo el encuentro de internautas 'Conéctate a Ronda', que se mantendrá de 17.30 a 20.30 horas en la Alameda del Tajo y en el que se espera que asistan cientos de jóvenes de los distintos centros educativos.

La iniciativa, que ____19____ prevista inicialmente para el pasado viernes, ____20____ aplazarse como consecuencia de la intensa lluvia que se registró ese día en la ciudad.

Esta actividad se ha organizado por primera vez con motivo del Día Mundial de Internet, y además de ____21____ entretenido y divertido, también busca concienciar a los jóvenes sobre el uso responsable de la red. Por ello, especialistas de la Policía Nacional informarán sobre las pautas de seguridad que ____22____ seguir a la hora de conectarse. Durante la tarde del viernes ____23____ música en directo, un servicio de bar y cafetería cuyos beneficios ____24____ un fin solidario, y el reparto de 500 camisetas del encuentro para los primeros participantes.

La empresa Excom Free Tecnology ____25____ la responsable del servicio wifi de banda ancha.

Adaptado de *www.sarraniaderonda.com/portal/es/eventos.php?id=913c*

19.	a) estaba	b) había	c) era
20.	a) estuvo	b) tuvo que	c) fue
21.	a) estar	b) ser	c) tener
22.	a) serán	b) tener que	c) hay que
23.	a) habrá	b) será	c) tendrá
24.	a) serán	b) habrán	c) tendrán
25.	a) tendrá	b) será	c) habrá

b. Lee el siguiente texto y rellena los huecos (19 a 25) con la opción correcta (A/B/C).

<u>DÍA INTERNACIONAL DEL LIBRO INFANTIL</u>

Desde 1967, el 2 de abril se celebra el Día Internacional del Libro Infantil, coincidiendo con la fecha del nacimiento del escritor danés Hans Christian Andersen. Es el IBBY (Organización Internacional para el Libro Juvenil en sus siglas en inglés) el que promueve la ____19____ de este día, con el fin de promocionar los buenos libros infantiles y juveniles entre los más jóvenes. La ____20____ es la gran protagonista.

Cada año una Sección Nacional tiene la ____21____ de ser la patrocinadora internacional del Día del Libro Infantil y selecciona un escritor/a representativo y a un reconocido ilustrador/a de su país para que elaboren el ____22____ dirigido a todos los niños del mundo y el cartel que se distribuye por todo el mundo. Además se promueve la celebración en las bibliotecas, centros escolares, librerías, etc de todo el mundo. En estos ____23____ se organizan exposiciones, presentaciones de libros, sesiones de libro-forum y actividades de animación a la lectura. También hay un ____24____ con escritores e ilustradores de libros juveniles.

Así mismo se anima, principalmente a las librerías y bibliotecas, a que organicen ____25____ en torno a la figura de Andersen.

Adaptado de *http://www.oepli.org/pag/cas/dia.php*

19.	a) elección	b) manifestación	c) celebración
20.	a) aprendizaje	b) lectura	c) corrección
21.	a) motivo	b) oportunidad	c) objetivo
22.	a) mensaje	b) noticia	c) contenido
23.	a) plazas	b) edificios	c) centros
24.	a) encuentro	b) examen	c) investigación
25.	a) actos	b) logros	c) objetivos

¡Ánimo, adelante!

Prueba 2: Comprensión auditiva

● ● ● ● ● **Antes de empezar la prueba de** Comprensión auditiva.

Aquí tienes 6 fragmentos de examen de distintas tareas. Todos proceden del modelo de examen del Instituto Cervantes. Con lo que dice la pregunta tienes que **imaginar** el tema o la situación de cada audición. Escribe además cuatro palabras de ese tema.

	FRAGMENTOS DE EXAMEN	TAREA	Tema o situación de la audición	Vocabulario posible
1.	A B C	1.		
2.	A. Se puede tocar con profesionales.	2.		
3.	0. Informa de cuándo empieza la película.	3.		
	14. Ha explicado por qué no ha sido puntual.			
4.	6. ¿Qué día es más barato el cine? A) El lunes. B) El jueves. C) El viernes.	1.		
5.	F. Se puede comer barato en distintos sitios.	2.		
6.	22. Según la audición, el objetivo del concurso es… A) conocer cómo es la vida cotidiana en el campo. B) ayudar a los jóvenes artistas de esa región. C) informar sobre las actividades de los centros escolares.	3.		

Fuente: ✟ Instituto Cervantes.

Ahora tienes que escuchar los fragmentos de audiciones de esas preguntas. Comprueba si has adivinado correctamente.

18 Pon dos veces la pista n.° 18. Usa el botón de ⏸ PAUSA si lo necesitas.

¿Cómo has reconocido el tema en cada caso? ¿Para qué puede ser útil adivinar de qué se va a hablar en cada tarea? Anota aquí tus comentarios (en español o en tu idioma).

....

....

❗ ¡Atención! En la página 219 tienes la solución y algunos comentarios útiles.

¡Ya puedes empezar esta prueba!

Prueba 2: Comprensión auditiva

La prueba de **Comprensión auditiva** tiene cuatro tareas. Debes responder a **25 preguntas**.

● ● ● ● ● 🕐 La prueba dura **30 minutos**.

Marca tus opciones únicamente en la **Hoja de respuestas**.

🌀 Pon la pista n.° 19. No uses el botón de ❚❚ *PAUSA* en ningún momento. Sigue todas las instrucciones que escuches.
19

Tarea 1

INSTRUCCIONES

Vas a escuchar siete conversaciones. Escucharás cada conversación dos veces. Después debes contestar a las preguntas (1-7). Selecciona la opción correcta (A/B/C).

Marca las opciones elegidas en la Hoja de respuestas.

Ejemplo: Conversación 0.

0. ¿Qué va a pedir Carmen de comer al día siguiente?

A   B   C

La opción correcta es la letra B.

● ● ● ● ● 🕐 Ahora tienes **30 segundos** para leer las preguntas.

CONVERSACIÓN UNO

1. ¿Dónde ha comprado la chica el regalo para su padre?

A   B   C

CONVERSACIÓN DOS

2. ¿Qué va a comprar el chico?

A   B   C

Continúa →

El Cronómetro en clase ▪ Manual de preparación del DELE. Examen A2–B1 para escolares

Modelo de examen n.° 4

CONVERSACIÓN TRES

3. ¿Qué regala la agencia con el viaje?

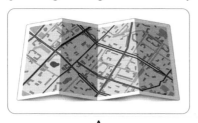

A

B

C

CONVERSACIÓN CUATRO

4. ¿Dónde van a ir el domingo?

A

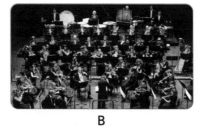

B

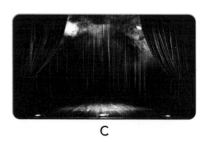

C

CONVERSACIÓN CINCO

5. ¿Qué le recomienda el empleado de la tienda?

A) Comprar un móvil nuevo.

B) Que reclame antes.

C) Nada.

CONVERSACIÓN SEIS

6. ¿Por qué no avisaron a la chica?

A) El mecánico estaba enfermo.

B) Su teléfono no funcionaba.

C) No tenían su número actual.

CONVERSACIÓN SIETE

7. ¿Por qué la madre no le presta el
móvil a su hijo?

A) El hijo perdió ya otro.

B) Lo tiene el hermano.

C) No se sabe.

Tarea 2

INSTRUCCIONES

*Vas a escuchar siete mensajes, incluido el ejemplo. Cada mensaje se repite dos veces. Selecciona el enunciado
(A-J) que corresponde a cada mensaje. Hay diez enunciados, incluido el ejemplo. Selecciona seis.*

Marca las opciones elegidas en la Hoja de respuestas.

Escucha ahora el ejemplo: Mensaje 0.
La opción correcta es la letra C.

```
     A   B   C   D   E   F   G   H   I   J
0.  □   □   ▣   □   □   □   □   □   □   □
```

● ● ● ● ● 🕐 Ahora tienes 25 segundos para leer los enunciados.

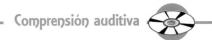

	ENUNCIADOS
A.	Hay que decir si el mensaje es algo importante.
B.	No están en casa porque se han ido de viaje.
C.	Solo hay dos días para jóvenes y adolescentes.
D.	Hay un mensaje para otra persona.
E.	Es una familia numerosa.
F.	No se puede dejar ningún mensaje.
G.	Solo de lunes a viernes se pueden dejar mensajes.
H.	Se puede reservar por teléfono.
I.	Abren solo cuando hace buen tiempo.
J.	Aconseja no dejar ningún mensaje.

	MENSAJES	ENUNCIADOS
	Mensaje 0	C
8.	Mensaje 1	
9.	Mensaje 2	
10.	Mensaje 3	
11.	Mensaje 4	
12.	Mensaje 5	
13.	Mensaje 6	

Tarea 3

INSTRUCCIONES

Vas a escuchar una conversación entre una chica y el empleado de un parque temático. Indica si los enunciados (14-19) se refieren a la chica (A), al empleado (B) o a ninguno de los dos (C). Escucharás la conversación dos veces.

Marca las opciones elegidas en la Hoja de respuestas.

• • • • • 🕐 Ahora tienes **25 segundos** para leer los enunciados.

	ENUNCIADOS	**A.** Chica	**B.** Empleado	**C.** Ninguno de los dos
0.	Es representante de su grupo.	✔		
14.	Comprueba que hay una reserva.			
15.	No le gustan las entradas que recibe.			
16.	Dice que el profesor no puede subir a la montaña rusa.			
17.	No solo va a comprar las entradas.			
18.	Habla del precio de la entrada.			
19.	Dice quién va a pagar las entradas.			

Modelo de examen n.º 4

● ● ● ● ● Ahora tienes **30 segundos** para leer las preguntas.

PRIMERA NOTICIA

20. Según la audición, el festival de septiembre…

A) ofrece distintos tipos de manifestaciones artísticas.

B) no solo está dirigido a adolescentes.

C) presentará al público al grupo Izal.

21. En la audición se dice que como es jueves…

A) hacen el programa en bicicleta.

B) proponen coger la bicicleta.

C) va a hablar Isabel Ramis.

SEGUNDA NOTICIA

22. Según la audición, el grupo de música británico…

A) ha llegado esa noche a Madrid.

B) va a ver un partido de fútbol.

C) atrae sobre todo a chicas.

23. En la audición se dice que los adolescentes esperan…

A) desde hace dos semanas.

B) de forma muy organizada.

C) el único concierto en Madrid.

TERCERA NOTICIA

24. Según la audición, una oyente pide otra canción porque…

A) su amiga vive en Madrid.

B) alguien se ha ido a Fuerteventura.

C) su hijo toca en ese grupo.

25. En la audición se dice que otra oyente dedica una canción…

A) a su compañera de canto.

B) a todas las chicas que fueron a un concierto.

C) a un chico llamado Josep Lobató.

Modelo de examen n.º 4

Control de progreso

Marca con un ✔.

¿Qué tal la prueba 2 de este examen?	Tarea 1	Tarea 2	Tarea 3	Tarea 4
Respuestas correctas.				
He leído con atención las preguntas.				
He marcado las palabras clave en las preguntas.				
He imaginado el tema o el vocabulario.				
He podido leer y escuchar al mismo tiempo.				
Las palabras desconocidas no han sido un problema.				
Las estructuras desconocidas no han sido un problema.				
Tu impresión: dificultad de la tarea (de 1 a 5).				

¿Cómo te sientes después de esta prueba?
Marca con una ✗.

ESTOY MUY CONTENTO/A ☺☺ ☐

ESTOY CONTENTO/A ☺ ☐

NO ESTOY CONTENTO/A ☹ ☐

Puntos:
_____

¡Muy importante!

- Recuerda que, en el uso de la lengua, la escucha es la actividad más ejercitada y que solo a través del oído aprenden los niños su lengua nativa.

- Para mejorar la comprensión auditiva es muy importante que practiques con productos reales; por ejemplo: escuchar la radio y, también, ver informativos, anuncios o series en español.

- Los anuncios son una buena opción porque también se apoyan mucho en la imagen y eso te ayudará; además, los mensajes normalmente son breves y directos.

- Si ves series en español, usa siempre la opción de poner subtítulos también en español. Leer al mismo tiempo que estás escuchando te permite reconocer con el oído muchas más palabras y, en consecuencia, tu comprensión mejorará notablemente.

- También las canciones pueden ayudarte a trabajar tu comprensión auditiva, aunque a veces resulta difícil porque la musicalidad cambia completamente el acento de la lengua. Escúchalas primero sin la letra y luego leyendo la letra para comprobar cuánto has conseguido entender la primera vez.

Modelo de examen n.º 4

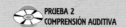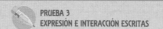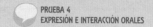
Actividades sobre el Modelo n.º 4.

¡Atención! En las actividades de este modelo de examen te vamos a proponer, entre otras cosas, **escribir preguntas de examen**. Creemos que es una actividad muy útil para entender completamente la estructura de esta prueba y para usar todo lo que sabes de ella.

Tarea 1.

a. Escucha y lee la siguiente transcripción de los diálogos de este modelo de examen. Hay algunas palabras cambiadas. Identifica esas palabras.

 Pon la pista n.º 19. Usa el botón de ⏸ *PAUSA* si lo necesitas.

● CONVERSACIÓN 0

▶ *¡Hola, Luisa! ¿Qué haces por aquí?*

▶ *Hola, Carmen. Pues mira, acabo de comer, ¿y tú?*

▶ *Yo también, qué bien que no te he visto antes. ¿Qué has comido?*

▶ *Pues mira, un plato de pasta muy rico.*

▶ *¿Estaba bueno? Yo pensé pedir también eso, pero al final pedí sopa.*

▶ *A mí no me pareció muy apetitoso.*

▶ *Y no lo estaba, la próxima vez pido pizza.*

▶ *Me han dicho que aquí la tortilla la hacen muy bien. Te lo recomiendo.*

▶ *Ah, pues estupendo, lo pediré mañana.*

● CONVERSACIÓN 1

▶ *Oye Marta, quiero comprarle a papá una bufanda y no sé dónde.*

▶ *¿Una corbata? Pero Pablo, si tiene muchas. ¿Por qué no le regalas unos guantes?*

▶ *¿Y no tiene?*

▶ *Ayer estuve en el centro vi unos muy bonitos en una tienda de ropa para hombre.*

▶ *Yo estuve en una tienda de electrónica mirando las fundas para móvil, pero no me gustó ninguna.*

▶ *Mira lo que le he comprado yo.*

▶ *¡Ah! Una revista de historia, qué buena idea, con lo que le gustan.*

▶ *Sí, hace un par de semanas habló justamente de esta.*

● CONVERSACIÓN 2

▶ *¡Este es perfecto! Superelegante y baratísimo.*

▶ *Te va a durar un mes, ya verás, es de mala calidad.*

▶ *Ya, pero solo lo necesito una vez.*

▶ *Yo prefiero comprar otra cosa... a ver... esta está muy bien.*

▶ *Es muy aburrida, de verdad, qué colores tan tristes.*

▶ *¿Y estas de ahí? Ven a verlas.*

▶ *Esos sí, son estupendas para ti y te quedan muy bien.*

▶ *¿Estás seguro? ... pero son un poco caras.*

▶ *Ya, pero es así, la ropa buena es siempre más cara*

▶ *Bueno, pues vale. Me las compro.*

CONVERSACIÓN 3

▶ *Buenos días, ¿en qué puedo ayudarle?*

▶ *Buenas, mire. Es que me he enterado de que hay una oferta muy buena para este fin de semana. ¿Me puede informar?*

▶ *Sí, es al Pirineo de Lleida, con parada en Andorra y en la Seu d'Urgell. Ida y vuelta, 190€.*

▶ *Ya, ¿y la cena está incluida?*

▶ *¡Faltaría más! Y el desayuno también.*

▶ *¿Y vamos a tener una guía o algo así?*

▶ *Por supuesto, como con todos los viajes. Y además les regalamos un mapa de los Pirineos actualizado y una mochila con el nombre de la agencia.*

▶ *Vale, pues me apunto.*

CONVERSACIÓN 4

▶ *Hola, Francisca. Te llamo por lo del domingo.*

▶ *¿Has mirado ya qué hay?*

▶ *Sí, he seleccionado tres, a ver qué te parece: un concierto de rock, una obra de teatro y un espectáculo de tango circo y salsa.*

▶ *Pues lo que más me apetece es el tango, pero no sé, ¿y tú?*

▶ *Yo prefiero el primero, me parece una mezcla muy original y tiene buenas críticas.*

▶ *¿Y crees que habrá entradas?*

▶ *Claro, pero tenemos que decidir rápido o nos quedamos sin.*

▶ *Vale, pues vamos a ese.*

▶ *Vale.*

CONVERSACIÓN 5

▶ *Buenas, perdone, mire. Tengo una pregunta.*

▶ *Sí, dígame.*

▶ *Este es el móvil de mi hija, parece que la pantalla táctil no va muy bien.*

▶ *¿Lo ha comprado aquí? ¿Tiene el tique de compra?*

▶ *Sí, aquí lo tiene, aún está en periodo de garantía.*

▶ *¿Me deja el móvil? ¿Sabe si se le ha caído o lo ha mojado?*

▶ *Bueno, no, ella dice que desde el principio iba mal.*

▶ *Pues qué bien que ha venido ahora.*

▶ *Pero aún está en garantía...*

▶ *Sí, sí, lo digo solo como un consejo para la próxima vez.*

CONVERSACIÓN 6

▶ *Hola, venía a recoger mi bicicleta. Aquí está el tique.*

▶ *A ver... Sí, a ver, hay un problema. No está lista.*

▶ *Pero si me dijeron...*

▶ *Sí, ya, es que el mecánico ha estado enfermo toda la semana y...*

▶ *¿Y por qué no me llamaron o me enviaron un sms?*

▶ *Lo hicimos, pero algo debe de...*

▶ *A ver... ¡Anda!, pero si ese es mi nuevo número. Lo agradezco mucho. Bueno, te doy el otro y ya está: 678 876 456.*

▶ *Perfecto. Pues pásate la semana que viene, ¿vale? El lunes por la tarde.*

▶ *Vale, pues vengo el lunes.*

▶ *Estupendo, hasta entonces.*

CONVERSACIÓN 7

▶ *Venga, mamá, déjame tu móvil, que el mío no...*

▶ *¡Ni soñarlo! Que ya has roto tres.*

▶ *Pero mamá, te prometo que lo voy a cuidar.*

▶ *Sí, como con el otro, que se lo vendiste a tu amiga y nunca más se supo.*

▶ *No se lo vendí yo, se lo vendió Jose.*

▶ *Tu hermano no tiene nada que ver, no le eches las culpas.*

▶ *No es justo, a él siempre le...*

▶ *Te he dicho que no y es que no. Y vámonos ya.*

▶ *Bueno, pero por lo menos déjame ir al concierto.*

Modelo de examen n.º 4

PRUEBA 1
COMPRENSIÓN DE LECTURA

PRUEBA 2
COMPRENSIÓN AUDITIVA

PRUEBA 3
EXPRESIÓN E INTERACCIÓN ESCRITAS

PRUEBA 4
EXPRESIÓN E INTERACCIÓN ORALES

b. Aquí tienes parte de los diálogos del modelo del ![] Instituto Cervantes. Lee las transcripciones y escribe una pregunta. Describe también con pocas palabras qué se podría ver en las fotos de las tres opciones.

◯ DIÁLOGOS

◯ PREGUNTAS

Conversación 1

CHICO: *Oye Marta, me han dicho que estás haciendo un intercambio francés-español, ¿es verdad?*

CHICA: *Sí, sí, con un chico francés que se llama Pierre.*

CHICO: *¿Y qué tal?*

CHICA: *Genial. Nos vemos dos días a la semana y hablamos una hora en francés y otra en español. Además, algunos fines de semana quedamos para hacer deporte, para comer o para cenar.*

CHICO: *¡Qué bien! ¿Puedo quedar yo algún día con vosotros?*

CHICA: *Vale. Mira, el sábado vamos a jugar al tenis a las once de la mañana. ¿Quieres venir?*

CHICO: *¿A las once? No sé, tengo que llevar a mi hermano a su clase de guitarra y luego quería estudiar un poco porque tengo un examen el martes.*

CHICA: *¡Venga! ¡Anímate!*

1. ¿ ....
   ....
   .... ?

Foto A) ....

Foto B) ....

Foto C) ....

Conversación 2

CHICO: *Mira, Pilar, allí a la derecha hay mesas libres.*

CHICA: *Sí, pero primero vamos a ver qué hay hoy para comer.*

CHICO: *Yo ya lo sé, lo acabo de leer. De primer plato hay sopa, ensalada, pasta con tomate o arroz con verduras.*

CHICA: *¿Y de segundo?*

CHICO: *Carne o pescado, como siempre.*

CHICA: *Pues yo voy a tomar una ensalada y pescado. No estoy muy bien del estómago y prefiero comer algo ligero. ¿Y tú?*

CHICO: *Yo solo tomaré pescado, porque esta semana he comido pasta todos los días y los otros platos no me gustan…*

CHICA: *¡Qué especial eres con la comida! Casi nunca te gusta lo que ponen.*

CHICO: *Ya. Lo único que me gusta de verdad son los postres: los dulces, el chocolate, los helados…*

2. ¿ ....
   ....
   .... ?

Foto A) ....

Foto B) ....

Foto C) ....

Conversación 5

MUJER: *Hola, Carlos, qué divertida está la fiesta, ¿no te parece?*

HOMBRE: *La verdad es que sí. Me lo estoy pasando muy bien, pero ya me tengo que ir.*

MUJER: *¿Por qué?*

HOMBRE: *Es que voy a llevar a mis padres al aeropuerto y he quedado con ellos a las nueve en su casa.*

MUJER: *¿Adónde van?*

HOMBRE: *Van a visitar a mi hermana, que ha tenido un niño.*

MUJER: *Tu hermana, ¡qué bien!… ¿Todavía vive en las Islas Canarias?*

5. ¿ ....
   ....
   .... ?

Foto A) ....

Foto B) ....

Foto C) ....

HOMBRE: *Sí. Se fue hace tres años porque le ofrecieron un trabajo en un hotel, y allí sigue.*

MUJER: *¿Y tú ya has ido a verla a Canarias?*

HOMBRE: *No, todavía no. Nunca encuentro el momento.*

Fuente: ◄┋► Instituto Cervantes.

Ahora observa en el modelo (páginas 12, 13 y 14) las preguntas y las fotografías. ¿Son muy diferentes de las tuyas?

◄┋► Instituto Cervantes: https://examenes.cervantes.es/sites/default/files/2.10.2.3_dele_a2b1escolares_modelo_0.pdf

Tarea 2.

a. Aquí tienes fragmentos de posibles mensajes y enunciados de examen. Relaciona unos con otros.

🛈 **Consejo.** Lo mejor es identificar los enunciados sin leer los fragmentos. Si trabajas en un curso de preparación o con un profesor, puedes pedir que te lean los fragmentos. De esta manera la actividad se parece más a lo que sucede en el examen.

◗ FRAGMENTOS DE MENSAJES	◗ ENUNCIADOS
1 *Mantengan limpio el patio. No tiren papeles al suelo. Recuerden que el Instituto es un espacio para todos.*	a Dan indicaciones para cuidar la escuela.
2 *Hola, Jose. Llevo la grande, vale, pero espero que no me la pidas todo el tiempo, ¿vale?, que tú tienes la tuya, ¿estamos?*	b Anuncian un espectáculo gratuito.
3 *Hola, Juan. Dice Laura que vienes a la excursión, ¿no? Pues tráete la grande y no la azul, que es muy pequeña, ¿vale?*	c Dejan usar el móvil.
4 *Se ruega a todos los estudiantes que salgan en silencio para no molestar a los que hacen exámenes.*	d Invitan a participar en un programa.
5 *¿Por qué no te acercas esta tarde a nuestro programa de radio a expresar tu opinión sobre el tema? Te esperamos.*	e Piden un favor a los estudiantes.
6 *Buenos días, señor director. Hablo en nombre de mis compañeros de curso. ¿Podemos usar el móvil en el examen? Gracias.*	f Aconseja llevar una mochila grande.
7 *Comunicamos a todos los alumnos que se permite entrar a la biblioteca con el móvil pero en modo silencio.*	ɡ Expresa su deseo respecto al viaje.
8 *La próxima semana en el salón de actos va a haber un espectáculo de flamenco para todos los alumnos.*	ɧ Pide permiso para usar el móvil.

PRUEBA 1
COMPRENSIÓN DE LECTURA

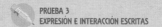 PRUEBA 2
COMPRENSIÓN AUDITIVA

PRUEBA 3
EXPRESIÓN E INTERACCIÓN ESCRITAS

PRUEBA 4
EXPRESIÓN E INTERACCIÓN ORALES

b. Observa las palabras marcadas en los enunciados. ¿Qué relación hay entre el enunciado y las estructuras gramaticales posibles de los mensajes? Relaciona cada enunciado con su estructura típica.

● ENUNCIADOS

a	Dan indicaciones para cuidar la escuela.
b	Anuncian un espectáculo gratuito.
c	Dejan usar el móvil.
d	Invitan a participar en un programa.
e	Piden un favor a los estudiantes.
f	Aconseja llevar una mochila grande.
g	Expresa su deseo respecto al viaje.
h	Pide permiso para usar el móvil.

● GRAMÁTICA DE LOS MENSAJES

1	Imperativo.
2	Imperativo, expresiones como "¿por qué no…?".
3	Expresiones de permiso: "se permite", "es posible", etc.
4	Invitaciones: verbo "venir" (imperativo), ¿por qué no…?, etc.
5	Verbo en futuro, expresiones de tiempo futuro.
6	Verbo "querer" o "desear" o "esperar" con subjuntivo.
7	Verbo poder en 1ª persona, expresiones impersonales como "es posible", "está permitido" en preguntas.
8	Verbo poder en 2ª persona, incluso en condicional: "podrías…"

Tarea 3.

a. Para muchos candidatos, lo más difícil de esta tarea es la opción C, pues hay que identificar lo no dice "ninguno de los dos". La siguiente lista tiene enunciados del tipo C.

19 Pon la pista n.° 19. Min. 23:18. Escucha y comprueba si todos los enunciados son del tipo C. Marca en la tabla.

● ENUNCIADOS	A. CHICA	B. EMPLEADO	C. NINGUNO DE LOS DOS
0. Las entradas son para un jardín zoológico.			
14. Se ha informado del tipo de grupos que pueden entrar.			
15. Es necesario llamar al profesor.			
16. Una persona del grupo no debe pagar.			
17. Todos van a subir a las montañas rusas.			

b. ¿Por qué esos enunciados corresponden a la opción C? Antes de responder, mira la transcripción del diálogo y compara con los enunciados. Escribe aquí tu comentario, en español o en tu idioma.

La transcripción está en la

c. Aquí tienes un fragmento del diálogo del modelo del ⬛ Instituto Cervantes. Escribe tres enunciados: uno para ella, otro para él, y otro para "Ninguno de los dos".

> ► **ANA:** *Pedro, llegas tarde como siempre; las películas empiezan dentro de diez minutos y todavía no hemos comprado las entradas.*
>
> ► **PEDRO:** *Lo siento, Ana. Es que el examen de Francés ha sido muy largo. Pensaba que solo iba a durar una hora y media, pero han sido dos horas.*
>
> ► **ANA:** *No te preocupes. Mientras te esperaba he mirado qué películas ponen. ¿Te apetece ver una comedia?*
>
> ► **PEDRO:** *Mmmmh, me gustan más las películas de acción o de terror, ¿no hay ninguna?*
>
> ► **ANA:** *No sé, pero a mí me apetece más ver una de risa, si no te importa.*

Fuente: ⬛ Instituto Cervantes.

● ENUNCIADOS	A. ANA	B. PEDRO	C. NINGUNO DE LOS DOS
0.	✓		
14.		✓	
15.			✓

Compara tus enunciados con los del modelo del ⬛ Instituto Cervantes (página 43).

⬛ Instituto Cervantes: https://examenes.cervantes.es/sites/default/files/2.10.2.3_dele_a2b1escolares_modelo_0.pdf

Muestra tus enunciados a un/a compañero/a. ¿Puede saber a qué opción corresponde cada uno?

Tarea 4.

a. Escucha y lee la siguiente transcripción de dos noticias del modelo de examen n.º 6. Hay algunas palabras cambiadas. Corrige la transcripción.

 Pon la pista n.º 34. 🕐 Min. 28:32. Escucha y comprueba si todos los enunciados son del tipo C. Marca en la tabla.

● PRIMERA NOTICIA

Un estudio del Hospital de Marbella concluye que el 18 por ciento de los adolescentes sufren quemaduras por el sol en las plazas. Los datos forman parte de un estudio que lleva a cabo este centro hospitalario sobre riesgos, hábitos y proyección solar entre menores de edad y que alcanza a padres y familiares. Los especialistas alerta además del uso de las pastillas de bronceado entre los adolescentes como otra de las razones de riesgo. Son datos que se han comentado durante la presentación de la sexta campaña de promoción social que impulsa la delegación de salud de la Junta de Andalucía y que este año está dirigida principalmente a la comunidad familiar a través de las escuelas. Y precisamente el Hospital Costa del Sol está llevando un programa de educación, cuyos resultados finales se conocerán en octubre, pero que ya revelan que las adolescentes son el grupo de mayor riesgo.

PRUEBA 1
COMPRENSIÓN DE LECTURA

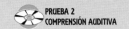
PRUEBA 2
COMPRENSIÓN AUDITIVA

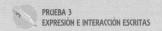
PRUEBA 3
EXPRESIÓN E INTERACCIÓN ESCRITAS

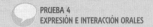
PRUEBA 4
EXPRESIÓN E INTERACCIÓN ORALES

SEGUNDA NOTICIA

Álex Monner, candidato al premio Goya al mejor director revelación por Los niños salvajes. *La mala alimentación es una de las grandes enfermedades que padece el ser humano. Y, por muchos años que pasen, seguimos sin encontrar la ruta.* Los niños salvajes, *el drama adolescente de Patricia Ferreira, denuncia cómo este acercamiento se pasa de padres a hijos con consecuencias, en ocasiones, drásticas. El joven Álex Monner es uno de los tres turistas aislados y salvajes. Con menos de 20 años -nació en Barcelona en 1995-, esta labor le ha dado ya un premio al mejor director en el pasado Festival de Málaga. El joven barcelonés trabajó en la gran pantalla con* Héroes *(2010) del director Pau Freixas con guión de Albert Espinosa. Luego se pasó a la televisión y colaboró en la versión catalana de la serie televisiva* Pulseras Rojas, *en TV3, del mismo tándem Freixas-Espinosa. Tuvo también un pequeño rol en la película* REC: Génesis *(2011).*

b. Escribe una pregunta para cada una de las dos noticias originales.

PRIMERA NOTICIA

Según la audición…

20.
a) ....
b) ....
c) ....

SEGUNDA NOTICIA

Según la audición…

21.
a) ....
b) ....
c) ....

Compara ahora tus preguntas con las del modelo de examen en la ELEteca: https://eleteca.edinumen.es/

Prueba 3: Expresión e Interacción escritas

Antes de hacer esta tarea, lee la información general de la prueba que hay en el **modelo de examen n.º 1** (página 43). Luego intenta relacionar los elementos de la siguiente tabla para crear instrucciones de examen. Escribe, además, si las instrucciones son de la tarea 1 o de la tarea 2.

	INSTRUCCIÓN	TIPO DE TEXTO	FRAGMENTO DE RESPUESTA	TAREA
1.	Saludar.	**a.** Redacción	**A.** Un saludo de tu amiga, F.	
2.	Explica cuáles son las tareas de casa que haces normalmente.	**b.** Diario	**B.** Esta mañana me he despertado a las siete y media, he desayunado a las ocho y he cogido el tren a las nueve menos cuarto.	
3.	Cuenta qué te gustó más de la última película que has visto.	**c.** Entrada de blog	**C.** Hola, ¿cómo va todo?	
4.	Escribe un comentario para la información que se acaba de publicar.	**d.** Correo electrónico	**D.** ¡Qué buena noticia! *Los Estupendos* son mi grupo favorito y me encanta que den dos conciertos este verano en España.	
5.	Despedirte.	**e.** Composición	**E.** Suelo cocinar los fines de semana, pero no de lunes a viernes. También pongo la lavadora por lo menos cada tres días.	
6.	Cuenta a qué hora te has levantado hoy y qué has hecho.	**f.** Carta	**F.** Lo mejor era que la historia era muy interesante y el misterio no se resolvió hasta el último momento.	

¿Es mejor escribir un borrador y luego el texto definitivo o escribir directamente el texto definitivo? Anota aquí tu comentario (en español o en tu idioma).

....

....

....

🛈 ¡Atención! En la página 231 tienes algunos comentarios útiles.

¡Ya puedes empezar esta prueba!

Prueba 3: Expresión e Interacción escritas

Consejo:
Utiliza un estilo adecuado para la situación.

La prueba de Expresión e Interacción escritas tiene **2 tareas.**

• • • • • 🕐 La prueba dura **50 minutos.** Pon el reloj al principio de cada tarea.

Haz tus tareas únicamente en la Hoja de respuestas.

Tarea 1

INSTRUCCIONES

Estás viviendo en casa de una familia española y la madre te ha dejado una nota. Léela y contéstale.

Hola:

No te he podido hacer la comida porque no me ha dado tiempo. Hoy tengo una reunión a las dos y ya voy tarde. Además, se me ha roto el móvil. ¡Qué desastre!

Hazte un bocadillo. Te he comprado una barra de pan y en la nevera tienes jamón y queso.

Hoy papá llegará a las ocho. ¡Ah! Y cierra la puerta con llave.

Muchos besos,

Pilar.

En tu respuesta, no olvides:

– saludar;

– decirle qué has comido;

– explicarle si te ha gustado la comida y por qué;

– contarle qué vas a hacer después;

– despedirte.

Número recomendado de palabras: **entre 60 y 70.**

• • • • • 🕐 Para esta tarea he necesitado: _____ min.

Tarea 2

● ● ● ● ● 🕐 Pon otra vez el reloj.

INSTRUCCIONES

Elige solo una de las dos opciones que se te ofrecen a continuación:

OPCIÓN 1

Lee el siguiente mensaje publicado en una revista de cocina *online*:

> Para nuestro próximo número especial de verano nos gustaría recibir la receta favorita de nuestros lectores.

Escribe una receta en la que cuentes:

- cómo se llama el plato que has elegido;
- cuáles son sus ingredientes principales;
- cómo se hace;
- por qué te gusta y en qué ocasión lo hiciste por última vez.

OPCIÓN 2

La asociación deportiva **Corpore sano** organiza una semana cultural sobre "El deporte y tú" y ha pedido colaboración a los jóvenes del barrio.

Describe una experiencia en la que cuentes:

- qué deportes practicas;
- qué deporte nuevo te gustaría aprender;
- dónde y con quién los practicas normalmente;
- por qué piensas que hacer deporte es bueno;
- algo sobre algún deportista que te guste especialmente.

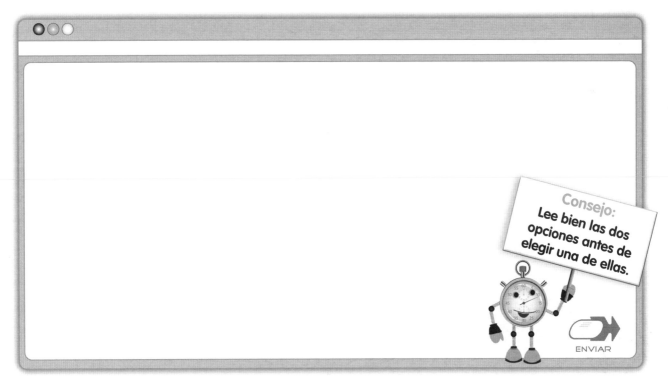

Consejo:
Lee bien las dos opciones antes de elegir una de ellas.

ENVIAR

Número recomendado de palabras: **entre 110 y 130.**

● ● ● ● ● 🕐 **Para esta tarea he necesitado:** _____ min.

Control de progreso

Lee otra vez despacio tus textos. Completa la tabla. Anota la opción seleccionada en la tarea 2.

¿Qué tal la prueba 3 de este examen?	Tarea 1	Tarea 2 Opción
🕐 Tiempo que has necesitado para cada tarea.		
Número de palabras de tu texto.		
Resuelvo la tarea con suficiente información o con un poco más, aunque me faltan uno o dos de los puntos.		
Doy la información mínima para el propósito. Me faltan más de dos puntos o hay mucha información no necesaria.		
Escribo textos con lógica y con ideas bien organizadas con palabras como *primero*, *luego*, *después*.		
Uso bien las reglas básicas de puntuación.		
Cometo algunos errores de vocabulario o de puntuación, aunque no influyen negativamente y se entiende bien el texto.		
Tengo un vocabulario suficiente para expresarme con precisión.		
Tengo un vocabulario demasiado pobre y no puedo realizar la tarea.		
Tu impresión: dificultad de la tarea (de 1 a 5).		

¿Cómo te sientes después de esta prueba? Marca con una ✗.

ESTOY MUY CONTENTO/A ☺☺
ESTOY CONTENTO/A ☺
NO ESTOY CONTENTO/A ☹

¿Cuál de las dos tareas te gusta más? Anota aquí tu comentario, en español o en tu idioma.

....

....

....

....

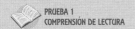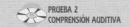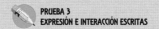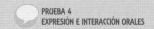
Actividades sobre el Modelo n.º 4.

¡Atención! En las actividades de este modelo de examen nos vamos a centrar en el uso del vocabulario y en la corrección de errores de los textos.

Tarea 1.

a. Cuando escribes, es importante **no repetir palabras**. Aquí tienes tres fragmentos de textos con repeticiones. Elige (a, b o c) la palabra que sustituye correctamente a cada palabra subrayada de los textos. Las palabras repetidas tienen el mismo color (*a casa > en su casa*).

◗ Primer texto

El otro día fuimos a casa de la abuela. Estuvimos (1) en su casa toda la tarde y luego (2) fuimos (3) a nuestra casa a la hora de cenar. (4) Cenamos sopa y un poco de pescado.

1. a) aquí	b) allí	c) entonces
2. a) estuvimos	b) volvimos	c) anduvimos
3. a) a la nuestra	b) a nuestra	c) a esa nuestra
4. a) Cogimos	b) Tomamos	c) Merendamos

◗ Segundo texto

Conocí a mis amigos Eva y Carlos cuando tenía tres años. Recuerdo que (1) cuando tenía tres años íbamos a la misma escuela. A (2) Eva y Carlos les gustaba pintar con los lápices de colores y a mí también (3) me gustaba. Ahora también (4) vamos al mismo instituto y nos siguen (5) gustando las mismas cosas.

1. a) aquí	b) así	c) entonces
2. a) ellos	b) estos	c) los
3. a) Ø	b) me parecía	c) me agradecía
4. a) andamos al	b) estudiamos en el	c) repasamos en el
5. a) apreciando	b) amando	c) interesando

 PRUEBA 1
COMPRENSIÓN DE LECTURA

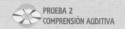 PRUEBA 2
COMPRENSIÓN AUDITIVA

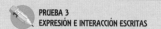 PRUEBA 3
EXPRESIÓN E INTERACCIÓN ESCRITAS

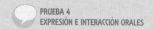 PRUEBA 4
EXPRESIÓN E INTERACCIÓN ORALES

b. La palabra "cosa" puede tener muchos significados. En las siguientes frases elige otra expresión para no usarla:

1. Mi hermana se pone siempre pantalones vaqueros y camisetas de colores. La verdad es que a mí me gustan las mismas **cosas**.

   a) me gustan las mismas faldas   **b)** me gusta la misma ropa   **c)** me gusta el mismo vestido

2. Todos los chicos de mi clase están siempre jugando al fútbol o con la consola, pero a mí no me gustan las mismas **cosas**.

   a) los mismos deportes   **b)** los mismos trabajos   **c)** las mismas actividades

3. Antes comía muchas veces pasta y salchichas pero ya no me gustan las mismas **cosas**.

   a) me gusta la misma comida   **b)** me gustan las mismas carnes   **c)** me gustan los mismos cubiertos

4. Juan se divierte con las matemáticas y las ciencias, pero a mí no me gustan las mismas **cosas**.

   a) las mismas lecciones   **b)** las mismas aulas   **c)** las mismas asignaturas

c. El significado de algunas palabras nos ayuda a saber cómo **sustituirlas**. Observa estos ejemplos.

TIPO DE INFORMACIÓN	EXPRESIONES PARA NO REPETIR	EJEMPLOS
Lugares (dónde hacemos algo)	Aquí Allí	Yo estudio en este colegio pero mis padres no estudiaron en este colegio. Yo estudio en este colegio pero mis padres no estudiaron aquí.
		Ayer comimos en su casa pero hoy no comemos en su casa. Ayer comimos en su casa pero hoy no comemos allí.
Tiempo (cuándo hacemos algo)	entonces en ese momento	Encendí la televisión a las cinco pero a las cinco acababa de terminar la película. Encendí la televisión a las cinco pero en ese momento acababa de terminar la película.
		Nos veremos mañana por la mañana y mañana por la mañana le preguntaré cómo ha pasado las vacaciones. Nos veremos mañana por la mañana y entonces le preguntaré cómo ha pasado las vacaciones.
Modo (cómo hacemos algo)	así	Mi padre habla muy despacio pero yo no hablo despacio. Mi padre habla muy despacio pero yo no hablo así.
		Con siete años leía muy bien pero sus compañeros no leían muy bien. Con siete años leía muy bien pero sus compañeros no leían así.

Cambia las palabras repetidas de estas frases por alguna de las palabras o expresiones siguientes:

> allí • aquí • así • en ese momento • entonces • ese día

1. Llegué a esta ciudad hace diez años, pero hace diez años no sabía que era ideal para vivir.
2. Se lo ha dicho gritando, pero gritando ha conseguido que se enfade más.
3. Fue a comprarle el regalo el domingo por la mañana porque no sabía que el domingo por la mañana las tiendas estaban cerradas.
4. He venido a este bar a comerme una ensalada porque en este bar las hacen muy bien.
5. Quiero ir de vacaciones a Cartagena este verano, porque me gustaría visitar a dos amigos míos que viven en Cartagena.

Tarea 2.

a. Los siguientes textos no tienen errores de gramática pero necesitan algunas palabras más. Elige las expresiones correctas y añádelas.

● PRIMER TEXTO

> finalmente • primero • para que • por eso • sin embargo • tampoco

Ana y Patricia son muy buenas amigas y siempre van juntas a todos los sitios. _____, un día pasó una cosa muy extraña. Cuando llegaron a clase me di cuenta de que se habían peleado. _____ estaban serias y parecían tristes. _____ consiguieron hacer las paces y volvieron a hablar. Los amigos a veces se pelean, pero la amistad siempre es más fuerte que los malos momentos.

● SEGUNDO TEXTO

> además • al principio • así que • como • en conclusión • para que • por eso • tampoco

Hola, Carlos:

Te escribo porque necesito tu ayuda. El lunes es el cumpleaños de mi hermana y me gustaría comprarle un regalo. El problema es que mañana es domingo, _____ las tiendas estás cerradas. _____, todavía no estoy bien del todo y no puedo salir de casa. _____ te quiero pedir un favor: ¿puedes comprarle *El libro de la selva* en la librería de tu calle? _____ el otro día vimos la película y le gustó mucho, será un buen regalo. Si puedes hacerlo, el domingo nos vemos y te lo pago.

Muchas gracias

Modelo de examen n.º 4

PRUEBA 1
COMPRENSIÓN DE LECTURA

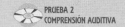
PRUEBA 2
COMPRENSIÓN AUDITIVA

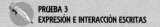
PRUEBA 3
EXPRESIÓN E INTERACCIÓN ESCRITAS

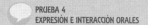
PRUEBA 4
EXPRESIÓN E INTERACCIÓN ORALES

b. Corrige los errores de estos textos. Cambia las palabras marcadas por otras palabras..

PRIMER TEXTO

Estimados señores:

Les escribo porque necesito un libro de su biblioteca, así que no tengo tiempo para ir a pedirlo. Porque no está abierta por las tardes y por las mañanas yo estoy en clase, le he pedido a mi madre que venga con mi carnet. ¿Hay algún problema? Gracias.

....

SEGUNDO TEXTO

La semana pasada vi a Bárbara y a sus padres que estaban en la calle paseando. Al final ella no me vio a mí, pero luego yo la llamé y me saludó muy alegre. Estuvimos hablando unos minutos, hasta que su madre me invitó a comer con ellas. Entonces llamé a mi madre para pedirle permiso. Al principio, cuando decidieron el lugar, nos fuimos con los tres a una pizzería y nos lo pasamos muy bien.

....

c. ¿Qué has aprendido en las actividades de este modelo? ¿Es más o menos importante que la gramática y el vocabulario? Anota aquí tu respuesta en español o en tu idioma.

....

....

....

....

¡Muy importante!

- Una cosa muy importante que debes tener siempre en cuenta: piensa que la escritura está muy relacionada con la lectura; si lees mucho en español, seguramente vas a escribir mejor muy pronto.

- Pero es necesario leer siempre despacio, poniendo mucha atención a la ortografía, consultando en tu libro de español los aspectos de la gramática que no entiendas, buscando en el diccionario las palabras que te impidan comprender lo que estás leyendo. Ya sabes que no es necesario que busques todas las palabras nuevas en el diccionario, muchas seguramente vas a entenderlas por el contexto.

- Muy pronto comprobarás que todas esas palabras que encuentras en los textos que lees y que buscas más de una vez en el diccionario porque las olvidas, poco a poco las asimilas hasta que forman parte de tu español; entonces llega un momento en que cuando estás escribiendo y las necesitas, están ahí, listas para ser usadas.

- Lo mismo sucede con muchos aspectos de la gramática: desde los más básicos, como el género y número de las palabras, hasta otros tan complejos como la concordancia entre los tiempos verbales. La lectura te permite hacer una interpretación más reflexiva y analítica que la escucha, Cuando lees, puedes detenerte y observar la construcción de las frases, analizarlas; es un proceso mucho más flexible en el que tú pones el ritmo. Igualmente, la producción escrita es más reflexiva y pausada que la oral, de ahí que todo lo que hayas aprendido y asimilado en tus lecturas, te será mucho más fácil usarlo al escribir que al hablar.

Modelo de examen n.º 4

Prueba 4: Expresión e Interacción orales

● ● ● ● ● **Antes de empezar la prueba de** Expresión e Interacción orales.

Aquí tienes preguntas del entrevistador de modelos anteriores.
Lee primero las preguntas. Marca si corresponden a la tarea 2 o a la 4.

	PREGUNTAS	TAREA 2	TAREA 4
1.	¿En este barrio cómo se divierten los chicos de nuestra edad?		
2.	Nos lo vamos a pasar fenomenal, ya verás. ¿Qué te apetece hacer?		
3.	¿En qué ocasiones has celebrado algo con tu familia?		
4.	¿Has ido alguna vez a una boda? ¿Y a una fiesta de cumpleaños?		
5.	¿Qué autobús tengo que coger?		
6.	¿Has hecho alguna vez una excursión con tu colegio?		
7.	Podíamos hacer algo juntos este fin de semana, si quieres.		
8.	¿Formas parte de alguna orquesta o grupo musical creado en tu colegio?		
9.	¿Haces deporte cuando tienes tiempo libre o prefieres otras actividades?		
10.	¿Y voy a dormir en tu habitación o tenéis una para los invitados?		

 20 Pon la pista n.º 20 y comprueba tu selección. Usa el botón de ⏸ *PAUSA* si lo necesitas. No mires las transcripciones.

¿Es importante entender bien las preguntas del entrevistador? ¿Qué puedes hacer si no lo entiendes? Escribe aquí tu comentario, en español o en tu idioma.

. . . .

. . . .

❗ Consejo: Observa de nuevo todas las viñetas y fotos de todo el libro que reproducen la prueba e intenta imaginarte que tú eres ese candidato.

¡Ya puedes empezar esta prueba!

● ● ● ● ● 🕐 Tienes **12 minutos** para preparar las tareas 1 y 3. Sigue todas las instrucciones.

❗ **¡Atención!** Recuerda que durante el examen **no puedes usar diccionarios** ni ningún dispositivo electrónico.

Tarea 1

● ● ● ● ● 🕐 Tienes que hablar de **1 a 2 minutos**. El entrevistador no habla en esta parte de la prueba.

INSTRUCCIONES

Describe con detalle, durante uno o dos minutos, lo que ves en la foto. Estos son algunos aspectos que puedes comentar:

– ¿Cómo son las personas que aparecen en la fotografía? Describe a alguna de ellas: el físico, el carácter que crees que tiene, la ropa que lleva…

– ¿Dónde están esas personas? ¿Cómo es ese lugar? ¿Qué objetos hay?

– ¿Qué relación crees que hay entre estas personas? ¿Por qué?

– ¿Qué están haciendo? ¿Qué crees que están pensando?

– ¿Qué crees que va a pasar luego? ¿Qué van a hacer después?

Consejo:
Si hay algo en la imagen que no sabes cómo se llama, puedes evitarlo hablando de otros objetos, personas, lugares, etc. de la fotografía.

Consejo. El tema sobre el que puedes decir más cosas no es siempre el que más te gusta. Piénsalo bien antes de elegir.

● ● ● ● ● 🕐 Tienes que hablar de **2 a 3 minutos**. El entrevistador no habla en esta parte de la prueba.

UNA COMIDA FANTÁSTICA

– *A continuación tienes un tema y unas instrucciones para realizar una exposición oral.*

– *Tendrás que hablar durante dos o tres minutos. Al final, el profesor te hará unas preguntas sobre el tema.*

INSTRUCCIONES

Habla de una comida que has hecho con tu familia o con amigos y recuerdas especialmente.

● *Incluye información sobre:*

– *dónde fue, qué comiste, a qué hora fue y cuánto tiempo duró;*

– *por qué se organizó y quiénes estaban contigo;*

– *cómo lo pasaste y por qué fue especial;*

– *si repetirías esa experiencia y por qué;*

– *a qué otro lugar te gustaría ir a comer y por qué.*

● *No olvides:*

– *diferenciar las partes de tu exposición: comienzo, desarrollo y final;*

– *ordenar y relacionar bien las ideas;*

– *justificar tus opiniones y sentimientos.*

● ● ● ● ● 🕐 **¿Cuánto tiempo has necesitado para la preparación? Anótalo aquí:** _____ **min.**

Consejos:

Intenta seguir el mismo orden de las indicaciones de la instrucción. Haz una lista de palabras.

Consejo. Como hemos comentado, para esta tarea es bueno contar con la ayuda de tu profesor o la de un compañero de clase.

Tarea 1

● ● ● ● ● 🕐 Recuerda que la tarea dura de **1 a 2 minutos**.

21 Pon la pista **n.º 21**. Escucha las instrucciones y las preguntas, y comienza luego la descripción de la fotografía.

🎤 **Graba** tus respuestas.

Tarea 2

INSTRUCCIONES

Un programa de radio ha ido a tu colegio para entrevistar a varios alumnos sobre lo que comen normalmente en casa y en el comedor escolar.

El examinador es el periodista. Habla con él siguiendo estas indicaciones.

CANDIDATO

Durante la conversación con el periodista debes:

– informarle sobre la comida del colegio: cantidad, tipo, sabor;

– explicarle cómo es el comedor y a qué hora es la comida;

– explicarle las diferencias entre comer en casa y en el colegio;

– preguntar por el horario del programa de radio.

● ● ● ● ● 🕐 Recuerda que la tarea dura de **2 a 3 minutos**.

22 Pon la pista **n.º 22**. Escucha las instrucciones y las preguntas, y responde.

🎤 **Graba** tus respuestas.

Tarea 3

● ● ● ● ● 🕐 *Recuerda que la tarea dura de **2 a 3 minutos**.*

💿 *Pon la pista n.° 23. Escucha las instrucciones y haz tu presentación.*
23

🎤 **Graba** *tu presentación.*

Tarea 4

● ● ● ● ● 🕐 *Recuerda que la tarea dura de **2 a 3 minutos**.*

💿 *Pon la pista n.° 24. Escucha las instrucciones y las preguntas, y responde.*
24

🎤 **Graba** *tus respuestas.*

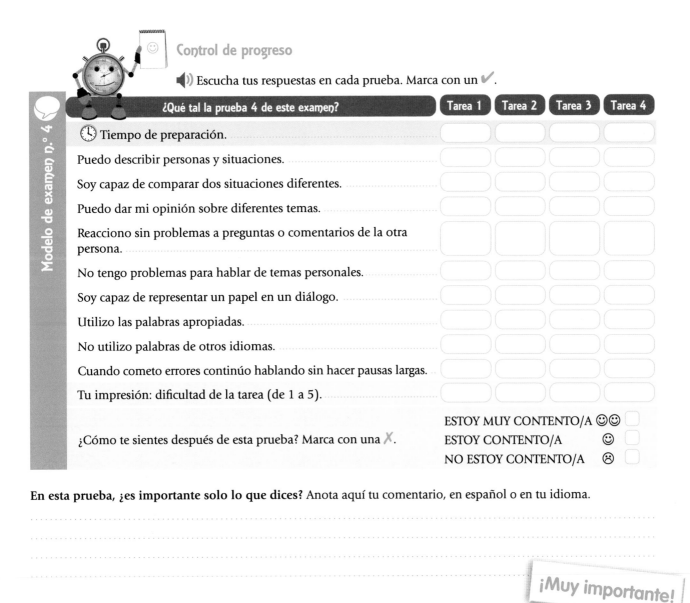

Control de progreso

Escucha tus respuestas en cada prueba. Marca con un ✔.

Modelo de examen n.º 4

¿Qué tal la prueba 4 de este examen?	Tarea 1	Tarea 2	Tarea 3	Tarea 4
🕐 Tiempo de preparación.				
Puedo describir personas y situaciones.				
Soy capaz de comparar dos situaciones diferentes.				
Puedo dar mi opinión sobre diferentes temas.				
Reacciono sin problemas a preguntas o comentarios de la otra persona.				
No tengo problemas para hablar de temas personales.				
Soy capaz de representar un papel en un diálogo.				
Utilizo las palabras apropiadas.				
No utilizo palabras de otros idiomas.				
Cuando cometo errores continúo hablando sin hacer pausas largas.				
Tu impresión: dificultad de la tarea (de 1 a 5).				

¿Cómo te sientes después de esta prueba? Marca con una ✗.

ESTOY MUY CONTENTO/A ☺☺

ESTOY CONTENTO/A ☺

NO ESTOY CONTENTO/A ☹

En esta prueba, ¿es importante solo lo que dices? Anota aquí tu comentario, en español o en tu idioma.

....

....

....

¡Muy importante!

- Al realizar las presentaciones para preparar las tareas de esta prueba, es muy importante hablar usando oraciones cortas, haciendo pausas, relacionando unas ideas con otras, con calma, pero con naturalidad. Recuerda que hablar deprisa no significa hablar bien, tampoco hablar mucho significa tener fluidez.

- Es importante conocer la gramática y aplicarla, pero no debes obsesionarte con ella; si tu preocupación por decir un verbo del modo correcto te va a bloquear y vas a perder fluidez, relájate y piensa en que lo más importante es comunicarse con eficacia, transmitir lo que quieres, algunas veces puede ser que de un modo no completamente correcto, pero siempre natural, seguro y eficaz.

Modelo de examen n.º 4

○○○ PRUEBA 1
COMPRENSIÓN DE LECTURA
PRUEBA 2
COMPRENSIÓN AUDITIVA
PRUEBA 3
EXPRESIÓN E INTERACCIÓN ESCRITAS
PRUEBA 4
EXPRESIÓN E INTERACCIÓN ORALES

Actividades sobre el Modelo n.º 4.

¡Atención! En las actividades de este modelo de examen nos vamos a centrar en algunas estrategias útiles para hacer el examen.

Tarea 1.

a. Mira la siguiente lista de palabras y expresiones, piensa para qué tema se pueden usar y colócalas en la columna correcta. Algunas palabras se pueden utilizar para hablar de dos temas.

> abuelos • autobús • avión • baloncesto • caja • cine • coche • comprar • en casa • ensalada • estación • filete • fútbol • gol • hermana • jugador • leer • padres • pagar • plato • postre • primo • restaurante • salir con amigos • supermercado • teatro • tenis • tienda • tren

◗ Medios de transporte	◗ Compras	◗ Deportes	◗ Tiempo libre	◗ Familia	◗ Comida

b. Las expresiones que relacionan ideas son muy importantes. Mira la imagen de la tarea 1 de este modelo de examen (página 241) e indica cuál de las siguientes frases que han dicho candidatos contiene errores. Fíjate en especial en las palabras subrayadas.

1   <u>Aunque</u> las clases de la mañana han terminado, la niña ha ido al comedor de la escuela para comer.

2   Creo que hace calor y <u>por eso</u> las personas de la foto llevan ropa de verano.

3   En el comedor de la escuela <u>primero</u> les dan pasta o ensalada y después les dan la carne.

4   <u>Como</u> la niña no tiene mucha hambre, se va comer solo la ensalada.

5   Hay otra niña u otro niño que no se ve <u>pero</u> está detrás de la primera.

6   Las dos niñas tienen que terminar un ejercicio antes de la próxima clase <u>porque</u> tienen que comer deprisa.

7   Creo que la señora rubia es muy simpática y la señora de pelo oscuro <u>también</u>.

8   Seguro que las señoras del comedor trabajan mucho, <u>tampoco</u> no parecen muy cansadas.

9   Todos los alumnos reciben el primer plato, luego el segundo y <u>por último</u> tienen que coger el postre.

10 Me parece que se van a sentar juntas y <u>además</u> van a hablar mucho durante la comida.

c. También es importante la interpretación de las imágenes de la tarea 1. Observa con atención algunas fotos del libro y di cuáles de las interpretaciones te parecen correctas y cuáles incorrectas.

Recuerda que puedes ver las fotos en color en la ELEteca

1

a. Dos compañeros de clase van a casa de otra compañera, que les ofrece un café.

b. Tres compañeros de clase se reúnen para estudiar en una cafetería.

c. Dos compañeros de clase van a estudiar a una cafetería y piden algo.

d. Juan va a una cafetería con su amiga Ana y descubre que otra amiga, Begoña, trabaja allí de camarera.

2

a. Juan y Ana están de vacaciones en el extranjero y hacen una pausa para comer mientras consultan la guía de la ciudad.

b. Juan y Ana están preocupados porque acaban de salir del examen de historia y ven en el libro que han contestado mal.

c. Juan y Ana buscan un regalo para el cumpleaños de su mejor amigo.

d. Juan le enseña a María las fotos de sus vacaciones.

3

a. Ángel está tocando la guitarra y su padre se enfada y le dice que tiene que estudiar.

b. Ángel está en su clase de guitarra y el profesor le dice que lo está haciendo muy bien.

c. Ángel tiene mañana un examen de guitarra y le pregunta a su hermano mayor si está tocando bien.

d. El vecino de Ángel va a su casa y le pide prestada la guitarra.

Tarea 2.

a. Lee atentamente las siguientes situaciones y relaciona cada una con las indicaciones A, B, C o D.

◖ Situación 1	◖ Situación 2	◖ Situación 3	◖ Situación 4
Tu profesor de español ha pedido voluntarios para participar en un concurso de cuentos en español basados en viajes.	Tus padres no han decidido todavía dónde ir de vacaciones este verano y tú quieres darles tu opinión.	En tu clase quieren invitar a un personaje famoso a dar una conferencia en el colegio y quieren saber las opiniones de los alumnos.	En tu barrio quieren construir un polideportivo o un centro comercial y quieren saber qué prefieren los vecinos.
El entrevistador es el profesor.	El entrevistador es uno de tus padres.	El entrevistador es el director de tu colegio.	El entrevistador es el responsable del ayuntamiento.

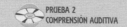 PRUEBA 1
COMPRENSIÓN DE LECTURA

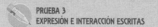 PRUEBA 2
COMPRENSIÓN AUDITIVA

PRUEBA 3
EXPRESIÓN E INTERACCIÓN ESCRITAS

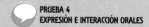 PRUEBA 4
EXPRESIÓN E INTERACCIÓN ORALES

⬤ A	⬤ B	⬤ C	⬤ D
Durante la conversación debes:	Durante la conversación debes:	Durante la conversación debes:	Durante la conversación debes:
– explicar a quién quieres invitar y por qué; – destacar sus mejores cualidades; – sugerir actividades que realizar durante su visita; – aconsejar un posible regalo de agradecimiento para él o ella.	– explicar tu preferencia; – comentar tus razones para preferir esa opción; – explicar qué te gustaría que hubiera en ese lugar; – preguntar alguna información que te interese.	– explicarle por qué quieres participar; – contarle qué viaje te gustaría recordar en tu relato; – decirle qué hiciste durante ese viaje; – preguntar alguna información que te interese.	– contarles cuál es tu destino preferido; – explicarles por qué; – proponerles qué hacer en ese lugar; – proponer un destino alternativo.

b. Después de responder el punto **a.** de esta tarea, observa el discurso de un candidato que ha contestado a la situación 3. El candidato ha utilizado a veces expresiones demasiado directas: cuando hablamos con personas que no conocemos bien o que tenemos que tratar con mucho respeto, debemos usar expresiones más suaves. En el siguiente texto sustituye las expresiones subrayadas.

Quiero que el colegio invite al escritor Roberto Santiago porque ha escrito muchos libros de fútbol para niños y jóvenes y, como a mí me gusta el fútbol y también me gusta leer, este escritor es la mejor opción. Para mí, es capaz de escribir libros divertidos y fáciles de leer sobre temas interesantes para los jóvenes y por eso usted tiene que invitarlo a venir a nuestro colegio.

Cuando venga, lo mejor que podemos pedirle es que nos explique cómo escribe sus libros y si piensa en personas e historias que ya conoce o son totalmente inventadas. También podemos estudiar en clase un libro suyo antes de su visita y luego hacerle preguntas sobre él.

Por último quiero decir que si le regalamos una foto de toda la clase leyendo un libro suyo, a lo mejor se pone muy contento.

c. ¿Te ha parecido difícil la actividad del punto **b.**? Escribe aquí tu comentario en español o en tu idioma.

Tarea 3.

a. Ya sabes que la **estructura** de una presentación es tan importante como la de un texto escrito. Los evaluadores de esta tarea observarán si las diferentes partes de tu discurso están bien ordenadas y si utilizas correctamente algunas palabras como: *y, pero, porque, es que, por eso, además, aunque, sin embargo* (estas palabras te ayudan a ordenar la exposición). Completa los espacios del siguiente esquema con los conectores de la lista.

Introducen una causa, un motivo: _____, _____.

Añaden un nuevo elemento: _____, _____.

Introducen un elemento contrario al anterior: _____, _____, _____.

Introducen una consecuencia de lo anterior: _____, _____.

b. Ahora observa el discurso de un candidato que ha respondido a la tarea 3 de este modelo y marca sus errores en el uso de estas expresiones. Tienes que encontrar cuatro.

◯ CANDIDATO

*Me acuerdo especialmente de una comida que hicimos toda la familia para celebrar los setenta años de mi abuela Helen. Me gustó mucho **y por eso** me gustaría hablar de ella.*

*Fue en nuestra casa. Nos reunimos a las doce y media para comer todos juntos y estuvimos allí con ella más de dos horas. La organizó mi padre, **es que** quería sorprenderla con un regalo bonito y original. **Además**, a ella le gustan mucho las comidas familiares y aunque mi padre pensó que era una buena idea.*

*Yo lo pasé muy bien **aunque** me encanta comer con mis primos, **porque** no los veo mucho, y también **porque** vi a mi abuela muy contenta. Hace mucho tiempo que no nos vemos todos juntos, **por eso** me encantaría repetirla. **Sin embargo**, la próxima vez me gustaría organizar una cena en casa de mi abuela **porque** es mucho más grande y después de cenar nos podemos sentar en el jardín para hablar y contarnos historias como cuando éramos pequeños.*

c. ¿Te ha parecido difícil la actividad del punto **b.**? Escribe aquí tu comentario en español o en tu idioma.

_____

_____

_____

_____

Repasa bien el significado y el uso de estas palabras antes del examen.

Tarea 4.

a. Ya sabes que en esta tarea tienes que contestar a las preguntas del entrevistador, pero el diálogo puede ser monótono o aburrido si solo respondes con *sí* o *no*. Escucha las preguntas del modelo de examen n.º 4 (pista 24), piensa cómo puedes evitar las respuestas breves y respóndelas después. Grábate.

Después de escuchar las preguntas y contestarlas, marca si has hecho algunas de estas cosas:

He puesto ejemplos que no me han pedido.	☐
He añadido razones de por qué hago algo o me gusta algo.	☐
He descrito lugares o personas que he nombrado.	☐
He dado también otro tipo de información relacionada con la respuesta.	☐
He dado detalles en lugar de dar información poco precisa.	☐

En el examen el entrevistador no te pedirá que repitas cosas que ya has explicado.

b. También puedes añadir comentarios personales y hacer **tus propias preguntas** si la situación lo permite. Mira otra vez las preguntas de este Modelo de examen. ¿Dónde puedes añadir alguna pregunta al entrevistador? Anota aquí tus preguntas.

....

....

....

....

....

c. ¿Qué es mejor, escuchar al entrevistador y responder a sus preguntas, o hacer tus comentarios y tus propias preguntas? ¿Qué actitud piensas que es mejor para sacar una buena nota en el examen? Anota aquí tu comentario en español o en tu idioma.

....

....

....

....

....

Ahora puedes acceder a la ELEteca para hacer los modelos de exámenes 5 y 6.

Después de todas estas actividades, ¿te sientes bien preparado para la entrevista del examen?
¡Yo creo que sí!

Nota. También tienes un documento con los contenidos del examen que incluye libros de Edinumen con los que preparar la gramática y otro documento para comparar tus resultados: *Resumen de la preparación.*

¡Descárgatelo todo!

ELEteca: https://eleteca.edinumen.es

El día del examen

Algunos consejos para el día del examen:

- La inscripción al examen se hace en un centro de examen. Ahí puedes encontrar toda la información necesaria. También puedes consultar la página del ⬌ Instituto Cervantes: https://examenes.cervantes.es/es/dele-para-escolares/inscribirse

- Es importante dormir bien el día anterior y llegar puntual al centro de examen.

- No olvides tu documentación personal: un documento de identidad con fotografía y la cita de la prueba oral.

- Sigue bien todas las instrucciones del examen.

- No te pongas nervioso. 🕐 Controla el tiempo como en la preparación.

- Si tienes alguna discapacidad o minusvalía, es importante informar antes de inscribirte.

- Si tienes preguntas, es importante hacerlas directamente a tu centro del examen o a personas relacionadas directamente con el Instituto Cervantes.

- Si crees que algo en el examen no está bien, puedes hacer una reclamación.

- Puedes mirar el resultado de la nota en la página web del Instituto Cervantes unos 3 meses después del día del examen (el Instituto Cervantes te informa mediante un correo electrónico). La información está en: ⬌ https://examenes.cervantes.es/es/dele-para-escolares/calificaciones

Tu comentario final antes del examen (en español o en tu idioma):

....

....

....

....

Edi numen

Diploma de Español. Examen A2-B1 para escolares

 Prueba de Comprensión de lectura

Hoja de respuestas

Modelo de examen n.º _____   Fecha: _____

RESULTADO DEL EXAMEN (anota los resultados correctos):

TAREA 1: _____   **TAREA 2:** _____   **TAREA 3:** _____   **TAREA 4:** _____

Debes seleccionar una **única respuesta** para cada una de las preguntas de la prueba y señalarlas del modo que se indica a continuación:

■ Bien marcado	☒ ▨ ☑ Mal marcado

Prueba de Comprensión de lectura

TAREA 1

1. A☐ B☐ C☐ D☐ E☐ F☐ G☐ H☐ I☐ J☐
2. A☐ B☐ C☐ D☐ E☐ F☐ G☐ H☐ I☐ J☐
3. A☐ B☐ C☐ D☐ E☐ F☐ G☐ H☐ I☐ J☐
4. A☐ B☐ C☐ D☐ E☐ F☐ G☐ H☐ I☐ J☐
5. A☐ B☐ C☐ D☐ E☐ F☐ G☐ H☐ I☐ J☐
6. A☐ B☐ C☐ D☐ E☐ F☐ G☐ H☐ I☐ J☐

TAREA 2

7. A☐ B☐ C☐
8. A☐ B☐ C☐
9. A☐ B☐ C☐
10. A☐ B☐ C☐
11. A☐ B☐ C☐
12. A☐ B☐ C☐

TAREA 3

13. A☐ B☐ C☐
14. A☐ B☐ C☐
15. A☐ B☐ C☐
16. A☐ B☐ C☐
17. A☐ B☐ C☐
18. A☐ B☐ C☐

TAREA 4

19. A☐ B☐ C☐
20. A☐ B☐ C☐
21. A☐ B☐ C☐
22. A☐ B☐ C☐
23. A☐ B☐ C☐
24. A☐ B☐ C☐
25. A☐ B☐ C☐

 Prueba de Comprensión auditiva

Hoja de respuestas

Modelo de examen n.° _____   Fecha: _____

RESULTADO DEL EXAMEN (anota los resultados correctos):

TAREA 1: [_____]   **TAREA 2:** [_____]   **TAREA 3:** [_____]   **TAREA 4:** [_____]

Debes seleccionar una **única respuesta** para cada una de las preguntas de la prueba y señalarlas del modo que se indica a continuación:

■ Bien marcado	☒ ▨ ☑ Mal marcado

Prueba de Comprensión auditiva

TAREA 1

1. A☐ B☐ C☐
2. A☐ B☐ C☐
3. A☐ B☐ C☐
4. A☐ B☐ C☐
5. A☐ B☐ C☐
6. A☐ B☐ C☐
7. A☐ B☐ C☐

TAREA 2

8. A☐ B☐ C☐ D☐ E☐ F☐ G☐ H☐ I☐ J☐
9. A☐ B☐ C☐ D☐ E☐ F☐ G☐ H☐ I☐ J☐
10. A☐ B☐ C☐ D☐ E☐ F☐ G☐ H☐ I☐ J☐
11. A☐ B☐ C☐ D☐ E☐ F☐ G☐ H☐ I☐ J☐
12. A☐ B☐ C☐ D☐ E☐ F☐ G☐ H☐ I☐ J☐
13. A☐ B☐ C☐ D☐ E☐ F☐ G☐ H☐ I☐ J☐

TAREA 3

13. A☐ B☐ C☐
14. A☐ B☐ C☐
15. A☐ B☐ C☐
16. A☐ B☐ C☐
17. A☐ B☐ C☐
18. A☐ B☐ C☐
19. A☐ B☐ C☐

TAREA 4

20. A☐ B☐ C☐
21. A☐ B☐ C☐
22. A☐ B☐ C☐
23. A☐ B☐ C☐
24. A☐ B☐ C☐
25. A☐ B☐ C☐

Mis notas

Mis notas

Mis notas

Mis notas